国　外　卫　生　法　译　丛

主编　翟宏丽

患者安全、法律政策和实务

PATIENT SAFETY, LAW POLICY AND PRACTICE

[英] 约翰·廷格
John Tingle
[英] 皮帕·巴克
Pippa Bark
编著

张鲁平　翟宏丽　等　译

中国政法大学出版社

2016·北京

患者安全、法律政策和实务

Patient Safety, Law Policy and Practice
Edited by John Tingle and Pippa Bark
ISBN：9780415859738

版权登记号：图字 01－2016－2565 号

本书是中国政法大学教育教学改革项目成果

患者安全、法律政策和实务

近年来，患者安全已经成为许多国家政治和卫生服务日程的突出问题。世界卫生组织（World Health Organization）发起了全球患者安全联盟。根据该联盟，数以百万计的患者忍受由于不可靠的医疗实践、服务和极差的医疗环境所造成的长期的健康欠佳、残疾和死亡。在任何时候，世界上都有140万人正忍受着从医疗机构获得的感染。

《患者安全、法律政策和实务》探究法律制度对患者安全举措之影响。它提出了如下问题：一是法律制度是否以适当的方式被用来支持国家和地方管理系统制定患者安全程序？二是有什么其他方法可以且应被利用？此书中的章节探究存在于患者安全的基础设施和文化均发达之国家的患者安全管理结构。为了对患者安全进行比较并得出结论，作者对这些国家的法律结构进行了探究并与主要的国内患者安全问题相联系，例如，对治疗方案和指导方针的同意、投诉处理、不良事件报告系统和民事诉讼制度。

约翰·廷格是英国诺丁汉特伦特大学卫生法讲师

皮帕·巴克是英国伦敦大学学院健康信息学和多元教育中心首席研究员

论文作者简介

皮帕·巴克（Pippa Bark）英国伦敦大学健康学和多元教育中心首席研究员。

查尔斯·福斯特（Charles Foster）伦敦 Outer Temple 出庭律师事务所的出庭律师，并在英国牛津大学教授医疗卫生法与伦理学。

巴里·R. 弗罗（Barry R. Furrow）美国费城德雷塞尔大学厄尔迈克法学院法学教授及医疗卫生法项目主任。

琼·M. 吉尔莫博士（Dr Joan M. Gilmour）加拿大多伦多大学奥斯古德法学院法学教授及医疗卫生法硕士项目主任。

斯蒂芬·赫赛尔（Stephen Heasell）英国诺丁汉特伦特大学商务、法律与社会科学学部诺丁汉商学院首席讲师。

尼尔斯·霍普博士（Dr Nils Hoppe）德国汉诺威莱布尼兹大学伦理学与法律中心医疗法及生物伦理学中心主任。

詹姆斯·休斯顿博士（Dr James Houston）英国诺丁汉特伦特大学心理学系高级讲师。

乔汉·莱吉马特教授（Professor Johan Legemaate）阿姆斯特丹大学医疗学术中心卫生法教授。

珍·V. 麦克黑尔教授（Professor Jean V. McHale）伯明翰大学伯明翰法学院医疗卫生法教授医疗法研究所主任。

何塞·苗拉（Dr José Miola）英国莱斯特大学法律系高级法学讲师。

杰米·墨菲博士（Dr Jamie Murphy）英国诺丁汉大学心理学系高级讲师。

阿什·萨曼塔博士（Dr Ash Samanta）英国莱斯特大学英国国民健保信托医院风湿病专家顾问。

乔·萨曼塔夫人（Mrs Jo Samanta）事务律师及英国莱斯特德蒙福特大学首席法律讲师。

龙尼·P. 所罗门（Ronni P. Solomon）美国急救医疗研究所（ECRI Institute）执行副总裁及首席法律顾问。

马克·施陶林博士（Dr Marc Stauch）德国汉诺威莱布尼兹大学生命科学之伦理与法律中心生物伦理系及医疗卫生法系成员。

伊娃·松丁（Eva Sundin）英国诺丁汉特伦特大学心理学系讲师。

约翰·廷格（John Tingle）出庭律师及英国诺丁汉特伦特大学诺丁汉法学院医疗卫生法讲师。

麦瑞林·沃尔顿（Merrilyn Walton）悉尼大学医学院副教授及医学教育研究生工作办公室患者安全主管。

总序

《国外卫生法译丛》

“天覆地载，万物悉备，莫贵于人”。而健康，是人的首要福祉，在改革开放的今天，物质文明和精神文明快速发展的中国社会，“健康即是财富”的理念已深入人心。卫生法作为维护“健康权”的法律工具，越来越受到关注。中国卫生法学研究亦进入了一个前所未有的繁盛阶段，在此英才辈出、风云际会之时，我们欣喜地看到中国政法大学卫生法学术团队带着他们优秀的作品《国外卫生法译丛》呈现在广大读者面前。

由中国政法大学卫生法学术团队完成的《国外卫生法译丛》是一项特别值得称道的研究成果。该团队在选题和组织引进方面，以选取国外卫生法学名著的态度和标准虔诚持之，该《国外卫生法译丛》目前包括《全球卫生法》《全球医药政策：药品的可持续发展》《患者安全、法律政策和实务》《死亡的权利》《美国 FDA 食品药品法律法规实务指南》五部译著，随着学术研究的不断深入，该研究团队亦有意愿继续引进国外其他卫生法学名著，逐步充实到此系列译丛中。

该《国外卫生法译丛》内容涉及广泛，涵盖全球卫生法、公共卫生法、医事法、药事法、医疗保障法等诸多领域，基本反映了现代卫生法体系的框架。当前，在中国，“基本医疗卫生法”立法正在全面推进，中国政法大学学术团队在此时引进，无论政策和价值考量（例如健康社会、可持续发展、社会公平和医疗卫生安全等因素）方面及立法形式上，还是从监管机制和体制建设等方面，该系列译著都能为中国卫生法治建设提供有价值的参考和借鉴。该《国外卫生法译丛》亦丰富了中国卫生法学研究内容，实为中国卫生法学术研究领域中浓墨重彩的一笔。

“漫漫求索路，沧海行舟途。”卫生法学理论的发展，卫生法学科的建设，医疗卫生事业的推进，是一个永无止境的过程。我既长期务医，亦一直在为中国的卫生法治建设摇旗呐喊，“知彼，胜乃不殆”，我相信此《国外卫生法译丛》之西学的引进和译介，一定能促进中国卫生法学研究在鉴人知己中渐达成熟，一定能为中国的卫生法治建设提供有益的借鉴和参考。

“破浪乘风在此时，云帆高挂济沧海”，在此，我也衷心祝愿中国政法大学的卫生法学术团队在今后的治学道路上，能够“百尺竿头，更上一层楼”。

是为序。

中国卫生法学会会长 高春芳

2016 年 2 月

出版说明

在中国的发展规划和第十三个五年计划中明确强调了提高社会福祉——包括平等、正义和健康的原则。而利用法律来提高我国人民的健康和福祉已经成为国家和全社会的共识。在医疗卫生领域,《基本医疗卫生法》立法工作的全面推进便是一个最好的注脚。但是,毋庸置疑的是,我国目前卫生法立法并不完备,卫生法学研究还相对滞后,无法满足当前卫生"立法""修法"的现实需要。

在世界上发达国家,医疗卫生法律体系完备发达,卫生法学已经成为显学。"他山之石,可以攻玉",为加强卫生法学国际学术交流与合作,我们组织引进、翻译英美权威卫生法学系列著作5部,分别为:《全球卫生法》《全球医药政策:药品的可持续发展》《患者安全、法律政策和实务》《死亡的权利》《美国FDA食品药品法律法规实务指南》,组成《国外卫生法译丛》,该系列译丛中文字数约400万字,由中国政法大学出版社和法律出版社联合出版。随着学术研究的不断深入,我们期许未来能够继续引进国外其他优秀的卫生法学著作,充实到本系列译丛中,以将其打造成国外卫生法学的"百科全书"。

该译丛内容涉及广泛,涵盖全球卫生法、公共卫生法、医事法、药事法、医疗保障法等诸多领域,基本反映了现代卫生法体系的框架,其对健康权、生命伦理与法律、医药卫生资源的配置、公共健康立法与管理、药品流通和食品药品法律法规、医疗安全、弱势群体的医疗卫生法律保障的论述颇为详尽,上述论题亦为我国卫生立法领域的热点问题,对我国相关卫生法立法和司法改革具有借鉴意义。《国外卫生法译丛》亦丰富了我国卫生法学研究内容,填补了我国相关卫生法研究领域的空白,将对我国法学研究起到强有力的推动作用。

该译丛对于政府和学术机构具有重要的帮助，使他们能够把法律作为一种工具来提高中国13亿人口的健康水平，将有助于影响目前以及未来从事卫生行业的人们，包括律师、医生和其他专业人士，也将有助于中国在国内和国际为提高人类健康和合作中继续作出努力。

翟宏丽

于军都山下

2016年1月

中文版序言

我们非常欢迎本书翻译为中文在中国出版。患者安全是世界性的并且超越国界的难题。中国同样面临着许多蔓延至全世界的共同挑战与困难，我们确信本书中的章节将与全球的医院及社区护理息息相关。

在医疗保健中，我们面对烦琐的治疗、复杂的技术和种种情况。在不够完善的系统中工作的医护人员在治疗中易犯错误。每个人都有犯错之时。人无完人，系统更不是无瑕的。

多年来，中国一直致力于发展一种患者安全文化并不断取得进展，但也面临许多相同的争议，如提高护理标准的举措、实现开放和形成一种学习的文化等。与世界上其他国家相似，中国面临着非议与公平、个体与制度、患者个人需求与团体预算、工作人员短缺、不断变化的需求等紧张局面。随着医学日益复杂，预期和系统性需求也在增长，但是财力和人力的限制带来了压力。我们希望通过分享国际政策和程序，促进质量、安全和效率的提升，最终实现改善个人生活的目标。

为了使安全和优质护理最大化，我们需要清晰的制度，其本质是创建一种人人均可探讨不良事件并从中汲取经验的文化。在中国，医疗保健人员仍然不愿与患者开放地讨论并发症与不良事件。除非有长期的后果，很少有人认识到披露错误是道德上的义务。鉴于一些国家已经尝试不同的方法，本书中可采取的政策能协助政策制定者及提供者考虑替代性策略的裨益。

我们需要从以往的组织错误中吸取教训。与其他国家一样，英国的许多医疗保健患者安全和医疗质量评估和报告中充斥着医院和医护人员未从先前的错误及不良事件中接受教训的调查结果。医疗实践未发生改变且制度中的核心缺陷正处在休眠期，由于其内在的危险使得相同的错误一再发生。当下的趋势是明确可解决的问题，而非处理大的、更具挑战性的问题。对国际问题和实践的概览有助于我们形成一种反思性的学习文化。

从最近被广泛报道的一些英国医院的患者安全事件中获得的一个重要教训就是医院、管理者和医护人员应当更多地关注患者利益而较少地关注医疗的经济方面。沉迷于节俭会导致并且已经导致一些医院管理者因忽视患者护理而致人死亡。财务治理固然重要，但绝不能以牺牲患者安全为代价，患者的利益必须始终放在首位。英国卫生部的关注重点是医疗保健组织和医护人员文化必须以患者为中心，并且要将理智的透明性渗透到组织中，对于治疗结果、不良事件等的咨询保持开放的态度。我们需要通过完善制度，在医疗保健中建立一种根深蒂固的学习文化以避免错误并提高质量。

组织和医护人员文化的转变不会一蹴而就，而是需要医疗组织的领导者和管理者进行大量艰苦的工作。在复杂的系统中，归咎于个人收效甚微，需要以强有力的领导者为榜样来引导综合的组织安全文化，友善对待个体，严格对待制度问题，在方法上支持他们的政策和程序必不可少。

我们希望以上内容对你有帮助，并希冀本书能为你的工作提供支持。

约翰·廷格
诺丁汉特伦特大学诺丁汉法律学院卫生法讲师
2015 年 11 月
皮帕·巴克·威廉姆斯
伦敦大学学院首席研究员
2015 年 11 月

前言

作为法律、政策与实务的结合体，我们希望本书为读者提供对患者安全这一国际性问题、解决方案和挑战的独特视角。它的目的是提供当前对医疗过失和侵权法的其他相关领域的法律的讨论中所缺失的内容。我们的目的是将读者引入“幕后”——许多实际存在的患者安全组织、政策和紧张局势以及文献的一般领域。显而易见，许多可以避免的临床错误正在发生，解决争端的法律基础在很多方面无法令人满意。

我们广泛撒网并邀请了其他司法领域的国际学术同行为本书撰稿，以形成一种比较视野。健康作为一个概念是通用的，而且是跨越国界的问题。本书出版之际恰逢新的联合政府宣布大规模削减公共开支。国民保健服务（NHS）的官僚体制正在被削减，一些组织的职能将会合理化。在写本书时，（英国）卫生部的非政府机构评估（Department ofHealth’s Review of Arm’s Length Bodies）已经建议废除国家患者安全机构（NationalPatient Safety Agency，简称 NPSA），该机构迄今仍在重点关注患者安全的问题上发挥着有益作用。国家患者安全机构（NPSA）的一部分职能将会成为新的国民保健服务委员会职权范围的一部分，其他职能将会受到其他方式的支持继续存在。该评估也建议国民保健服务诉讼委员会（National Health Service Litigation Authority）应受行业审查，以此来发现更大的商业参与的潜在机会，目的在于使它尽可能快地从机构部门脱离。我们可能面对改变和潜在的分裂，学习其他国家的经验比以往任何时候都重要。

我们向在写作本书过程中对我们给予友善支持的家人和学界友人表达感谢。同时对劳特利奇出版社的凯蒂·卡彭特自酝酿阶段到交稿过程中对我们的持续支持表示感谢，也向劳特利奇出版社的哈南·弗吉表示感谢。丽萨·威廉姆斯作为文字编辑，工作完成得非常出色。

约翰·廷格，诺丁汉
皮帕·巴克，伦敦
2010年11月

目录 Contents

导语

患者安全政策议程的发展

约翰·廷格

本书的目的在于探究法律制度对患者安全措施的影响。我们提出了一些根本性的问题，例如法律制度是否以适当的方式被用来支持国家和地方管理系统开发患者安全程序？有哪些其他方法可以且应被利用？此书中的章节探究存在于患者安全的基础设施和文化都十分发达的国家中的患者安全管理和法律结构。 1

在英国，由伊恩·肯尼迪教授、爵士主持的《布里斯托尔调查报告》（the Bristol Inquiry report）很好地阐述了英国侵权法和患者安全议程之间的紧张关系。该报告认为：

> 33 因此，我们的观点是：医疗过失诉讼文化和实践违背患者安全的利益。该制度恰好适得其反，因为它提供了不去报告或者掩盖过错或事件的明确动机。而且，过错或事件一旦被掩盖，没有人能从中吸取教训，之后的患者还会面临相同或相似的风险。[1]

该报告同时认为：

> 35 现在，对医疗过失诉讼制度进行审查的时机已经成熟。从它上一次作为由皮尔逊勋爵所主持的皇家委员会进行审查的一部分，已经过去20多年了。从此之后，国民保健服务（National Health Service）和医疗实践的很多内容都已发生了改变。现在，该制度与其他关于质量和安全的政策措施不一致：实际上，它削弱这些政策并抑制患者接受的医疗护理安全性的提高。最后，我们认为，当在国民保健服务之外存在一个以向相反方向施压为出发点的诉讼制度时，就不可能在国民保健服务内部实现全面、公开的报告环境。我们相信前进的道路在于废除医疗过失诉讼，将临床过错置于法院和侵

---

〔1〕 *Final Report*: *Learning from Bristol*: *The Report of the Public Inquiry into* Children's *Heart Surgery at the Bristol Royal Infirmary* 1984～1995, Command Paper, CM 5207.

权制度之外。[1]

2　该报告大胆地提出废除基于医疗过失侵权制度的建议，这可能是走过头的一步。毫无疑问，正如将会在本书的章节中见到的一样，基于侵权的制度有它的缺点，但是它在鼓励问责制、威慑和教育方面是非常有用的机制。侵权制度通常也很好理解，关于错误的博莱姆准则概念为人所熟知。上述《布里斯托尔调查报告》中的观点对基于侵权的制度及其与患者安全体制的关系之恰当性或者其他方面而言都具有——权威性，因此需要慎重考虑。

在《做出改善》中，首席医疗官也敦促改革，他说道：

> 医疗伤害有关诉讼经常演变为对峙、尖刻、误解和怨恨的氛围。重点在于尽可能少地揭露出错的内容，为已经做出的医疗决定辩护，并且不愿意披露信息。[2]

这些都是对现行补偿患者所受医疗过失的侵权制度的严厉控诉。本书相关章节将会检视这些观点，并探究其他国家的司法和患者安全制度是否存在相同情况。

在英国，医疗事故诉讼费用也是一个问题，索赔案件数量刷新纪录。在《做出改善》这一报告中，首席医疗官说道：

> 多年以来，通过这种以法律为基础的体系对受损害的患者给予的补偿费用已稳步增加。从20世纪70年代到20世纪80年代早期，扣除通货膨胀，索赔和解的费用仅增长了略高于400%。在过去的10年里则增长了750%以上，从1990年的5300万英镑到2001~2002年的约4亿5000万英镑。[3]

英国国民保健服务诉讼委员会提供了近期的数据：

> 与去年的同期相比，2008~2009年受理的索赔案件的数量显著增加。临床索赔增加了11%以上，而非临床索赔增加了10%以上。新的索赔在过去的五年里大量且稳定的增加，我们无法明确可能促使这一增长的任何单一因素。[4]

---

〔1〕 Ibid.

〔2〕 *Making Amends, A Consultation Paper Setting Out Proposals for Reforming theApproach to Clinical Negligence in the NHS*, a report by the Chief Medical Officer, London: Department of Health, June 2003.

〔3〕 Ibid.

〔4〕 *The NHSLA Report and Accounts* 2009 , HC 576, London: The Stationery Office, 7 July 2009.

关键在于国民保健服务在医疗过失索赔中欠了多少钱，国民保健服务诉讼委员会声明：

> 截至2009年3月31日，据国民保健服务诉讼委员会估计，国民保健服 3
> 务有155.1亿英镑的潜在债务，其中，133.7亿英镑的债务与医疗过失索赔有关（余下的是关于财产损失带来的支出和PES和第三方的任何责任）。该数据反映了所有已知索赔的估计价值，包括了对那些已经发生但未报道的(IBNR)、可能在将来和解或撤销的索赔的保险估计。[1]

这些都是十分庞大的数据，将其通盘考虑之后，我们面临的主要问题是在一个并不完全符合目标的侵权制度里，愈发昂贵的医疗过失诉讼。本书的撰稿人将进一步探究这些问题。

什么是患者安全?

患者安全作为一个含义广泛的术语被使用。世界卫生组织将患者安全定义[2]为“患者不受与医疗保健相关的不必要的伤害或潜在伤害”。患者安全近年来已成为许多国家政治和卫生服务日程上突出的全球问题。世界卫生组织发起了全球患者安全联盟。[3]它的一些工作包括以下内容：

> 全球患者安全的首要挑战是一项与患者安全普遍相关的问题——采取行动在世界范围内减少医源性感染（Health care Associated Infections）。在工业化国家，医源性感染占急症住院人数的5%～10%。在发展中国家，被感染的患者的比例可能超过25%。[4]

本书的关注重点将会是，在国民保健服务患者护理的主要领域及一些其他国家的医疗保健体系中，如何避免对患者的不良事件。本书的中心主题是探究民事法律赔偿制度以及它们如何与国家和地方的患者安全管理体系相联系。

---

〔1〕 Ibid.

〔2〕 WHO, *World Alliance for Patient Safety*, *Forward Programme* 2008～2009, 1st edn, Geneva, WHO, 2008. Online. Available HTTP: http://www.who.int/patientsafety/information_ centre/reports/Alliance_ Forward_ Programme_ 2008.pdf, accessed 7 June 2010.

〔3〕 Project to Develop the International Classification for Patient Safety, *Report onthe Results of the Web-Based Modified Delphi Survey of the International Classification for Patient Safety*, Geneva, Patient Safety Unit, WHO, 8 June 2007.

〔4〕 Ibid.

发达国家的患者安全基础设施

本书分析了多个国家的患者安全基础设施，撰稿人特别关注英国、美国、加拿大、澳大利亚、荷兰和德国。

英国以世界上第一个综合的不良事件报告系统——全国报告及学习系统（National Reportingand Learning System）在患者安全领域开创了先例。[1]美国出台了的新的联邦法律和法规设立被称为患者安全组织（Patient Safety Organizations）的联邦认证机构。在联邦对特权和机密的保护伞之下，数据的提供者可以
4 与患者安全组织共享数据并得到反馈。这是十分重要的，尤其是对于没有提供保护的国家而言。我们用了两章来讨论美国患者安全环境。

环境探索

大量患者在医院中由于过错而被非故意地伤害，这一比例估计在4%到16%之间。[2]因此，英国政府已建立一个相当大的基础设施来管理患者安全和临床风险。诸如国家患者安全机构（National Patient Safety Agency）、医疗质量委员会（Care Quality Commission）和国民保健服务诉讼委员会等组织及其他机构，为加强患者安全和处理医疗保健诉讼而存在。[3]这些组织为该领域提供了大量的著作和建议，以及诸如根本原因分析等患者安全质量工具。本书将讨论重要的患者安全与管理组织及其采取的主要措施。

对根本性问题的回答

贯穿各章节的一个共同主题是尝试回答患者安全管理活动在所研究的国家中是否起到了作用这一基本问题。在英国的环境下，能够说国民保健服务是比它5年或10年前更加安全的吗？有观点认为并没有发生多大变化，我们至今仍没有

---

〔1〕 *National Framework for Reporting and Learning from Serious Incidents Requiring Investigation*, London: NPSA, 2010.

〔2〕 National Audit Office, *A Safer Place for Patients: Learning to Improve Patient Safety*, HC 456 Sessions 2005 ~ 2006, London: The Stationery Office, 3 November 2005.

〔3〕 *National Framework for Reporting and Learning from Serious Incidents Requiring Investigation.*

一个根深蒂固的患者安全文化。患者仍然死于从肮脏的医院获得的和由于疏忽的医疗保健造成的耐甲氧西林金黄色葡萄球菌感染。患者投诉的数量仍在刷新纪录。正如本论文集后半部分所述，这一领域的诉讼数量和费用已经达到了创纪录的水平。

在英国，我们在发展患者安全基础设施方面取得了缓慢的、递增的进步。国民保健服务信托机构在其对患者安全事件的回应中起主要应对作用，某些组织的一部分仍推行归责文化。[1]国家审计局宣称，在大量与患者安全有利益关系的组织中对于评估的改进和分享经验与方法仍存在明确的需要。[2]

2009 年下议院卫生委员会陈述道：

> 然而，我们担心达兹勋爵对于质量与安全的强调表明在过去的 10 年里进行的政策创新，在使国民保健服务更加安全方面并未取得充分进展。我们注意到，2006 年由首席医疗官委托制作的报告《安全第一》总结了以下内容：患者安全正成为一个重要的国家形象，但是它“并没有像诸如减少等待时间、实施国家服务框架和实现财政平衡等主要问题一样被给予同等优先权和地位”。最近在少量的信托机构曝光的灾难性的不安全医疗案件强化了这一担忧。[3]

政府对该报告所做的陈述回应如下：

> 我们相信，在使患者安全成为所有国民保健服务优先考虑的因素方面取 5
> 得了进步，同时认识到需要持续的关注和努力。在过去十年里，质量和安全已成为国民保健服务的关键所在。质量取得了显著改善。[4]

这些段落反映了英国患者安全议程目前的进展状况：存在一个自上而下驱动的、取得些许成功的方法，而进展是渐进的，在国民保健服务中建立根深蒂固的患者安全文化仍有很长的路要走。在国民保健服务的各个层次上还有很多事情要做。

国民保健服务各个级别的员工都应知道由诸如国家患者安全机构等组织制定的患者安全工具，例如，与根本原因分析（RCA）相关的工具。信托管理者需要

---

〔1〕 National Audit Office, *A Safer Place for Patients.*

〔2〕 Ibid.

〔3〕 House of Commons Health Committee, *Patient Safety*, Sixth Report of Session 2008 ~ 2009 HC 151 - 1, London, The Stationery Office, 3 July 2009, para. 32.

〔4〕 “*The Government Response to the Health Select Committee Report*”, *Patient Safety*, Cm7709, London: The Stationery Office, October 2009.

接受更全面的患者安全与临床管理理念，变得不易被金钱和其他目标分散注意力。员工和管理者还要从过去的错误中汲取教训。同样的错误，通常是非常简单的，但却不断发生。这在历年来卫生专员大量的报告中和医疗保健委员会及医疗质量委员会的报告中比比皆是。

探究政策环境

在叙述英国以外的医疗保健的章节里将重复出现不同国家的患者安全政策环境。英国政府在该领域的政策，在很大程度上可归于消极的一面，对于患者安全、医疗质量改革的成功与失败结果的评估很少。在该领域存在严重的监管过度，导致很多国民保健服务的工作人员对其大失所望。

法律视角

在不同的国家，患者安全措施均包含重要的法律视角。在英国（其中包括苏格兰和威尔士），本书中的包括知情同意治疗、临床过失等医学伦理问题是一些主要的法律和患者安全的连接点。此外，还有很多其他情况。

在国民保健服务的环境中，《2006 年国民保健服务救济法案》和《2006 年赔偿法》在很多方面是政府意识到潜在的赔偿文化的产物，它们在自身提供了批判性讨论的肥沃区域。首席医疗官在他的评论里反对基于无过错制度的想法。[1]
6 患者安全的话题引致了博莱姆过错、过失和基于侵权的制度的基本目标的观点，该话题开始在更多的学术著作中占据重要位置，并在本书中受到章节撰稿人的讨论。法律关注的大部分的重点将会是侵权法和赔偿法，因为如果选择一个共同的框架，在不同的国家之间作比较将会更加容易。在有关其他国家的章节中也将探究赔偿文化、无过错和更好的救济方式等这些共同主题。

---

〔1〕 *Making Amends.*

1.

质量、安全与风险管理

乔·萨曼塔与阿什·萨曼塔

导语

质量、安全与风险问题是维护优质健康服务的核心部分。成功管理这三方面的必要性在《人非圣贤，孰能无过》(*To Err Is Human*)[1]与《一个有记忆的组织》(*An Organisation with a Memory*)[2]报告中已重点提出。质量、安全与风险问题已受到人们的长期关注，但是诸如如何确保现代医疗体系的效率、效力以及安全性的调整问题仍然存在。[3]尽管临床护理方面凭借科技创新取得了重大进展，但对患者造成医源性伤害的风险比重依旧不容乐观。

1999 年之前，依照普通法规定，在该司法管辖区内，医疗保健服务提供方所承担的责任是在提供服务的过程中注意行事谨慎得当。1999 年颁布的《健康法案》中第 18 条第 1 款规定："每一个国民保健服务（NHS）提供方都有义务妥善落实好安置工作，目的是监督并改善提供给个人的医疗保健服务质量"。2003 年颁布的《健康与社会保健（社区卫生和标准）法案》中第 45 条对这一标准作了修订，规定每一个国民保健服务主体有义务确保各项安排落实到位，用以监督并改善组织机构提供的医疗保健服务质量。卫生部将这些安排筹备工作比作"一个框架，而国民医疗服务体系则依照该框架承担起相应的责任，即通过创造环境来促进临床护理工作更加完善，进而不断提高自身服务质量并确保高标准的医护

---

〔1〕 L. T. Kohn, J. M. Corrigan and M. Donaldson (eds), *To Err Is Human: Building a Safer Health System*, Healthcare Services, Washington: National Academies Press, 1999.

〔2〕 Department of Health, *An Organisation with a Memory*, London: HMSO, 2000.

〔3〕 D. M. Berwick, "The John Eisenberg Lecture: Health Services Research as a Citizen in Improvement", *Health Service Research* 40: 2, 2005, pp. 317 ~ 336.

工作”。[1]涉及质量问题的法定责任涵盖了组织风险管理的评估、审计机制以及问责制。

医疗保健的质量、安全和风险管理之间相互关联，在我们看来，这三点应全面落实到法律政策的各个方面，贯彻到提供方的组织和管理工作以及导向优质临床护理的实践过程中。本章以英国当代医疗卫生服务体系为背景，重点探讨关于以上因素管理方式的问题。

8 ## 政策

国民保健服务宪法和立法改革

2007 年，英国卫生部部长宣布对国民保健服务体系进行一次全面的审查。由达兹勋爵主导的《国民保健服务下阶段审核“我们的国民保健服务，我们的未来”》旨在制定一个十年策略，该策略围绕着与患者、工作人员和公众相关的医疗服务方面展开。[2]其后的中期报告为国民保健服务提出了一项十年计划，推动国民保健服务向更加个性化、更公平有效且安全的方向转变。该报告将这一计划纳入到宪法中以明确国民保健服务的价值所在，还制定了针对患者和工作人员的核心权利与义务。国民保健服务下阶段审核的总结报告《全民高质医护》（*High Quality Care for All*）（2008）推行了一项关于医疗服务的概念化策略，其中着重关注质量问题。2009 年颁布的《健康法案》属于授权法案，实现了下阶段审核中需求主体法例的主张。法案条款涵盖了国民保健服务宪法和质量记录，并促使在特定情况下对医疗服务进行直接付费成为可能。

2009 年的健康法案与国民保健服务宪法重合的部分规定了相关组织的义务，这些组织涉及医护的提供、调配和监管工作，此外，还对那些依照合同或安排提供国民保健服务中服务的提供划分了职责。该宪法至少每十年接受一次英国卫生部部长的复审，并与当地主管部门、工作人员和患者进行协商。同时，国民保健服务宪法将权利给予服务使用者，这一做法得到了救济和治疗机制的支持，这些机制的目的在于纠正过去的错误做法（反对货币补偿）。

卫生策略管理局、国民保健服务基金会信托与医护质量监管委员会在调配、

---

〔1〕 Department of Health, *A First Class Service*, London: Department of Health, 1988.

〔2〕 Department of Health, *Our NHS*, *Our Future*: *NHS Next Stage Review InterimReport*, London: Department of Health, October 2007. Online. Available at http://www.dh.gov.uk/prod_consum_dh/groups/dh_digitalassets/@dh/@en/documents/digitalasset/dh_079087.pdf (accessed 18 June 2010).

提供服务或是履行作为监管机构的职责时，具有与国民保健服务章程相应的法定义务。[1]该法案第二部分叙述了关于不断弱化的国民保健服务组织所拥有的权力。经赞助创办的基金会信托旨在向当地社区而非国务大臣负责。该信托获2006年颁布的《国家卫生服务法》授权，并受监督者即国民保健服务基金会信托的独立监管机构监管。该监管者有权在工作失败的情况下进行干预，并在其立法职权内罢免负责人员。[2]一旦信托失信，国务大臣可要求解散该组织或是将其财产或债务移交给其他信托。[3]然而，这些规定并未给予监督者或是国务大臣相应的权力以解除对某个基金会信托的授权，也不能够使这种信托回归到普通的信用状态。2009 年的《健康法》同样规定了暂令停职的权力。艰难梭菌在梅德斯通和坦布里奇韦尔斯（*Maidstone and Tunbridge Wells*）大量爆发，针对此事，国民保健服务信托强调要确保快速干预措施得以实施，以及在必要的情况下，确保当局能够给予国民保健服务委员会会长以及成员停职的处罚。为此，2009 年的《健康法案》对权力的增强作了说明，即可以暂令国民保健服务组织中的这些人员停职。

2008 年颁布的《健康及社会保健法》通过加强对医疗服务的监管为质量议程增加了法律效力。该法案的第一部分创建了医护质量监管委员会，负责登记、审查和检查英格兰特定的健康和社会保健服务。该委员会取代了原有的卫生保健委员会、社会看护督导委员会以及精神健康法案委员会。 9

这一法案为服务提供方建立了一套注册系统，授权的监管体系将会自动识别那些只限注册人员进行的活动。监管委员会有权对违约行为发出惩罚通告并可以暂停其注册。[4]同样，委员会对专业监管机构具有管辖权，其职责是在机构实施法定职责的过程中维护患者和公众的利益。[5]该法案适用于这十二所监管机构，并创建出了一个庞大的法人团体，即健康职业审查办公室。[6]执业适合情形委员会将履行其职能，并且适用于这种诉讼程序的举证标准同样适用于民事诉讼。[7]该法案将监管

---

〔1〕 Health Act 2009, s2.

〔2〕 s52, the NHS Act 2006.

〔3〕 s54, the NHS Act 2006.

〔4〕 Care Quality Commission, "Who Needs to Register". Available at http: //www. cqc. org. uk/guidance-for professionals/introductiontoregistration/whoneedstoregister. cfm (accessed 18 June 2010).

〔5〕 The Bristol Royal Infirmary Inquiry, *Learning from Bristol*: *The Report of the Public Inquiry into Children's Heart Surgery at the Bristol Royal Infirmary* 1984 ~ 1995, Command Paper: CM 5207, Bristol: Bristol Royal Infirmary Inquiry, 2001. Online. Available HTTP http: //www. bristol – inquiry. org. uk/ (accessed 18 June 2010).

〔6〕 Health and Social Care Act 2008, s98 (1).

〔7〕 Health and Social Care Act 2008, s112.

委员会重新命名为医疗健康委员会，并对其章程、职能以及成员聘任方式做了调整。[1]

国务大臣可以通过制定规则来要求英国的指定机构去提名或任命“负责人员”，用以监管医师行为。他们的职责范围已得到了扩展，覆盖了临床护理管理方面，譬如对医师行为与业绩进行监督。而对该监督内容可以进行信息共享，从而促进恰当行为的落实，并以此来保护患者和公众安全。

国民保健服务组织承担着法定的义务，即确保筹备工作安排到位，及时对提供的医护进行监督并作出相应的改善。[2]2008 年颁布的《健康与社会保健法案》中第 139 条对 2006 年《国民保健服务法案》中的第 23 条作出了修订，增加了初级医疗基金会的职责，即确保筹备工作安排到位，用以保障基金会提供或得到的健康服务拥有不断提升的质量。2010 年 4 月以来，全部国民保健服务信托基金都需向国家患者安全机构（NPSA）上报每一例严重的患者安全事故，即患者在接受医护过程中受伤或死亡。[3]

国家服务框架

国家服务框架（NSFs）是由国民保健服务推出的政策，用以制定医护标准以及巩固特定的医疗保健服务。《新型国民保健服务，现代而值得信赖》（*The New NHS, Modern, Dependable*）[4]中介绍了这些质量管理行动，包括设立了国民医护标准来改善所提供的服务质量，并推动医疗保健的公平分配。国家服务框架
10 为特定的医护群体设定了服务规范、相应的实施策略以及可评估时间段内工作进程的质量指标。该框架基于现有的最佳数据设立了明确的质量要求。每年，作为推展计划的一个环节，都会导入新的框架，而该计划的发展得益于由服务使用者、工作人员、健康服务管理者以及志愿机构组成的外部相关群体所作出的贡献。框架的主题因与政府议程密切相关而最终被确定下来，这些议程涉及健康改善、医疗覆盖不均、医护质量指标方面，以及由可接受实践与实际操作之间的显著差距引起的普遍关注问题。

国家服务框架得到了广泛关注并提升了人们的合理期望。借作为政策性文

---

〔1〕 Health and Social Care Act 2008, s113（1）.

〔2〕 s45, Health and Social Care (Community Health and Standards) Act 2003.

〔3〕 D. Campbell, “Crackdown Will Force Hospitals to Log All Errors: Record Must Be Made Every Time a Patient Is Harmed or Dies While Receiving Treatment”, *Observer*, 6 December 2009, pp. 7.

〔4〕 Department of Health, *The New NHS: Modern, Dependable*, London: Department of Health, 1997. Online. Available at http: //www. dh. gov. uk/en/Publicationsandstatistics/Publications/PublicationsPolicyAndGuidance/DH_ 4008869 (accessed 18 June 2010).

件，该框架的运作只是起到指导性作用，其本身并不能赋予患者新的法定权利。鉴于普通法规定，改动资源决策难度巨大，而法院也不愿介入被认为是由政策主导的事项当中。在 *R v Cambridge HA*, *ex p B*（1995）案中，托马斯·宾厄姆（Thomas Bingham）大法官言辞之间的勉强之意显而易见，“如何对有限预算进行最佳分配从而实现最广大患者的利益最大化，对待这一问题需要做出艰难而痛苦的判决。然而法院却无法给出这样的判决”。[1]由于医疗机构被要求提供其制定决策的缘由，这种不情愿的司法态度才开始得到缓和。

质量保证

诸如国家服务框架和全国性的实践指南等的质量保证机制依靠地方行动来审查和维护临床标准。戴维斯(Davies)[2]表示，在临床审计期间，医师对适用于同事间的问责机制可能会起到阻碍作用，他们出于对彼此工作关系不利影响的考虑，或是因为一旦同事被停职，个人的工作负担就会有所增加，因此，会隐瞒对同事业绩的负面评价。尽管在患者安全受关注的情况下，这种阻碍行为不会产生什么影响，但在高压工作环境下，却会对临床医师的专业判断造成干扰。

医师作为单独委任专家，通过专业的联合机构参与到起草 NSFs 与指南的实践过程当中，可能会将设置的标准进行调整，而这一标准已偏离了所监管的核心问题。通过举例，戴维斯认为医生的参与可能会促使标准通过依照医护过程来进行设定，进而取代那些要求实质性临床判断的标准。如果应用审查机制的从业人员并未在工作实践中遭遇巨大挑战，我们同样可以确保审计方式的灵活自主性。

保障措施已安排妥当，用以防范对审查和质量维护工作的干扰。而要求同患 11
者以及医护人员代表进行协商的做法即是进行保障的一种方式。然而，这并不一定能够确保专业人员不会独占话语权，而且众所周知，业外人员过度依赖于专家的意见，[3]因而，业外人员的参与所带来的变化则不仅仅只是看到的独立表象而已。

医疗提供方须在医护质量监管委员会进行注册，一旦发现有违标准的过失，该委员会即有权取消其注册、对其实行注册条款约束或是处以罚款，用以确保提供的服务符合必要的标准。从 2010 年 4 月开始，包括基金会信托在内的受监管的服务提供方都须遵守一套完整的注册要求，以便构建关涉质量与安全的基准。

---

〔1〕 *R v Cambridge HA*, *ex p B* [1995] 23 BMLR 1 at 9.

〔2〕 A. C. L. Davies, “Don't Trust Me, I'm a Doctor——Medical Regulation and the 1999 NHS Reforms”, *Oxford Journal of Legal Studies* 20, 2000, pp. 437.

〔3〕 J. Peay, *Tribunals on Trial: A Study of Decision - Making under the Mental Health Act*1983, Oxford: Clarendon Press, 1989.

近期，医护质量监管委员会在出版福斯特医院指南之后，被指责为是“毫无权威可言”的独立监管机构。该指南称，有十二所国民保健服务信托机构在患者安全与感染控制标准方面未实行预期效果，此外，据称另有二十七所医院存在异常的高死亡率。这些调查结果在医护质量监管委员会中引发争议，而该委员会始终没有采取行动。〔1〕

提供方

直到19世纪80年代初，质量改进工作才初见成效，其重点强调了医疗提供方所需承担的责任。在1983年10月，罗伊·格里菲斯（Roy Griffiths）发表了一份颇具争议和影响力的报告，即“国民保健服务管理调查”。该报告的一个关键主题为引进综合管理策略，告别协商一致的传统管理模式。回顾过去，格里菲斯发现几乎没有相应体制用以确保国民保健服务组织的医护质量。临床医师出于提高实践质量的意愿，在特殊的机构中组织了一些试点项目，除此之外，即使有医院运用系统的方式来对医护质量做出改善，〔2〕其数目也是少之又少的。〔3〕事实上，有许多未参与试点项目的临床医师和专业性组织机构对这一观点，即系统改革和质量改善举措能够在医疗方面发挥巨大作用，持怀疑甚至是反对态度。〔4〕19世纪90年代见证了国家和地方的质量创新，以及资源配置行动。这些举措几乎鼓舞了所有的医疗机构来引进一些临床审核形式、质量改善体系和组织，进而促成了巨大的文化变革。之后，检验临床工作形成规范，目的是改善自身状况，而这在过去是不曾企及的。〔5〕而将风险作为常规质量改善行为来进行管理，对于这种方式的需求，则成了推动以上变化发生的一个重要因素，并且，资源也同样供

---

〔1〕 D. Rose, “Worst Hospitals ‘Free to Go on Failing’: NHS Regulator Is Accused of Being Toothless”, *Times*, 30 November 2009, pp. 3. Also reported in *Financial Times*, 30 November 2009, pp. 4; *Independent*, 30 November 2009, pp. 6; *Guardian*, 30 November 2009, pp. 12; *Daily Telegraph*, 30 November 2009, pp. 1、6; *SundayTimes*, 29 November 2009, pp. 12; *Observer*, 29 November 2009, pp. 1、8 ~ 10; *Sunday Telegraph*, 29 November 2009, pp. 1 ~ 2、21; *Times*, 28 November 2009, pp. 19.

〔2〕 C. D. Shaw, “Quality assurance in the United Kingdom”, *International Journal of Quality in Health Care* 5, 1993, pp. 107 ~ 118.

〔3〕 National Audit Office, *Quality of Clinical Care in National Health Service Hospitals*, London: HMSO, 1988.

〔4〕 Advisory Conciliation and Arbitration Service, *Royal Commission on the National Health Services*, London: HMSO, 1979.

〔5〕 D. Taylor, “Quality and Professionalism in Healthcare——A Review of Current Initiatives in the NHS”, *British Medical Journal* 312, 1996, pp. 626 ~ 629.

应充足，以便发展必要的基础设施和政策支持。[1]

管理风险 12

风险是一个庞杂的概念，关涉医疗组织的各个方面。威尔逊（Wilson）和廷格尔（Tingle）将临床风险定义为“一种与预期治疗、护理、医疗干预或是诊断结果相异的临床失误；存在导致不良结果的可能”。[2]这种风险概念涵盖多层意义，指涉对象同时包括患者、医护人员以及组织机构。风险管理是“改善护理质量的一种特殊方式，重点强调的是患者因治疗而受到伤害或感到不安这种状况”，[3]以及“关注对组织内部信息和个人专长的应用，并借此将其转变为积极的行动，这将有助于降低死亡概率、财产损失，抑制医护人员流失，减少建筑和设备的损耗，并且还能够维护声誉”。[4]风险管理是一个以管理为基础的安全实践框架，通过辨识潜在的风险来建立“事先”机制，用以实施预防性行动。风险管理方案要求通过意外事件、险失事故和组织审查，以及对病患不良结果的报告与分析这些数据来对潜在的问题进行识别。

国民保健服务诉讼委员会(NHSLA)[5]是一所特殊的医疗治理机构，负责为医疗组织提供保障，这也是中央基金管控下风险统筹计划的部分内容。该委员会参照1990年颁布的《国民保健服务和社区护理法案》第21条要求，成立于1996年，就临床过失、临床诉讼以及非临床风险问题，为国民保健服务工作人员提供庇护。临床过失索赔的管理分为两种方案，其一是对于1995年4月之前发生的事故采取现行负债计划，另一个则是针对4月之后的偶发事故采取临床过失信托计划。而非临床事故应依照风险统筹信托计划进行处理。信托基金成员需符合由国民保健服务诉讼委员会制定的临床风险管理标准的要求，而他们的损害分摊则依据符合程度进行评估。从2010年起，国民保健服务诉讼委员会风险管理标准也将适用于初级医疗基金会（更改为委托机构）、独立部门和信托基金，涵盖了心理健康、学习障碍和救护服务方面。

---

〔1〕 BRI Inquiry Secretariat, *Paper on Medical and Clinical Audit in the NHS*, Bristol: Bristol Royal Infi rmary Inquiry, 1999.

〔2〕 J. Wilson and J. Tingle (eds), *Clinical Risk Modification: A Route to Clinical Governance*, Oxford: Butterworth Heinemann, 1999.

〔3〕 C. Vincent, “Introduction”, in C. Vincent, ed., *Clinical Risk Management*, London: BMJ Publishing Group, 1995.

〔4〕 Department of Health, *Corporate Governance in the NHS*, *Code of Conduct. Code of Accountability*, London: HMSO, 1994.

〔5〕 The NHS Litigation Authority website. Online. Available at http: //www. NHSla. com/home. htm (accessed 18 June 2010).

国民保健服务诉讼委员会具有一项风险管理的职能，并据此来对信托进行评估，以便计算每年应缴保险费用。国民保健服务信托依照风险管理体系运行，其经济动机为争取资格，从而减轻自身损失分摊。这种资金奖励极其丰硕。克罗门茨提出信托机构如果遵守风险管理计划，可获得高达30%的支付减免。[1]譬如，对于一个规模较大的妇产科而言，30%的减免金额差不多等同于100万英镑。风险管理计划的目标是确保“有记忆的组织”能够吸取教训并以此为戒。然而实际上，国民保健服务诉讼委员会的成立在最初是出于财政方面的考虑，而非为了调研或是进行风险管理。

13 报告与吸取教训

鉴于成因复杂，减少医源性损害的发生需从多方面来入手。人们认为（在该管辖区以及其他区域）针对医疗前沿所做的指责可能是有误的。据调查显示，大量潜在的不利因素以及工作实践有可能对最终伤害的形成起到了推动作用。危险的工作环境和系统管理的失误都为过失的发生提供了充分的条件。对事故进行及时的报告、从根源分析中吸取教训以及实施学习行动计划（即作为加强患者安全的一种手段），这些都是补救系统故障的一种方式。

英国国家患者安全机构成立于2001年4月，是与卫生署相近的一个组织机构。该机构的创立是为了监督对报告《一个有记忆的组织》(*An Organisation with a Memory*)[2]中核心观点的践行情况，其中，尤其强调要从不良事件与险失事故中吸取教训。此外，安全机构还在寻求文化中的变革，用以支持对突发事件和险失事故的报道，并将变革的重心指向了体制而非个人。[3]

就此而言，该机构取得了一个重要成就，即创立了风险报告体制，从患者安全事故和险失事故的自愿报告中收集数据信息，用以实现对调查结果的系统化评估，进而创建出以根源调查为基准的、更加安全的工作体制。从根本上来说，国家患者安全机构数据库主要依靠了针对安全问题性质所作的事故报告来明确事故线索、问题缘由以及可能的解决方案。做法虽然具启发性，但这种报告正如报告员所感，只是对关联事件的主观回忆，往往在因果关系和预防措施方面阐述较少。而下一步则计划在临床技能、对医院环境的深入了解以及工作实践方面对数据信息进行有效利用。这一过程中，专业技术和资源必不可少，同时依据调查结

---

〔1〕 R. Clements, “Healthcare Risk Management: The UK Experience——The Present and the Future”, *Medico - legal Journal of Ireland*, 2003.

〔2〕 Department of Health, *An Organisation with a Memory*, London: HMSO, 2000.

〔3〕 http: //www. npsa. NHS. uk/web/display? contentId = 2656 (broken link, accessed 18 June 2010).

果采取行动的做法也尤为重要。

2004 年，《患者安全七个步骤参考指南》（*Seven Steps to Patient Safety*）出版发行，旨在为国民保健服务组织提供具体的指导方案。通过开创开放、公平的文化环境来营造一个安全的文化氛围，通过明确强化对患者安全的关注度来领导和支持工作人员，凭借发展健全体制和流程来整合风险活动，进而管理风险并明确过失发生的潜在概率，这些做法都包含在这些步骤之内。除此之外，还有进一步的要求，即在地方乃至全国范围内推动对不良事件以及险失事故的报道，通过倾听和建立开放的沟通渠道与患者和公众进行交流，运用根源分析、策略学习和分析安全课程进而了解事故发生的原因和过程。以及通过对实践、流程和体系的更改来实施避免伤害的解决方案。[1]

国家患者安全机构在与多领域专家和患者群体协作方面发挥了至关重要的作
用，以便更好地实践世界卫生组织（WHO）发出的患者安全警示要求，而这也 14
是世界卫生组织“全球患者安全挑战”的内容之一。譬如，世界卫生组织“手术安全清单”警示要求所有的医疗机构应为接受外科手术的患者使用手术安全检查清单来改善实施麻醉的安全性，确保局部手术的准确性以及加强手术团队之间的交流协作。在此之前，世界卫生组织还发出了“清洁双手，拯救生命”警示，用以指导手部清洁工作和患者医护，进而降低医疗获得性感染的患病率。国家患者安全机构职权还包括根据一段时间的实践情况来评价这些患者安全警示的效果。其他为人熟知的警示还涵盖了事故通话、统一制度的需求、注射性药物的安全使用，以及硬膜外注射和输液的安全操作。[2]

对于急症和综合医院来说，最常被报道的意外事件为患者事故（31%），其次为治疗或医护过程中事故（13%），用药过失（10%），住院和出院相关事故、基础设施和档案问题（7%），临床评估、医护监测（6%），以及感染控制（2%）。[3]2007 年到 2009 年间，国家患者安全机构开展了一系列纵深项目，致力于在四个专业领域来增强患者安全：手术和麻醉、新生儿的护理、肿瘤学和内产后护理，即皆为与二级医疗系统相关的领域。这些项目要求同英国皇家学院、

---

〔1〕 Adapted from National Patient Safety Agency, *Seven Steps to Patient Safety: AGuide for NHS Staff*, National Patient Safety Agency, 2004. Online. Available at http://www.nrls.npsa.NHS.uk/resources/collections/seven-steps-to-patient-safety/ (accessed 18 June 2010).

〔2〕 National Patient Safety Agency, *Alerts*, London: National Patient Safety Agency, 2009. Online. Available at http://www.nrls.npsa.NHS.uk/resources/type/alerts/ (accessed 18 June 2010).

〔3〕 National Patient Safety Agency, *National Reporting and Learning System Quarterly Data Summary*, issue 14, National Patient Safety Agency, 27 November 2009, p. 14.

医学专家和其他医护人员、倡议组织和患者进行密切合作，进而确保评估结果的协同性和多维性。

技术性失误是二级医疗系统中医源性伤害的一个重要范畴。由于医疗和外科实践愈加复杂，这一范畴可能会变得更为关键。风险管理举措如不能有效实施，当前的经济拮据，加之人员、资源的限制，将有可能导致这些问题的出现呈增多趋势。

根源分析是对过失进行谨慎而全面的剖析，意在从找寻根本原因的过程中揭示所有相关因素。[1]“根源分析”这一用语由于暗示出单一根源或至少是少量的诱因可以被确定下来，而被人批评为具有误导性。[2]

特别是在大规模的综合机构中，根本原因在于这一概念可能过于简单化，或常常代表先于指示事件的众多诱因范畴下所发生的一系列事件。文森特（Vincent）表示，根源调查仅仅是调查过程中的第一步，之后还需协商探讨来澄清事故究竟呈现了主体医疗环境的哪些不足之处。根源分析倾向于对指示事件的回溯追踪，但却忽视了提供进一步的前瞻性分析。而这一重要环节的缺失，可能会对
15 经验的获得产生不良影响。分析过程中，仍存在于体制中的漏洞相比所探讨事件的诱因来说，更显重要，因其可能会导致事故的再次发生。

系统分析和对组织因素的强调仍需与个人和团队责任相平衡。所做的权衡必然要取决于事件和环境因素，这种决定的做出则再一次需要专业技能，以及医疗环境和工作实践的独特认知来进行协助。

2001 年，国家患者安全机构随后建立了国家报告和学习系统（NRLS），这是对故已造成或可能造成对患者的伤害患者安全事故进行整合的数据系统。自 2010 年 4 月起，英格兰所有的国民保健服务信托机构承担起强制性义务，即向医护质量监管委员会上报一切严重的患者安全事故，这也是强制性注册程序的一部分。这种开放式系统允许患者、公众以及医疗工作人员进行上报。同样，类似的平台还包括信托风险管理系统。

对上报的患者安全事故进行整合分析之后，国家报告和学习系统为医疗服务发布了名为“警示”的建议方案，旨在确保患者安全。2008 年，一套被称为“中央警报系统”的网络设施开始运行，为医疗和社会护理提供方分发重要的安全指南。[3]

---

〔1〕 R. Wachter, *Understanding Patient Safety*, New York: McGraw Hill, 2008, p. 160.

〔2〕 C. Vincent, “Analysis of Clinical Incidents: A Window on the System Not a Search for Root Causes”, *Quality and Safety in Health Care* 13, 2004, pp. 242 ~ 243.

〔3〕 National Health Service, Central Alerting System, London: Department of Health. Online. Available at https: //www. cas. dh. gov. uk/Home. aspx (accessed 18 June 2010).

尽管搜集数据的数量庞大，这些报告却都趋向集中于相对小范围的事故。然而，或许对于这一发现并不应过于意外，因为提供给下议院卫生委员会的证据显示，这些类型的事件至少占全部事件的70%，可以说是值得重点关注的对象。其他明显的矛盾之处为诸如高级临床医师等专业群体不愿使用匿名报告系统，而再一次，这类因素在关于次要事件的报告中占据主体。

据文森特称，[1]报告虽然在提高安全意识以及强调复发问题方面发挥了重要的作用，但其本身并不是一项有意义的患者安全行为。《安全第一：为患者、临床医师和医疗管理机构所作的报告》（*Safety First*：*A Report for Patients*，*Clinicians and Healthcare Managers*）中，对国家报告和学习系统进行了强烈的谴责，认为其并未向患者提供关于伤害形式、趋势以及潜在形成原因的精准信息，也没有充分把握时机对国民保健服务做出改善。[2]该报告建议，将国家患者安全论坛作为一种方式，来推动患者安全议程的完善和普及。论坛每半年举行一次，出席人员为核心机构的高层代表，而论坛期间的会议记录会在之后进行刊发。[3]一年后，又发表了《安全第一：贯彻的一年》（*Safety First*：*One Year On*），[4]其中国家患者安全机构记录了在强化患者安全重要性方面所取得的重大进展。

国家患者安全机构也设立了“患者安全气象台”（PSO）来从众多数据中使 16
用、整理和分析患者安全事故信息，进而提供一个全方位的视角。显然，地方风险管理系统并不经常曝光那些特别严重的不良事故，而对大量数据源的访问可揭示出最准确、最完整的事件动态。[5]对如临床事件、健康和安全事故、投诉、诉讼索赔、死因审理和病历等众多数据源进行读取和分析，这可能是用来掌握患者安全信息全貌最精准的方式。患者安全气象台发表了一系列的报告，最近的一篇为《安全护理重症患者：从严重事故中吸取教训》（*Safer Care for the Acutely Ill*

---

〔1〕 C. Vincent，“Incident Reporting and Patient Safety”，*British Medical Journal* 51，2007，pp. 334.

〔2〕 Department of Health，*Safety First*：*A Report for Patients*，*Clinicians and Healthcare Managers*，London：Department of Health，2006. Online. Available at http：//www. dh. gov. uk/prod_ consum_ dh/groups/dh_ digitalassets/@ dh/@ en/documents/digitalasset/dh_ 064159. pdf（accessed 18 June 2010）.

〔3〕 Department of Health，National Patient Safety Forum，London：Department of Health，2010. Online. Available at http：//www. dh. gov. uk/en/Publichealth/ Patientsafety/DH_ 073927（accessed 18 June 2010）.

〔4〕 Department of Health. *Safety First*：*One Year On*，London：Department of Health，13 December 2007. Online. Available at http：//www. npsa. NHS. uk/corporate/news/safety – fi rst – one – year – on/（accessed 18 June 2010）.

〔5〕 R. A. Hayward and T. P. Hofer，“Estimating Hospital Deaths Due to Medical Errors：Preventability is in the Eye of the Reviewer”，*Journal of the American Medical Association* 286，2001，pp. 418 ~420.

Patient：*Learning from Serious Incidents*）。[1]

2009 年，国家患者安全机构在组织患者安全事件报告中揭示出在英格兰的大约459 500起医疗过失案件中，有 5717 位患者遭受到了严重的伤害甚至是死亡。[2]该数据由医疗工作人员所提交，并经国家报告和学习系统以保密报告的形式进行收集整合。

医师培训

人们认为，在质量、安全和风险的管理进程中，医师培训非常关键，并在全球范围内受到了广泛关注。世界卫生组织出版了课程指南用以指导针对医师的培训，[3]并在近期得到试用，围绕医学院应如何向本科生讲授患者安全问题来提供国际性指导意见。然而，世界卫生组织报告称，一些临床医师和医学教育工作者可能不愿接受这一理念，即将患者安全重要性的重申放入到课堂教学之中。据推测，"管理协商式介入"的引入可能会遭到反对，或"人们不愿去应对譬如系统思考和质量改进方法等医学领域以外的认知"。同样，世界卫生组织也可能会基于这些倡议和指导，为其他医护专业人员的课程提供反馈信息。

地方责任

临床管理

临床管理是"国民保健服务组织参照的体制，并据此来长期监管、改善自身的护理与服务工作质量，持续确保高标准的医护工作"。[4]该体制的运行是为确保患者安全以及供给医疗服务的质量，其奉行理念为在医护服务不断完善的前提下，努力加强有力问责。

在医疗服务过程中，超过 30% 的公众提出质询，试图调查患者医护中出现的灾难性事故。最新的报告指出，从每一个质询中，可以总结出五个共同的主
17 题：隔离、失权、领导与管理无能、沟通不良以及无效体系和流程。[5]众所周

---

〔1〕 National Patient Safety Agency, The Fifth Report from the Patient Safety Observatory. *Safer Care for the Acutely Ill Patient*: *Learning from Serious Incident*, London: National Patient Safety Agency, 2007.

〔2〕 National Patient Safety Agency, *Organisation Patient Safety Incident Reports*, London: National Patient Safety Agency, March 2010. Online. Available at http: //www. nrls. npsa. NHS. uk/patient – safety – data/organisation – patient – safetyincident – reports/ (accessed 18 June 2010).

〔3〕 F2 Curriculum Committee of the Academy of Medical Royal Colleges, *Curriculum for the Foundation Years in Postgraduate Education and Training*, London: Academy of Royal Medical Colleges, 2004. Online. Available at http: //www. who. int/patientsafety/news/curriculum. pdf (accessed 18 June 2010).

〔4〕 G. Scally and L. J. Donaldson, "Clinical Governance and the Drive for Quality Improvement in the New NHS in England", *British Medical Journal* 317, 1998, pp. 61 ~ 65.

〔5〕 K. Walshe and J. Higgins, "The Use and Impact of Inquiries in the NHS", *British Medical Journal* 325, 2002, pp. 895 ~ 900.

知，有一则系统故障案例，其导致了23位患者遭遇不幸，而这正是在不正当给药方式的情况下，患者接受化疗的结果。这些事故都涉及对患者进行强效细胞毒性药物注射的行为，该药物原本是用于静脉输液，却无意中被注射进脊椎，从而导致患者死亡或严重残疾。布莱恩·托夫特教授（Brian Toft）负责其他部门的事故和灾难调查，有着丰富的经验，在此类事件发生后，他应邀对事故进行调查。据报道，大约有40起医护过失导致了患者死亡或造成严重伤害，这也成为了事故发生的促成因素。托夫特的调查发现有助于阐明这一公认原则，即人为过失本身通常并不会导致患者死亡，然而，在不安全工作环境中的人为过失却易导致患者受伤或死亡。因此，综合系统漏洞会大大加重患者遭受伤害的风险。[1]

医疗提供组织所承担的法定护理义务在临床管理中有所体现。临床管理是一个涵盖性术语，其中包括七个关键主题：临床审核、风险管理、临床疗效、教育和培训、公众参与、策略能力、医护人员管理和业绩。临床管理这一概念所涉及的只是卫生与社会护理机构，关注对服务使用者的医疗供给。综合管理作为一个整体框架，涵盖了现代国民保健服务管理方案，[2]并关注医疗机构的其他业务内容，即与公司治理安排并行的企业管制。1999年开始，国民保健服务信托董事会承担起保障提供优质医疗服务的法定责任。

投诉管理

有效应对投诉是医疗机构中对质量、风险和安全进行成功管理的一个关键因素。而投诉管理不当则会对医患关系以及国民保健服务作为整体存在的公众认知产生不利影响。投诉也可以成为患者安全不良事件的首要指标之一。[3]2007年的卫生保健委员会数据显示，[4]因调查和反馈不当，超过1/4的投诉再次牵涉到了信托机构，而后在2009年，国民保健服务针对投诉程序做出了重大变革。现如今，患者可选择任意时间提出诉讼。诉讼的程序分为两个阶段。第一阶段是当地决议，要求向组织管理团队或医疗专业人员发送投诉函。多数案件都在这一环

---

〔1〕 D. M. Berwick, "Not Again! Preventing Errors Lies in Redesign——Not Exhortation", *British Medical Journal* 22, 2001, pp. 247 ~248.

〔2〕 Department of Health, *Integrated Governance Handbook*, London: HMSO, 2006. Online. Available at http: //www. dh. gov. uk/en/Publicationsandstatistics/Publications/PublicationsPolicyAndGuidance/DH_ 4128739 (accessed 18 June 2010).

〔3〕 M. Walton, "Patient Safety——A View from Down Under", *Quality and Safety in Health Care* 18, 2009, pp. 422 ~423.

〔4〕 Healthcare Commission, *Spotlight on Complaints. A Report on Second - stage Complaints about the NHS in England*, London: Healthcare Commission, 2007. Online. Available at http: //www. chi. gov. uk/_ db/_ documents/spotlight_ on_ complaints. pdf (accessed 18 June 2010).

节得到了解决，而未能解决的也可求助于医疗服务申诉专员，该投诉机制独立于国民保健服务和政府的管辖，而这也是诉讼程序的第二阶段。

18 国民保健服务所做的主要变动是更改了以 20 天为间隔的答复频率，以便在初级阶段进行深入调查，同时还取消了对卫生保健委员会独立审查的要求。新诉讼程序的重点是促使医护提供方能够更加灵活地处理患者的具体投诉事宜。一个更为有效的投诉制度应能够及早澄明问题所在和事发诱因。

实施情况

毫无疑问，专业的医疗从业人员都对实践标准的提升有所期待。早期有一位先驱者，即弗洛伦斯·南丁格尔，她通过对比医院死亡率的相关数据，向世人揭示了克里米亚医院因卫生条件恶劣，已成为“死亡沼泽”的事实。[1] 同样，波士顿的科德曼医生（Codman）通过对自己的医疗实践进行审核来改善质量评估。[2] 科德曼应用自我审查系统，花费一年的时间来跟踪记录患者情况，试图判断他做出的诊断是否正确，手术是否成功以及手术对每位患者造成了怎样的影响。诸如南丁格尔和科德曼等医疗从业人员都为当代循证医学和最佳临床实践指南奠定了基础。

临床指南与临床规范

循证指南的制定

国家卫生与临床优化研究所（NICE）因应用了全面兼容、公平透明的评估流程而获得了良好的声誉。[3] 该研究所作为独立机构，负责出版惠及专业人员、患者和看护者的治疗和医护指南，从而对医疗决策进行普及。国家卫生与临床优化研究所受到了不同程度的好评，被称赞为开放公平的决策制定典范，其为医疗体系引进了新的技术和药品，但同时，该研究所又遭受了公开的批评，指责其指南的出版限制或阻碍了医疗体系的重大创举，而此创举原本可能会惠及特殊的患者群体。然而，国家卫生与临床优化研究所在自身的职权范围内，有义务制定循证指南以达成最佳的实践效果。

---

〔1〕 R. J. Maxwell, “Quality Assessment in Health”, *British Medical Journal* 288, 1984, pp. 1470 ~ 1472.

〔2〕 D. Neuhauser, “Heroes and Martyrs of Quality and Safety: Ernest Amory Codman MD”, *Quality and Safety in Health Care* 11, 2002, pp. 104 ~ 105.

〔3〕 Health Committee, *National Institute for Health and Clinical Excellence*, HC503 – II (2006 – 07), ev. 7 (NICE) at para. 8.

临床指南虽然发行已久并应用于实践当中，但直到近期才开始受到关注，即人们探讨指南是否可以作为护理标准的衡量方式被应用到医疗诉讼当中。法律中传统性测试当为Bolam[1]测试标准，该标准是护理标准的一种衡量方式，针对的是医疗实践中的实际行为（而非建议行为）。随着国家卫生与临床优化研究所创立以及临床指南的循序发展，我们认为在涉嫌临床过失的案件中，以上因素都有可能在医护标准测评方面承担更多的标示性作用。[2]我们的观点乃是基于这样的 19
事实，即由国家卫生与临床优化研究所出版的指南有着严谨的制作过程和扎实的证据基础，并得到了医疗质量监管机构的承认，而且在对维护被告医师权益的标准进行评判时，指南中出现了原则上的转移，即逐渐从正统的“Bolam 主义”[3]转向更为客观的认证方法。[4]

指南在医疗诉讼中的作用

针对在英国的执业律师和大律师我们发放了一项调查问卷，用以确定在医疗诉讼中律师多大程度上应用了临床指南，以及指南未来的应用可能性。[5]大体上说，有 372 个人接受了调查（在英格兰和威尔士地区有过医疗过失经历），其中，80% 的受访者了解临床指南（特别是那些来自国家卫生与临床优化研究所和皇家医学院的受访者）。有 89% 的受访者称，在之前的三年间，他们团队在处理案件中使用了指南；40% 认为指南已经影响到了法院的决策制定。而且，大部分受访者预测在未来会增加对指南的应用。支撑这一观点的主要因素是国家卫生与临床优化研究所的职权，其目标旨在提高临床管理议程的质量和强化公众对医疗证据基础的认知。

调查结果显示，在该管辖区域，多数执业律师在医疗诉讼中已经使用指南或关注了指南的应用。我们的调查支撑了这一观点，即指南可作为一种标准来管理法定责任。此外，由被告方提出的标准需经过“逻辑分析”的判定，这标志着原则上的转变，即转而关注外部证据的巨大潜在用途，也正是该证据构成了“经

---

〔1〕 *Bolam v Friern Hospital Management Committee* [1957] 1 WLR 582.

〔2〕 A. Samanta, J. Samanta and M. Gunn, “Legal Considerations of Clinical Guidelines: Will NICE Make a Difference?” *Journal of the Royal Society of Medicine* 96, 2003, pp. 133 ~ 138.

〔3〕 M. Brazier and J. Miola, “Bye - bye Bolam: A Medical Litigation Revolution”, *Medical Law Review* 1, 2000, pp. 85 ~ 144.

〔4〕 A. Samanta and J. Samanta, “Legal Standard of Care: A Shift from the Traditional *Bolam* Test”, *Clinical Medicine* 3, 2003, pp. 443 ~ 446.

〔5〕 A. Samanta, M. M. Mello, C. Foster, J. Tingle and J. Samanta, “The Role of Clinical Guidelines in Medical Negligence Litigation: A Shift from the *Bolam* Standard?”, *Medical Law Review* 14, 2006, pp. 321 ~ 366.

Bolitho 证实的”合理医护。[1]这一转变将会有力反击对 Bolam 标准的传统评价，该标准在司法鉴定方面具有认知偏见的内在漏洞。

在制定医护标准过程中，盲目参考指南可能会带来隐患，即促使临床医师在行医时产生防卫心理。在希达威诉贝特莱姆皇家医院管理者（*Sidaway v Bethlem Royal Hospital Governors*）[2]一案中，斯卡曼大法官（Scarman）将防御式医疗描述为“医师建议或实施医疗的实践，这种医疗在医师看来，尽管对患者而言并不是最佳的治疗方案，但在法律层面上具备安全性”。[3]然而，布莱克认为，“诉讼似乎并不能够对医护质量造成危害”。[4]据范尼格称，如果医师行医实践符合 Bolam 标准，这种程度的“防御”必定会令患者享受到的医护质量更加始终如一。[5]尽管如此，对比患者的福利，医师对其潜在责任的关注可能会在更大程度上影响临床决策的制定，而且这种关注有可能会导致问题的发生，令人担忧。[6]

20 法定责任的概念化框架

Bolam 标准中的经典之句是：医师的行为如果符合受可靠医疗意见认可的习惯做法，就不会违反法律中的医护标准。我们认为，指南可为医护法定标准开辟一个新的评价维度。

该框架模式的第一阶段是法院对被告行为在 Bolam 标准下是否合乎情理进行确认。一旦确定了合理性，接下来的第二阶段则为判断其是否通过了逻辑分析以及是否具备 Bolitho 认可的正当性。第三阶段是由法院决定提交上来的指南是否可当作证据来接收，并且一旦如此，还要判断该指南是否具有效力。[7]最后一个阶段是将指南适用于本案的具体事宜，据推测，难度并不是很大。

提出的概念化模式介于两种方式之间，即传统的 Bolam 方法与另一种使指南借此决定医护标准的方式。我们认为，这种方法将通过临床推理以及为司法决策提供框架的方式来实施质量保证。

---

[1] *Bolitho v City and Hackney Health Authority* [1997] 4 All E R 771.

[2] [1985] AC 871.

[3] At 887.

[4] N. Black, “Medical Litigation and the Quality of Care”, *The Lancet* 335, 1991, pp. 37.

[5] J. B. Fanning, “Uneasy Lies the Neck that Wears a Stethoscope: Some Observations on Defensive Medicine”, *Professional Negligence*, 2008.

[6] A. Samanta, M. M. Mello, C. Foster, J. Tingle and J. Samanta, “The Role of Clinical Guidelines in Medical Negligence Litigation: A Shift from the *Bolam* Standard?”, *Medical Law Review* 14, 2006, pp. 321 ~ 366.

[7] *Daubert v Merrill Dow Pharmaceuticals Inc* 509 US 579 [1993].

临床不良反应的应对方式

早期识别与地方处理

英国首席卫生官在报告《好医师与患者安全》(*Good Doctors*, *Safer Patients*)[1]中回顾了医疗职业的监管问题，提出将旨在及早发现不良表现并实施补救措施的机制落实到位，借此来不断提供高质临床护理服务，并同步提升患者安全。在地方一级，主要有两方面进展：医学总会成员和被记录的利害关系。[2]

医学总会成员预计将缩小雇主和监管机构之间的管理缺口，而且一旦有某种越界行为的发生，该问题只需提交给医学总会进行处理。该成员计划由医疗主管组成，他们通过确保地方的调查和训诫程序的实施达到预期标准，进而应对不良表现的问题。同样，成员也会协助发展为患者专门定制的康复、矫正以及恢复机能等一系列方案。医疗主管和其他职务相近的医疗人员的担忧已通过线型管理结构得到解决，因而他们将会加强自身监管职责。另外，还存在一种潜在风险，即管理上的过激反应，尤其当医师在次优环境下工作时多有发生的可能。这一体制明显的优势在于能够迅速处理患者所担忧的问题，并可运用本地经验来处理地方性投诉。然而，疑虑并未就此消散，因为尽管医学总会成员对医学总会承担相应责任，其对雇主和长官的忠诚仍可能会对自身造成影响。[3]

将利害关系进行记录这项新的举措可能会允许随时随地对实践、业绩或是行 21
为模式进行跟踪调查。如果需要，该举措也会允许进行进一步的调查，而医学总会将对记录的问题进行审查，以便确定是否还有必要进行正式的调查。而以上这些也可能会被纳入到拟议的重新验证过程之中。然而，目前尚不清楚利害关系的组成因素有哪些，以及在原则基础上是否应标注限度。同样，我们也不确定，这些利害关系问题发展到哪一程度才有必要采取深入调查。因此，基于这些利害关系而进行的处罚是否会侵犯医师接受公平审判的权利，或是否会违反《欧洲人权公约》第6款的规定，对此，仍是备受争议。[4]

---

〔1〕 L. Donaldson, *Good Doctors*, *Safer Patients——A Report by the Chief Medical Officer for England*, London: Department of Health, 2006.

〔2〕 A. Samanta and J. Samanta, "Safer Patients and Good Doctors: Medical Regulation in the 21st Century", *Clinical Risk* 13, 2007, pp. 138 ~ 142.

〔3〕 Ibid., pp. 138 ~ 139.

〔4〕 Ibid., pp. 139.

国家临床评估服务职能

咨询文件《支持医师，保护患者》(*Supporting Doctors*, *Protecting Patients*)[1]的内容涉及在英格兰国民保健服务机构中，医师对临床不良反应的预防、识别以及处理，并引进了临床评估概念以及名为国家临床评估服务（NCAS）的顾问机构。国家临床评估服务机构为绩效令人担忧的卫生机构和个人医疗从业者提供咨询指导。雇主有责任在调查和处分的关键阶段同国家临床评估服务机构进行协商，而该机构的职责即为其提供专业的指导和支持。然而，最终的决定还要取决于相关的用人机构。

2003 年的实践规范与解除工作关系指南要求国民保健服务雇主遵守《在当代国民保健服务中对较高专业水准的保持》(*Maintaining High Professional Standards in the Modern NHS*) 中所提到的标准。[2]该文件引进了一种新的框架，以便在围绕医疗和牙科工作人员行为而产生的担忧中进行初步筛查，并为纪律处分和解雇流程进行指导。除了这一准则，国民保健服务雇主同样还受制于劳动法，以及咨询调解仲裁处的指导。

该框架的核心要素包括指导对利害关系所做的调查，将调查与决策制定相分离，以及强调修复的作用，尽可能淡化解雇环节。国家临床评估服务机构隶属于国家患者安全机构，如果医师、牙医和药剂师业绩不佳，特别是当案件涉及工作罢免问题或要求进行能力评估，抑或考虑围绕能力问题召开听证会时，他们的雇主需将他们转交给国家临床评估服务机构进行审查。

一项针对国家临床评估服务机构[3]的调查报告指出，提交给组织机构的推荐数量有所增长，如今机构从英国全境接收推荐的数量大致与劳动力规模相称。人们注意到这样的趋势，即女性从业人员受推荐的数量较少，并且推荐人员中一半以上都为精神病医生。种族划分与资格排位之间有可能存在关联，尽管这些调
22 查结果需要有详尽的阐释和更深入的探究。超过一半的被解雇的从业人员（在医院以及社区工作）最终都回到原机构工作，与之相比，停职的全科医生仅有1/3。

[1] Department of Health, *Supporting Doctors*, *Protecting Patients*: *A Consultation Paper*, London: Department of Health, 1999. Online. Available HTTP http://www.dh.gov.uk/en/Publicationsandstatistics/Publications/PublicationsPolicyAndGuidance/DH_ 4005688 (accessed 18 June 2010).

[2] Department of Health, *Maintaining High Professional Standards in the Modern NHS*: *A Framework for the Initial Handling of Concerns about Doctors and Dentists in the NHS*, London: Department of Health, 2003. Online. Available HTTP http://www.dh.gov.uk/en/Publicationsandstatistics/Publications/PublicationsPolicyAndGuidance/DH_ 4072773 (accessed 18 June 2010).

[3] NCAS Casework, *The First Eight Years*, London: NCAS, September 2009.

在经过国家临床评估服务机构评估的从业人员当中，大约有 2/3 在评估后继续任职，而且在许多案例中，都实施了修补计划。国家临床评估服务机构在预防不必要或期限过长的停职、解雇方面，以及实施补救方面都取得了明显的进展。

举报

举报被定义为“由个别员工通过非正规渠道进行的自发性报告”,[1]通常是员工为了引起注意、将公众焦点导向不安全行为而在最后采取的一种方式。公众提出质询之后，一些大型的报道重点强调了举报的核心作用，即作为风险管理策略中提升质量和安全性的一种有效途径。[2]

潜在的告密人可能会担忧遭到用人单位的报复，也会恐惧于陷入道德困境，无法在个人忠诚与安全行为所涉及的更广大公众利益之间寻求平衡。业务实践通常有集体向心力做保障，能够避免引起合法性关注。对泄密事件的集体沉默在国民保健服务中体现明显。中部斯塔福德郡信托的悲剧事件曝光之后，卫生部部长提及了尽管在立法上对告密者进行了保护，但仍然存在“告密者缺失问题”。[3]部长虽然认同一线医疗人员将这种严重事件作为患者安全事故而进行准备工作，但在他看来，认知性欺骗作为制约因素也产生了影响。

员工因担心会遭到管理机构的报复而变得沉默,[4]尽管如此，专业管理机构提供的业务指导仍强调了披露问题的必要性。医学总会要求医师承担披露这一道德义务，检举同事可疑的不当行为,[5]而且《引发关注》（*Raising Concerns*）中强调，假设医师提供的报道真实可信，那么，这种表达关切的行为即使在之后被

---

〔1〕 Department of Health, *An Organisation with a Memory*, London: HMSO, 2000, Section 4. 9.

〔2〕 The Shipman Inquiry, *5th Report* 2001, the Shipman Inquiry. Online. Available at http://www. the - shipman - inquiry. org. uk/5r_ page. asp (accessed 18 June 2010). ; Department of Health, *An Inquiry into Quality and Practice within the National Health Service Arising from the Actions of Rodney Led ward 'The RitchieInquiry'*, London: Department of Health, 2000; The Bristol Royal Infirmary Inquiry, *Learning from Bristol: The Report of the Public Inquiry into Children's Heart Surgery at the Bristol Royal Infirmary* 1984 ~ 1995, Bristol: Bristol Royal Infirmary Inquiry, 2001. Online. Available at www. bristol - inquiry. org. uk (accessed 18 June 2010); Department of Health, *The Royal Liverpool Children' s Inquiry Report*, London: HMSO, 2001. Online. Available at http://www. rlcinquiry. org. uk/download/index. htm (accessed 18 June 2010).

〔3〕 Hansard, House of Commons, Patient Safety——Health Committee, 3 July 2009, para. 282. Online. Available at http://www. parliament. the - stationery - office. co. uk/pa/cm200809/cmselect/cmhealth/151/15113. htm (accessed 18 June 2010).

〔4〕 J. Burrows, "Telling Tales and Saving Lives: Whistleblowing——The Role of Professional Colleagues in Protecting Patients from Dangerous Doctors", *Medical Law Review* 9: 2, 2001, pp. 110 ~ 129.

〔5〕 General Medical Council, *Good Medical Practice*, London, General Medical Council, 2006, paras 43、44、45.

发现存在不当之处，仍具备合理性。[1]同样，护理及助产协会也规定给护士一个相似的道德义务。[2]

1998年颁布的《公众利益披露法》和国民保健服务行政指导对举报人给予了保障措施，[3]但数据显示，国民保健服务员工仍对潜在的负面影响表示担忧。早在《公众利益披露法》实施之前，卫生部部长就发表声明，禁止应用国民保健服务雇佣合同中的机密和“矫正”条款，该部长曾于1997年致信国民保健服务信托和卫生当局的首席执行官。说明这类条款有违国民保健服务执行政策，并
23 且忽视了员工将不当行为公布于众的权利与义务。[4]卫生部通告要求每个国民保健服务信托机构和卫生当局相应地实施符合《公众利益披露法》的政策和措施，其中包括：员工指南，用以指导员工向相关人员上报问题；对高级人才的选定，这些人要负责处理非正规管理结构举报的问题；明确的保障，确保进行举报的人员免受歧视。

数据显示，尽管《公众利益披露法》的条款禁止合约有避免问题受合法曝光的倾向，在国民保健服务中，机密条款依旧适用。据《金融时报》报道，彼得·鲍斯菲尔德（Peter Bousfield）准备对发生在利物浦妇女国民保健服务信托机构的患者安全事件进行曝光，这一行为遭到医院拒绝之后，他被准许提前退休并得到了一笔资金。[5]

公众工作关注（PCAW）这一独立的慈善组织在将举报工作列入管理议程以及在英国和海外制定相关法规方面发挥了主导性作用。该组织对2008年颁布的《健康与社会医疗法案》下负责人员的职责表示关切。这些负责人的职责涉及处

---

〔1〕 General Medical Council, *Raising Concerns about Patient Safety* , London, General Medical Council, 2006. Online. Available at http: //www. gmc – uk. org/guidance/ethical_ guidance/raising_ concerns. asp (accessed 18 June 2010) .

〔2〕 Nursing and Midwifery Council, *The Code, Standards of Conduct, Performance and Ethics for Nurses and Midwives* , Nursing and Midwifery Council, 2008. Online. Available at http: //www. nmc – uk. org/Documents/Standards/nmcTheCodeStandardsofConductPerformanceAndEthicsForNursesAndMidwives _ LargePrintVersion. PDF (accessed 18 June 2010) .

〔3〕 Department of Health, *Health Service Circular* 1999/198 *The Public Interest Disclosure Act* 1998, *Whistleblowing in the N*, London: Department for Health, 1999. Online. Available at http: //www. dh. gov. uk/prod_ consum_ dh/groups/dh_ digitalassets/@ dh/@ en/documents/digitalasset/dh_ 4012138. pdf (accessed 18 June 2010) . HS

〔4〕 Secretary of State for Health, *MISC* (97) 65: *Freedom of Speech in the NHS*, London: Department of Health, 1997. Online. Available at http: //www. dh. gov. uk/en/Publicationsandstatistics/Lettersandcirculars/Miscellaneousletters/DH_ 4018033 (accessed 18 June 2010) .

〔5〕 N. Timmins, “NHS Accused over Illegal Gagging of Doctors’ Concerns”, *Financial* Times, 28 October 2009, pp. 4. Also reported in *Independent*, 28 October 2009, pp. 18.

理与医师资格重验相关的工作，以及代表该慈善组织行使职权。而如果这些职能涵盖了向监管机构举报问题这一内容，公众工作关注认为这可能会对员工提升公共安全感知度这一可能性造成不利影响。

覆验资格

覆验资格的导入代表了150年来医疗监管中最大的变革，而这场变革正是基于医学总会运作凭借的立法框架而得以实现。1983年颁布的医疗法（Medical Act）为覆验资格奠定了法律基础。第60条法规（2008年颁布的《医学行业（杂项修订）法规》）（the Medical Profession（Miscellaneous Amendments）Order）更新了与执业和覆验许可相关的立法规定。2009年秋，许可发放制度开始面向每位希望在英国从医的医师。目前，法律要求医师须注册登记并持有必要的执业许可证明。依照2008年颁布的《健康与社会医疗法案》，地方医疗机构中的“负责人员”（通常为医疗主管）在当地具备分配覆验流程的特殊职权，针对每位医师的资格覆验向医学总会提出建议。

首次资格覆验预计在2011年开始推行。一旦推行，执照将每5年接受定期地更新。覆验包含了再授权和重新发证两个环节。如果录入专科医生名册所需的证明能够重新发放，再授权也会相继得以实现。覆验将以每一年度的评估和审查作为依据。专业的具体准则会同执业的通用标准相关联，该通用标准是医学总会为医师所设，而这些医师须证明他们会继续依照皇家学院或教员规定的标准行医 24
执业。雇主制定了公司的年度评估流程，而资格覆验工作将依此展开。负责人员会对医师评估的结果进行审核，而后对医师资格是否应重新生效这一问题向医学总会提出建议。

结语

过去的十年间，政府向国民保健服务导入了大量的改革措施，形式为立法变更和一些针对患者的质量管理办法。大体上，这些措施都将关注点指向医疗标准、安全性的提升以及强化问责制的前提下患者风险的降低。

医疗供给标准设立了基准，为被消费者认为是国民保健服务授予的权利做了规范。这些标准由许多承担监管职责的机构进行监督管理。推动开放性文化发展的举措备受关注，这一举措旨在鼓励和催促人们从不良事故和险失事故中吸取经验教训，进而减少未来医疗过失发生的可能。公正坦率作为组织秉承的态度，代表了一种特殊的转变，这一转变脱离了在相互责备的文化氛围下得以延续的传统定位，该定位认为医疗体制内缺乏开放性和防御性。加强问责制的倡议中，包括因资格复检而推行的大范围的医疗管理制度改革。

为实现质量、安全和降低风险最大化，须从三方面入手，即政策、提供方和执业实践。而想要对医疗护理产生真正的影响，我们需要将以上这一观念全面贯彻到该领域之中，并生成完整成熟的思路来保障患者的实际利益。

2.

预审临床过失问题

查尔斯·福斯特

导语

立法者和决策者对患者安全给予了热切的关注。在研讨文件、协议和法规中，都关涉到这一问题。其中一些言论的确意义深刻，表明了要从医疗事故中吸取教训的诚心。而确实也有一部分言辞带有愤世嫉俗的色彩，以期成为政治得当的公众焦点。然而令人遗憾的是，在言论与现实之间存在着巨大的鸿沟。以初审程序为背景，本章将探讨言论与现实，并对两者之间的差异进行调节。此外，本章还对诉讼方式提出质疑，探讨其是否令被告人充分或完全关注到由索赔要求而引起的患者安全问题。

1996 年 7 月，伍尔夫大法官（Lord Woolf）发表了著名的报告《接近正义》(*Access to Justice*)。[1]该报告特别侧重于医疗过失索赔，伍尔夫称其理由是，“调查初期，在医疗过失方面，民事司法制度显然在若干方面未能够满足诉患方当事人的要求，而这种趋势变得愈加明显”。[2]对此，他给出的其中一个原因是“当事人之间的猜疑加重，而且对比其他众多领域的诉讼，该领域合作意识的匮乏通常更为严重”[3]，相互的猜疑很难营造出一个患者安全的文化氛围。很显然，患者安全对伍尔夫而言意义重大。临床过失诉讼的巨额费用以及大部分费用由公众来买单这一事实令伍尔夫叹息不已，他提出，诉讼的费用“最好应该应用到受害

---

〔1〕 H. K. Woolf, *Access to Justice*, London: Her Majesty's Stationary Office, July 1996. Online. Available HTTP http://www.dca.gov.uk/civil/final/contents.htm (accessed 18 June 2010).

〔2〕 Ibid.: chapter 15, para. 2.

〔3〕 Ibid.

者的补偿当中，或用来提升护理标准，进而预防问题的再次发生”。[1]伍尔夫承认，患者安全问题常常在患方当事人的议程中占据突出位置：

> 一些患者希望获得经济赔偿，除此之外，他们也期望不会再发生误治或误诊的情况，或是期望医院方面对事故的发生进行道歉或作出解释。有时，特别是身体伤害并不严重的情况下，这些非经济因素至关重要。[2]

30 民事诉讼规则与诉讼前协议

报告《接近正义》推动了1998年的民事诉讼规则以及1997年临床医疗纠纷论坛的形成，该论坛作为利益相关方的联合体，旨在应对法官伍尔夫所关注的问题，特别是与临床过失诉讼相关的事件。论坛首个重大举措是制定了解决临床纠纷的诉讼前协议（简称协议）。协议于1999年1月颁布，并在同年4月26日生效。其本身不是也不希望成为一种诉讼行为须遵循的约束性措施。相反，协议是一种良好的从业规范，极为详细地描述了管理当事人行为的一般性原则。地区法官面对的投诉多为“被告人并未遵从协议精神”，而非“被告人违反了X条款”。尽管言语上表达随意，但在适用方面却能够实现严厉处置，对未对此给予充分重视的当事人会处以重金罚款。[3]

协议重申了伍尔夫的观点，认为提出诉讼的患者可能会特别希望“确保未来医疗措施的安全，”[4]同时，协议还赞同他的主张，即“猜疑的氛围和公开性的匮乏能够严重地损害医护关系……还会减少治疗患者所需的资源。此外，也会给专业医护人员增加额外的工作量，降低士气”。[5]

协议的总体目标和具体目标对患者安全来说应是一种福音。两个总目标中包括“要维持或修复患者和医疗提供方的关系，”[6]而具体目标陈述如下：

- 鼓励患者和医疗提供方对发现的问题进行及早沟通；
- 鼓励患者在可行范围内及时表达对治疗的担忧和不满；
- 鼓励医疗提供方针对严重的不良治疗效果，创建早期报告和调查制

---

〔1〕 Ibid.：chapter 2，para. 3

〔2〕 Ibid.：chapter 2，para. 18.

〔3〕 Ibid. See Clauses 1. 12～1. 14.

〔4〕 Ibid.：Clause 1. 1.

〔5〕 Ibid.：Clause 1. 2.

〔6〕 Ibid.：Clause 1. 2. 另一个总目标是尽可能不利用诉讼程序来解决纠纷。

度，并为对治疗不满的患者及早、详细地说明情况；

• 确保双方当事人提供了充足的信息，以便双方能够理解相互的观点和情况，并鼓励及早实现问题的解决。[1]

尽管对临床管理有明显的需求，协议却是将临床管理体系划在了其管辖范围之外："协议并未试图指定临床管理相关的若干问题，而这些问题可能会影响医疗提供方达到协议规定的标准。"[2]尽管如此，它仍指出，良好的临床管理有三个支撑因素，即临床风险管理、不良结果报告和上报不良结果或恶性事件的职业
责任。协议表明，"有效协调且集中的临床风险管理策略与行动"不一定"会有 31
利于风险管理以及对不良结果的早期辨识和调查"；[3]关于不良结果的报告，"医疗提供方应为这种调查提供适当的帮助，其中包括记录关键证人的陈述。此外，还应涉及通知患者不良结果的时机和方式"。[4]协议指出，医学总会（GMC）正在为医师制定准则，规定了他们报告不良事故和配合质询的职责，因而协议不会对临床管理部分进行管制。[5]目前该准则已发行。2009 年 3 月版的《优质医疗实践》（*Good Medical Practice*）对该形势做了总结：

> 如果有充足的理由认为患者安全受到或可能受到由房屋、设备或其他资源短缺所带来的严重损害，我们应当尽可能处理好该事件。而在其他情况下，应引起医生所工作的机构或缔约实体对此事的关注。一旦他们未采取切实的行动，我们应就如何进一步应对问题征求独立的意见。此外，我们须将所专注的问题以及应对问题所采纳的解决方案记录下来。[6]

详细的准则在 2006 年 11 月发布的文件《提高对患者安全的关注：医师准则》（*Raising Concerns about Patient Safety: Guidance for Doctors*）中有叙述。[7]

---

[1] Ibid.: Clause 2. 2.

[2] Ibid.: Clause 2. 3.

[3] Ibid.: Clause 2. 3 (a).

[4] Ibid.: Clause 2. 3 (b).

[5] Ibid.: Clause 2. 3 (c).

[6] General Medical Council, *Good Medical Practice: Guidance for Doctors*, London: General Medical Council, Clause 6. Online. Available HTTP http://www.gmc-uk.org/static/documents/content/GMC_GMP_0911.pdf (Accessed 18 June 2010).

[7] General Medical Council, *Raising Concerns about Patient Safety——Guidance for Doctors*, London: General Medical Council, November 2006. Online. Available HTTP http://www.gmc-uk.org/guidance/ethical_guidance/raising_concerns.aspaccessed 18 June 2010); General Medical Council, *Management for Doctors: Guidance for Doctors*, London: General Medical Council, February 2006, para. 44~45. Online. Available HTTP http://www.gmc-uk.org/guidance/ethical_guidance/management_for_doctors.asp (accessed 19 June 2010).

协议并未止步于这些对临床管理的概述。其继续进行探讨，尽管内容有些重复：

> 医疗提供方应当：
>
> • ……制定一种临床管理的方法，即确保临床实践符合广泛接受的标准，并受到临床审查和临床风险管理（特别是不良结果调查）体制的常规性监督；
>
> • 在所有部门都应设定不良结果报告制度，以及时记录和调查意外产生的严重不良结果。这类制度能够实现证据的快速收集，从而使当事人更容易对发生的事故进行准确的说明，并应对或处理任何后续的索赔；
>
> • 积极利用不良事故和投诉所产生的后果，以此来指导如何在今后提升提供给患者的服务质量。[1]

从患者安全的角度来看，法官伍尔夫和临床纠纷论坛的初衷显然是正确的。然而，以保障诉讼顺利进行的诉讼前协议为鉴，再去查看众多与临床管理相关的
32 材料时，就会察觉出其中的迥异之处。只要是涉及（譬如）所有相关临床记录的诉讼可行性问题，你就能够理解对临床管理表示关注这种表达形式。但是为什么还要将涉及未来潜在患者的这种广泛影响考虑在内？或许答案就在伍尔夫的调查之中。他发现有时诉讼的提起是出于一种期望，即希望确保其他的患者不会再遭遇相似的不幸。为了避免诉讼申请接连不断地被提交，被告方应运用合理的方式，向原告保证他们遭遇的悲剧并未受到忽视，并以此来消除其疑虑。不管是什么原因使得这些条款被纳入到协议之中，令人难以置信的是，对于信托的临床管理流程所做的司法否决，多数竟都会采取制裁的形式，而不是一句“应该做得更好”这样的严肃呵斥。然而，这种制裁却常常意外地行之有效。1984 年的死因裁判官规则中包含了这样一个法规（第 43 条规定），即为某些死因裁判官授权，“他主张应采取行动来避免正在审理的类似情况再次发生”，该授权允许他“在审理中宣告他准备通过向有权采取行动的个人或机构提交书面材料的方式上报该事件，并且他会据此进行上报”。而对于这一事件的审讯，听起来像是一种无效的制裁，但实际上，坊间证据表明，这些临床过失案的报告的确得到了相关信托机构的重视。

在临床过失案的管理程序中，协议起到了裁决文书的作用。负责案件管理和审判的法官应有权对临床管理过失以及管理过程中出现的其他患者安全事故进行

---

〔1〕 Ibid.：Clause 3.4（ii），（iii）and（iv）.

分析、评价。然而，他们很少行使该权力，毫无疑问是由于受到了报告——《接近正义》和协议的约束，这两个文件都给出了适当的警告，反对在其他部门更适合做决策的情况下，让能力较弱方对临床管理问题进行决策。为了向法庭提供判定法律责任和赔偿金额所需的信息，不必要地扩大了司法调查范围来质询临床过失诉讼，进而增加了诉讼的复杂性以及时间消耗，这并非是正确的做法且有违协议精神。临床过失案件作为且应一直作为侵权案件，应侧重于赔偿问题。法官伍尔夫主要关注的是确保有理投诉及时得到补偿，无理投诉及早被查明，以及调查两类投诉所产生的费用尽可能实现缩减。然而，在赔偿过程中会不可避免地时常出现一些情况，即法官会意识到在这一过程中产生了更多的问题，影响广泛以至关涉未来的患者安全。那么法官应该做些什么？他难道应保持沉默，向自己承认他唯一关心的就是眼前案例中的责任和赔偿金额？人们认为，对此最简洁的回答就是不。法官在诉讼任何阶段，至少是出自于制裁的目的，都有权根据协议这一基准，来评判当事人的诉讼前行为，正如我们所知，该协议就临床管理与患者安全问题阐释了很多观点。协议被认为实际上是赋予法官在诉讼任何阶段都有发布声明的权力，这一点与死因裁判官规则中的第 43 条规定相类似，此外，还规定
法官有权上报问题以供进一步审议。但是在目前，该权力几乎处于搁置状态。如 33
能应用得当，这可能会成为患者安全这场战役中一个强有力的武器。

修订与 2006 年《国民保健服务矫正法》

2003 年 7 月 1 日，英国卫生部发布了《修订：一份关于国民保健服务临床过失处理办法的改革方案的咨询报告》（*Making Amends: A Consultation Paper Setting Out Proposals for Reforming the Approach to Clinical Negligence in the NHS.*）一文。[1] 其中重申了许多法官伍尔夫所提出的问题，包括“有关医疗伤害的诉讼程序通常都会经历充满对抗、讥讽、误解和痛苦的过程。其侧重点在于尽可能减少对过失事件的曝光、为所做的决策辩护以及勉强发布信息这三类行为上”。[2] 文章指出，这种氛围很难帮助国民保健服务从其以往的错误中吸取经验。诉讼因此

---

〔1〕 L. Donaldson, *Making Amends: A Consultation Paper Setting Out Proposals for Reforming the Approach to Clinical Negligence in the NHS*, London: Department of Health, July 2003. Online. Available HTTP http://www.dh.gov.uk/en/Publicationsandstatistics/Publications/PublicationsPolicyAndGuidance/DH_4010641 (accessed 18 June 2010).

〔2〕 Ibid.: Executive summary, p. 7.

掩盖了智慧的结晶，这些智慧如能应用得当，本可以为提高患者安全度起到推动作用。然而，这种状态必须要打破："国民保健服务须……确保……能够从个体的遭遇中吸取经验，这样未来全国范围内的国民保健服务患者才能因风险的减少和护理的安全性加强而获益。首要的目标须为减少医疗事故发生的数量"。[1]因此，其改革方案，即改革的目的是确保

> 国民保健服务的工作重点在于避免伤害、减少风险以及提升安全性，从而降低医疗过失发生的可能性；在应对医疗过程中产生的危害和伤害时，具备更好的综合处理办法，其中包括调查、资助、必要的医疗护理以及合理的赔偿。[2]

针对变化的风险管理文化，法规须紧随其后做出相应的调整，法规中写道：

> 长期以来，几乎很少有国家对确定医疗中的风险源，以及找寻能够有计划、有条理地降低风险的方案的做法给予关注。医疗机构能容忍一些过失的发生，而与其他部门所能承受的过失相比，其严重程度要高出很多。现在，这种情况正在发生转变，国民保健服务作为世界上首批医疗体系中的一员，将通过对以往过失进行系统化反思，进而着重来提升患者的安全性。长远来看，从错误、过失和事故中充分吸取教训将有助于医疗向更安全方向发展，也会促使严重伤害这一医疗棘手问题的发生率大大降低。显然，这与医疗诉讼有所关联——如果当前有更多造成患者伤害的医疗风险被发现、预测并得到抑制，那么对患者而言可避免的伤害就会相应减少，伤害的严重性也会相应降低。因而这必须成为首要目标。[3]

34 这再一次表述了伍尔夫的观点，然而，法规对患者安全的强调是出于对患者安全本身的考虑，并非是因为随着患者安全度的上升，法庭和律师接管的案件就会相应地变少。

在伍尔夫报告发表的四年之后，该文章提出伍尔夫的改革方案有所欠缺："我对一些评论家讨论的问题进行过思考，即当下的改革以及那些目前正在筹划的改革方案是否足够改善应对临床过失案件的处理方式。然而，即使具备这些改革办法，当前的体制仍需采取进一步的行动。"[4]且医疗情况仍然处于复杂、独

---

〔1〕 Ibid.

〔2〕 Ibid.

〔3〕 Ibid. ; Executive Summary, p. 8.

〔4〕 Ibid. ; Executive Summary, p. 13.

断、昂贵的状态，缺乏公正且效率低下。此外："院方未作出解释、道歉，或未保证会采取措施来避免伤害再次发生，对此患者表示不满"，医疗体系"支持医疗防御和保密行为，并阻碍医疗服务的反思和发展"。[1]该文章详实地描述了伍尔夫的所见所感。事态并发生转变，这需要我们选取一个新的视角。文章指出，任何新的体制都"应营造一种氛围，在其中可以随时报告医疗过失和险失事故，并能顺利对其进行分析，此外，有效的更正措施会得到妥当安排，从而可以减弱护理的风险，增强患者安全"。[2]

以上这些表述勇气可嘉。那么，卫生部能否继法官伍尔夫失败之后取得成功？这确实需要进行一次尝试。该文章在应对医疗过失索赔问题方面，为现行体制的改革提出了19条建议。其中的核心观点为创建一个新的体制，向因国民保健服务的医院护理严重不达标而受到伤害的患者进行赔偿，而这就是"国民保健服务赔偿方案"。该方案包含四个主要因素：对事故以及被控事故伤害进行调查；对患者进行解释并提供相应措施，避免伤害再次发生；创建并提供一系列医护方案，包括矫正治疗、理疗以及安排必要的持续护理；为那些遭受痛苦和不幸的人群、治疗费用不足的人群以及在国民保健服务得不到所需护理或治疗的人群提供经济补偿。这些建议的具体细节对当前目标而言，并无重大意义。[3]这些举措带来的结果是国民保健服务将会处理好发源于自身的大部分侵权问题。该赔偿方案不会撤销人们在法院起诉的权利，然而有推论认为，患有脑瘫痪的儿童除外，曾首先向该方案提出申请的索赔人，以及那些依据该方案已接受一系列护理服务和赔偿的患者须放弃他们向法庭对同一案件提起诉讼的权利。[4]人们承认有一些案例并不会遵照该方案提出的标准，但是，将有尝试对纠纷解决采取另一替代方法，定期支付也会作为未来损失补偿机制备受推崇，而未来护理将不会以私人治疗为基准进行量化，以及那些处理临床过失索赔的法官将接受专门的培训。[5]

索赔人想了解真相，这种潜在和实际的需求（通常只是为了了解事实而并不
是考虑到这些事实对补偿行为有重要意义），以及对临床过失进行反思的必需性 35
为另外两个核心建议的提出起到了推动作用。文章提议引入

> （一种）全新标准。用以规范事后以及投诉后的国民保健服务管理方

---

〔1〕 Ibid.

〔2〕 Ibid.

〔3〕 Ibid.：Executive Summary, p. 16 ~ 17.

〔4〕 Ibid.：Executive Summary, p. 17.

〔5〕 Ibid.

式，以便对每个案件都能够进行全面的调查，对受害者给予清楚明晰的说明，并采取必需的治疗措施。所进行的员工培训应致力于找寻出更高质的处理办法以应对投诉和事故发生。[1]

同样，每位与国民保健服务信托委员会同级的个体都应“被要求来承担全责，用以确保该机构针对投诉、不良事故和索赔进行严格审查，并有效地从中吸取经验教训，借此来结束当前这些流程零散化的混乱局面。针对投诉和事故的调查应由单独一位高级管理人员进行统一协调”。[2]

《修订》的发表受到了患者群体的欢迎。[3]到最后，这看起来就像是有某位权威人士就他们所担忧的问题正在进行认真地思考。或许那些怂恿事故受伤者起诉的律师将要挨饿了。也许国民保健服务机构在诉讼过程中收集的信息将会有益于未来的患者，而不是去帮助律师哄骗曾经的患者，从中牟利。

在某时某刻，似乎会真的发生什么状况——就好似这份报告不仅仅会在报纸上和法律期刊上受到众议，还会任凭进行归档处置。因为该报告促使了一则法规的形成，即2006年颁布的《国民保健服务矫正法》，该法规在同年11月8日得到了御准。

该《矫正法》授权国务大臣制定监管规则，来构建“一个方案，以便在民事诉讼适用的情况下，不采用民诉的方式就能够实现索赔要求”。[4]患者安全问题非常显著。“方案要规定索赔通常须提交一份报告，其中应描述一直以来或是将要采取的措施，以避免类似案件的发生”，[5]此外，国务大臣还被赋予了一项权力，即在应对有关行政失当的投诉时，可制定监管措施来对此进行管理和评判，[6]制定的这些准则“会做出规定……规范针对投诉如何提出报告或建议（以及）……规范作为投诉的结果，应如何采取措施”。[7]

在持怀疑论的人的眼中，《矫正法》的内容已显露了自身动摇的迹象。就潜

---

〔1〕 Ibid.：Executive Summary, p. 18.

〔2〕 Ibid.

〔3〕 AVMA坚持提倡推行一种国家提供的体系，将其作为替代法院的另一种选择，用来补偿医疗事故中的受害者，其指出，法庭行动“对个体来说实现难度大，对个人和国家而言代价很高，且主要集中关注个人过失和金钱问题。其强化了‘谴责文化’的观点，对确保通过学习经验以改善安全性基本毫无帮助”。Action Against Medical Accidents, *A Fair Compensation Scheme*, Action Against Medical Accidents. Online. Available HTTP http：//www.avma.org.uk/pages/a_fair_compensation_scheme.html（accessed 18 June 2010）.

〔4〕 Donaldson, *Making Amends*, S. 1（1）.

〔5〕 Ibid.：S. 3（2）（d）.

〔6〕 Ibid.：S. 14（1）.

〔7〕 Ibid.：S. 14（4）（h）and（i）.

在的改革者而言，其中的一个疑虑是改革者针对患者安全所掌握的职权受到了分割，被分给了几个不同的实体，这有一点的风险性。看到法案中写着“协调性职责”的标题时，改革者对此是满怀期待的，只是这种期待随着阅读的深入而消逝。一边是方案管理部门，另一边则是医疗审计监察委员会和英国患者安全机构，三者之间须相互合作，“前提是在他们看来这种做法合情合理，能够高效且有效履行各自的职能”。[1]换句话说，如果他们反对，就可以不必进行合作。

但撇开这种谬论不谈，似乎我们正在迎来一个以患者安全为中心的美丽新时 36
代。国会法案不会受忽视吗？对此的回应是会且一直受人忽视。该法案一直未被适用。此外，也没有人制定监管规则，用以创建国民保健服务赔偿方案。临床过失索赔的处理仍然像过去一样（依你的看法而定），并无改变。

法官葛勒逊（Gregson）记录了上议院的书面质询，询问英国政府“在应用2006年颁布的《国民保健服务矫正法》时取得了怎样的进展”。在2009年3月18日，作为英国卫生副大臣的德纳姆达兹勋爵（Lord Darzi of Denham）给出以下回答：

> 2006年的《国民保健服务矫正法》是一种框架立法，需经由二级立法而得以颁布。卫生部一直认为，如为该法案而落实合理的二级立法，将需要众多利益相关方参与其中，共同探讨各方案运作的具体细节。这意味着相关立法的落实最早也要到2010年才有可能实现。
>
> 卫生部认为，目前，深入贯彻国民医疗服务体系中大范围索赔的一般原则，即道歉与解释行为、公开的姿态、从错误中吸取教训的文化氛围以及坚持不懈的调查，相比重点关注那些案件的经济索赔这一做法，有着更重要的意义。[2]

这一回应中存在着许多问题。最明显的一个是据达兹勋爵称，创造这种文化的主要机制是国民保健服务索赔方案本身，而该方案已由政府将其束之高阁。

一旦国民保健服务赔偿方案生效，审前程序将会在两个主要的方面受到影响。其一，从患者安全的角度来看，法院系统本质上缺乏公平性，因而通过法院系统提出的索赔将大幅度减少。其二，即使在法庭提出索赔，赔偿方案可能引起的文化变革将会令法院在诉前和诉讼阶段对患者安全问题格外警觉，而这些问题正是连恩·唐纳森爵士（Sir Liam Donaldson）首要关注的对象，其同样受到了法

---

〔1〕 Ibid.：S. 13（1）and（2）.

〔2〕 HL Deb, 18 March 2009, c49W. Online. Available HTTP http://www.theyworkforyou.com/wrans/?id=2009-03-18a.49.3（accessed 18 June 2010）.

官伍尔夫的重视。

《2006 年补偿法》

该法案第 2 条规定，“道歉、提供治疗或者其他补救措施本身不能视为对过失或者违反法定义务的认可”。该规定有可能成为有史以来最不必要的法规条文。没有哪位律师曾经或能够提议，认为道歉或提供补救措施具备这种效应。该法案的制定并不企图改变法律（实际上也未做出改变），而是希望协助改善文化氛
37 围：令被告方更具和解性（至少在临床过失案件中并未做到这一点）。如我们所见，在《接近正义》《修订》以及《国民保健服务矫正法》中这一观点与大范围的患者安全问题联系在一起。此法规的提出并无错误，只是有些累赘，令人生厌。而在临床过失案件中，审前程序仍未发生改变。

Bolam 标准、Bolitho 标准与审前程序

临床过失案中，在法律责任未确定时，庭前准备工作大多是对专家证据进行整理核对。在失职问题并未得到定性的情况下，专家之间的抗辩通常在 Bolam 测试标准设定的规范下进行。[1]审前程序将包括对专家报告的准备和交流，以及召开专家会议用以消除专家间存在的差异，并决定被告方行为是否在 Bolam 标准允许的范围之内，如果专家统一意见，认为该行为符合标准，那么，此案应就此终止。

Bolam 标准（是实体法的一项原则，同样也作为指南，指导法官如何评判专家证据）认为，一旦被告方所为受到了相关专业权威意见的认可，被告方将会逃脱责任。在博莱索诉城市与哈克尼卫生局案（*Bolitho v City and Hackney Health Authority*）[2]中，上议院注意到陈述中所运用的限定词——“负责任的”，认为尽管对被告方行为有专家证人的证据支持，法官仍可以判定该行为显然无法被证实是不负责任的，因此不予以追究。[3]

传统的 Bolam 规范并非旨在实现执业的优质化转变。如果被告方所为勉强被

---

〔1〕 In *Bolam v Friern Hospital Management Committee* [1957] 1 WLR 582.

〔2〕 [1998] AC 232.

〔3〕 *Bolitho v City and Hackney Health Authority* [1998] AC 232, per Lord BrowneWilkinson, p. 243.

认为具备合理性，该规范会允许被告方免受其责。然而，患者安全游说人士对该测试标准本身并无真正的控告缘由。临床过失诉讼的目的并不在于改善执业行为，而是想要决定被告方是否应对原告方进行经济赔偿。当然在过程中，如果处理得当，患者安全问题可能会得到改善，但这只是现行制度的附带品，而非其目的所在。虽然我们的制度将侵权法作为基准，这种状态却仍可能持续不变。[1]

传统的 Bolam 测试标准就当前用途而言，真正的意义在于其造成了对抗焦虑——诉讼体制中固有的（以及必然内在的）焦虑形成，用以判定行为是否满足了该测试的要求。这种焦虑促成了原告与被告方之间的相互怀疑，且这种怀疑证据充分，令人产生沮丧心理——这种怀疑阻碍了对经验的吸取，因此危及了患者安全。民事诉讼规则强调专家的首要责任是服务于法院：专家协助法院做出合理的判断。[2]专家须在报告中声明他们对此表示认同，以及他们在考虑了各种可能的意见之后才对违反职责的行为发表意见。[3]众多专家会议演变成了极端偏执的争辩，而这些声明看起来在减少此类争论方面作用甚微。

但是，Bolitho 标准为患者安全议程增添了新的内容。它强调，尽管事实上存 38
在很多处理医疗问题的方式，但或许其中有一种方式明显最为有效，因而如不采纳这种方式就会被认为是一种失职行为。在循证医学日益兴盛的氛围中，这种情况逐渐增多。一旦具权威性的循证准则认为 X 行为更为有效，那么就很难再为 Y 行为进行辩护。在临床过失诉讼中，这类准则逐渐成了失职行为的实际判定者，Bolam 标准也置位于其后。也许，准则的效力将会就此持续一段时间。

毫无疑问，临床准则的改革对患者安全来说具有积极意义。首先，显然对患者而言，医疗选择遵照国际认定的最佳执业标准要胜于听从偏执顾问医生的奇想与偏见。其次，如果权威的准则成了衡量合理执业的标准，那么专家将会逐渐从临床过失诉讼中被迫退出。同专家一样，一些相互间的怀疑也会大量减少，这会允许人们有机会去接受客观事实，进行反思及对经验进行学习。临床过失案中，常常是在专家会议与法庭上喊声最大的专家占据上风，然而这种强势话语并不能帮助人们从患者安全事故中吸取经验。

---

〔1〕 理论上，能够对设立可控告失职行为的测试标准进行更改：譬如，人们会说如果未能提供最佳治疗，那么被告方应对原告进行赔偿，然而，法律上这种更改的经济后果是人为构造的。在经济方面，这等同于无一种无故障体系。

〔2〕 CPR, Part 35. 3.

〔3〕 行为准则 35：3. 2（6）："人们对报告中处理的事件存在很多看法，因而［该报告须］（a）总结这些观点；并（b）对专家个人的意见给予解释。"

国民保健服务诉讼委员会的财政与风险管理职能

庭前行为旨在解决诉讼程序规则问题以及控辩双方参诉方式问题。

在英国，对国民保健服务而非全科医生提起的诉讼中，被告一方大部分由国民保健服务诉讼委员会机构进行监管。其目的是减少国民保健服务所支付的损害赔偿金额与诉讼费用。为此，该委员会试图采取两种方式：其一是控制国民保健服务被告方进行诉讼的方式。如有可能，会利用早期妥协的办法，以及一旦经济上被认为明智可行时，会采取为诉案做辩护的方式，进而来减少诉讼费用的支付；另外，则是采取风险管理的方式。通过国民保健服务诉讼委员会框架文件可知，国民保健服务诉讼委员会的目标在于“促使降低责任事故或可避免的事故的发生可能”。[1]很显然，这种鼓励是通过财政的方式来进行：信托机构所具备的风险管理记录越好，进行辩护的花销越少。人们可能会想到或希望国民保健服务诉讼委员会是出于对其风险管理职能的考虑而提出诉讼。但许多接触到法庭真实信息的人知道事实并非如此。该委员会如同汽车保险商一般，仅从商业的角度来进行诉讼。诉讼实践围绕患者安全得出的结论在《接近正义》与《修订》中得到认同，对比这一结论，委员会的诉讼显得缺乏实据。诉讼主要是律师事务所负责提出，这些律师为临床过失专题组成员。这些成员对事务所的运营影响重大。
39 然而，国民保健服务诉讼委员会对待其不满意的事务所，会毫不犹豫地终止关系。因此，在诉讼律师看来，对比其他“不太重要的”事项，取悦国民保健服务诉讼委员会则成了最首要的工作。而且，该委员会似乎常常倾向于按旧例采取强硬的态度。这些行为令人感到痛惜。正如伍尔夫预想的那样，患者安全经验有时只是成了牺牲品。

结语

临床过失案中的庭前准备程序具有对抗性。其原因是，尽管法官伍尔夫和连恩·唐纳森爵士为此付出了极大的努力，但临床过失诉讼的整体过程却是充满了

---

〔1〕 Department of Health, *National Health Service Litigation Authority Framework Document*, Department of Health, December 2002. Online. Available HTTP http: //www. NHS la. com/NR/rdonlyres/D872241A - 43E3 - 492B - 8F74 - 32FB0586608F/0/Frameworkdocument. pdf (accessed 18 June 2010) .

敌对的氛围。众多临床过失诉讼中闪现的情感波动常常使人们忽视了可以从中得到借鉴的患者安全经验。在临床过失案件中，法官在强调患者安全问题上可以做得更好。人们认为，诉前协议明确地赋予了法官通告相关实体此类问题的权力，这与第 43 条规定中对死因裁判官权力的设定类似。如果 2006 年《国民保健服务矫正法》所设想的国民保健服务赔偿方案得以实施，那么众多临床过失案件将会脱离法院系统，被安置于其他环境下，在这当中患者安全经验更有可能得到学习借鉴。大面积普及的临床准则，以及博莱索诉城市与哈克尼卫生局案正在也将会逐渐发挥效力，对专家之间在审前与法庭上产生冲突这种存在的敌对性质起到消减的作用。这将会使患者安全事件更明晰地呈现在世人眼前。

3.
过失侵权与患者安全

何塞·苗拉

41 ## 导语

过失侵权责任对确保和提升患者安全的途径来说具有重要意义。本章将关注在保障患者安全过程中对过失的应用。首先，本章通过分析过失侵权法的作用以及组成过失侵权责任的因素，对过失侵权本身进行审视。因此，职责、失职与因果关系概念应被列出，有一些要素也应被批判性地对待。而且，我们还应对 Bolam 测试标准及其影响，以及类似“失去痊愈的可能性”这种与起因相关的事件进行探讨。

此外，我们应依据法律的实际内容对其进行分析，分析内容将涵盖法庭决策的基本思想。而后，以此为前提，包括切斯特诉阿夫沙尔案（*Chesterv. Afshar*）在内的一些案例同样应受到审查，而就切斯特诉阿夫沙尔案而言，其代表了法院的当前态度，也暗指了未来的司法理念。

过失侵权法的作用

人们通常误认为过失侵权法是旨在对恶劣行为进行制裁（譬如错误的医疗实践）。实际上，该法的目的是针对原告因被告而受到的伤害而由被告向原告进行赔偿。换句话说，“侵权”就是问题所在。问题发生后，法庭上唯一的疑问就是，谁将来收拾残局?”[1]因此，该法所询问的就是谁“应当”对此负责。[2]法

---

〔1〕 J. Coleman, “Second Thoughts and Other First Impressions”, in B. Bix (ed.), *Analyzing Law: New Essays in Legal Theory*, Oxford: Clarendon Press, 1998.

〔2〕 *Fairchild* v. *Glenhaven Funeral Services Ltd* [2003] 1 A. C. 32.

院对应该为损失作补偿的当事人进行判定，而被告方的医疗从业人员对行医不当
这一事实则协助法院作出该决定。如果我们强调一旦医师行医不当而造成了伤 42
害，法律将对患者进行赔偿，或许我们将此归因于必然的威慑作用，但是患者安全才能够因此而受到这种模式的保护。尽管如此，必须注意的是，过失侵权法并未采取积极的措施，通过确保患者安全来对患者进行保护，而是作为一种回顾性的补救方法，旨在为原告所遭受的伤害进行赔偿。考虑到这一点，本章将开始对过失侵权法本身进行探讨。

过失侵权的定义

过失侵权包含三个要件，均须导致伤害的发生。首先，双方当事人之间必须存在注意义务；其次，被告人须做出违反该义务的行为；最后，违反行为须与原告遭受的伤害在法律层面以及实际情况中形成因果关系。为确保胜诉，受侵害的当事人须证明这**三个要件全部**都已具备。我们有必要依此对其进行分析探讨。

在英格兰法律中，并未规定人们须像“慈善的撒马利亚人”一样乐善好施，因此，个人并不承担法律义务去帮助他人，除非人与人之间建立的联系允许法律来为其规定义务。过失中的“注意义务”关涉到这样一个问题，即双方当事人之间存在的关系能够令其中一方承担法律义务来对另一方照顾注意。在医疗实践中，一旦医疗专业人员对患者进行治疗，注意义务就会一直在双方之间存在。[1]

注意义务一旦产生，原告必须证明有违反义务行为的发生。这意味着被告并未“尽到注意义务”，以及其行为已不符合法律认可的标准（这就是这部分测试标准也被称为“注意标准”的原因）。本质上来看，人们为了遵循必要的注意标准，须以“理性”方式来行事。然而，当一些人具备特殊技能时，他们须充当这种职业的“理性”成员。因此，对医师来说，其标准就是成为一名“理性医师”，而护士的标准则是成为“理性护士”。法院在实际情况中将如何推行这种测试则为下一章的探讨话题，但就这一点我们完全可以认为，这多数取决于在相同的情况下其他专业人员采取了怎样的措施。

最后，须说明原告所寻求的损害赔偿中，其遭受的伤害是由失职行为引起的。有一种测试一般被称为“如果没有”测试，它要求原告证明“如果没有失

---

〔1〕 *Barnett* v. *Chelsea and Kensington Hospital Management Committee* [1969] 1 Q. B. 428.

职行为发生，原本受伤的当事人将不会遭受到伤害”。[1]因此，只有当伤害不会发生在其他情境下时，失职行为才需承担法律责任。譬如，在一个案例中，三个人在医院时提出饮用茶水之后出现了呕吐症状。院方告诉他们回家休息并在第二天早上去看他们的家庭医生。不幸的是，茶水中被掺入了有毒物质砷，导致其中
43 一人死亡。院方并未履行义务，无疑这属于失职行为。然而，死者体内的砷含量很高，即使他得到了合理的治疗仍会因此而死亡，所以该案因因果关系不明确而败诉。[2]

关于侵权法与患者安全的关系，过失的三个要件向我们传达了怎样的信息？首先需要注意的是，侵权法本身并不能保障患者安全。当然，正如我们所知，该法致力于为那些遭受损失的索赔人进行赔偿。因而，过失的这些要件就成了索赔人必须克服的障碍，否则他们将无法取得胜诉。或许，与这一论题最相关的问题就是因果关系，这一概念能够令患者无法要求索赔，即使是医护的义务未被履行而其后导致失职行为的发生；损害赔偿金并非是对恶劣行为的惩罚，而是对造成的伤害进行补偿。尽管如此，这并不意味着侵权法将不再尽力提高标准或为患者提供保障，而本文在之后将对此予以阐释。的确，在过去的三十年间，该法在实现这些目标过程中已取得了巨大的进展，在失职与因果关系方面，我们可知侵权法逐渐实现并设法保护它所认为的患者的“权利”。

“理性医师”——Bolam 标准及未来发展

可能有人会说，侵权法的“关键点”是医疗专业人员必需的医护标准，当这些专业人员被认为未达到标准时，他们就违背了自身的职责。正如上面所提到的，侵权法要求医师以“理性医师”的标准行医。但是，这在实践当中意味着什么？实际上，确定医师是否像其他理性医师一样进行行医实践这种审判方式在不断地发生着改变，该方式引发了一次被认为是重大的根本性转变，这种转变体现在法院对医疗专业人员的处置方式当中，以及法律亲自确保患者安全的意愿程度方面。[3]针对医疗过失问题（以及由此引发的患者安全问题）的法律对策依赖于对 Bolam 案的相关解释，以及其中更为详细的一段内容。麦克奈尔（McNair

---

〔1〕 同时也存在“法律上的因果关系”，这与我们现在的讨论无关。

〔2〕 注释 3 中 *Barnett* 事实。

〔3〕 Lord Woolf, “Are the Courts Excessively Deferential to the Medical Profession” (2001) 9 *Medical Law Review* 1.

J.）在为陪审团做指导期间，向这些成员规定了应如何去判断行为的合理性：

> 如果医师行医符合了医学行业权威的专业医师认定的合理行医实践标准，那么他将不会承担过失责任。[1]

该引述表明，决定医师行为的合理性与否，是依据被告方是否能够证明“医学行业权威的专业医师”也以同样的方式进行行医实践。四十年间，法院对麦克奈尔的见解进行了细致的阐释。因此，法院认为只要被告方能够提供医学证据，证明有其他医生也会采取相同的行医方式，法院将不会将此判定为失职行为。梅纳德案（*Maynard*）中，这一观点通过上议院得到了明确的阐释，在该案中，原 44
法官否定了被告方专家的观点，因其更倾向于其他专家为原告方搜集的证据。斯卡曼大法官查明这位法官无权作此决定后，提出该法官对待专家有所偏袒的做法是“在法律上犯了错误”。[2]可以说，这似乎过度地局限了患者的权利。更为明显的是，医护标准实际上是由医疗界进行制定，因而法院无法对医疗行为做出分析：法官只能询问当事人做了什么，而不是应当做什么，[3]当然，这意味着即使医师的决策关涉到患者安全问题，法院也无法亲自参与到决策的制定当中。

实际上，法律在受认可的行为面前有名无实；然而，在1997年这种情况发生了转变，上议院提出Bolam测试要求证据应具备“合理性”，并为自身附加了规范性角色。因此，在Bolitho案中，威尔金森大法官（Browne－Wilkinson）宣称，法院的职责就是分析提供的证据，以及评估其合理性。对医疗行为进行评判的主体将是法院，而非医疗专业本身。因此，

> 在极少数情况下，一旦证明专业意见没能通过逻辑分析的测评，法官有权判定该意见不具备合理性和权威性。[4]

该判决并不如呈现的那样具备创新性，而且应该注意该段中的关键词“极少数情况”与“逻辑分析”。这里对拒绝接受医疗证据行为有意地设置了严格的标准，且不经常进行应用。因此，遵循（譬如）国家卫生与临床优化研究所准则的医师可能会被认为具有失职行为，这令人难以置信。具有嘲讽意义的是，正是

---

〔1〕 *Bolam* v. *Friern Hospital Management Committee*［1957］2 All E. R. 118.

〔2〕 *Maynard* v. *West Midlands Regional Health Authority*［1985］1 All E. R. 635.

〔3〕 K. Norrie, “Common Practice and the Standard of Care in Medical Negligence”（1985）*Juridical Review* 145.

〔4〕 *Bolitho v City and Hackney Health Authority*［1998］A. C. 232, 243.

这种准则的增多，使得法官有信心去积极承担这样的角色，[1]尽管在制定准则，实际上就是设定医护标准过程中，本身就存在一些危险的可能。[2]

很明显，法院为医疗专业人员设定并监管医护标准这一权利似乎已发生了巨大的改变。然而，显然这仅仅在麦克奈尔所做的解释中保留了 Bolam 标准。[3]而且，Bolitho 标准并未给医疗专业人员施加过重的负担，只是将这些人员规范到法律之中，而该法还关涉到了其他专业人员，其中包括律师。[4]从这一点来看，尽管法律正逐步参与到对患者安全的保障行动中，在 Bolitho 标准的应用中却极少涉及法律内容，这表明医疗专业人员可以不必有过多的担忧。

因果关系：失去“错失机会”的可能

正如我们之前了解到的，如果原告已证明了医护职责并未履行且有失职行为的发生，之后还需证明有因果关系的存在。这虽然对索赔人而言并非是过分的要求（特别是考虑到侵权法是旨在对造成的伤害进行补偿，并非是为了惩治恶劣行为），但确实是索赔人要克服的一个巨大障碍。

45 因果关系的一般规则是当事人须表明“如果没有”被告方的失职行为发生，也就不会造成相应的损害。在医疗过失案中，索赔人出于各种原因，很难对此做出证明（某些疾病的病源不清，而且患者可能在看医生之前就已产生不适反应）。无论如何，他们必须顺从法院规定，证明存在 51% 或更多的可能性来证实伤害的成因是失职行为。一旦证实，索赔人将会得到全额损害赔偿金，因为因果关系已经过了“证明”。相反，索赔人则会一无所获。然而，因果关系下的一个具体分类，即“错失机会”问题则引起了争议。在索赔人看来，不当的治疗导致他们失去了康复的可能，而霍特森案（*Hotson*）这一关涉此类问题的著名案例会对此进行最充分的阐释。[5]

此案中，一位男孩从树上摔落并被送往了医院。经检查后他被送回家中，但在五天过后又返回医院，仍称有剧烈的疼痛感。而后院方才对其进行 X 光片拍

〔1〕 M. Brazier and J. Miola, “Bye – Bye *Bolam*: A Medical Litigation Revolution” (2000) 8 *Medical Law Review* 85.

〔2〕 A. Samanta *et al.*, “The Role of Clinical Guidelines in Medical Negligence Litigation: A Shift from the *Bolam* Standard” (2006) *Medical Law Review* 321.

〔3〕 Brazier and Miola, “Bye – Bye *Bolam*”.

〔4〕 Ibid. See *Edward Wong Finance Co.* v. *Johnston, Stokes and Master* [1984] 1 A. C. 296.

〔5〕 *Hotson* v. *East Berkshire Health Authority* [1987] A. C. 750.

摄，结果显示是创伤性骨折。在接受了接骨手术之后，患者又出现了股骨头缺血性坏死，进而导致了臀部畸形，法院认为这属于严重残疾。就误诊与之后未能及时拍片的行为，院方承认自身的失职，但认为在延误治疗与坏死发生之间不存在因果关系，其理由是医疗证据显示，即使延误情况未出现，仍有75%的可能性会导致缺血性坏死的发生。审判法官对此表示认同，但认为既然这位男孩已经失去了25%的康复机会，他应相应得到25%的损害赔偿金。而后，该案上诉至上议院。原告宣称，75%的数字意味着该情境下，如无医疗过失发生，每100人中会有25人不会患有坏死病症。所以说原告所特别强调的损失就是这样的一个康复机会。因此，原告本应得到索赔金。其准确的数量被认为是总金额的25%。然而上议院对此予以否决。在他们看来，“损害”即为坏死症状（法院未能理解索赔人的观点，即并不主张将这一病症看作损害）。因此，原告如果能够证明坏死由过失引起这一可能性占51%或51%以上，就会得到全额索赔金。相反则会一无所获。因无失职行为时未发生坏死的概率是25%，该诉讼最终败诉。

当然，对以上的处理方式也存在积极的评价，以上诉法院中克鲁姆·约翰逊的观点（Croom – Johnson L. J.）为例：

> 如果从数据上证明，存在25%的人在遭遇某种伤害后有康复的机会，
> 而另外的75%的情况相反，这并非意味着受伤的人或未得到康复的人就错 46
> 失了25%的机会。他或许根本就不存在损失。他应做的是去证明自己属于25%的群体以及他的损失源于被告人的过失。凭借数据中的数字本身并不能为他提供诉因。假设原告顺利证实了自己是25%群体中的一员且被被告夺走了康复的机会，那么逻辑上的结论将是原告会获得全额损害赔偿金，而不再是四分之一。[1]

然而，因果关系的这种“全额或无赔偿”方式可能会招致批评，被认为过于形式化而缺少变通，且可能性越接近50%，公平性会随之降低。[2]此外，正是被告方的失职行为致使索赔人失去了证明自身属于25%人群的可能。而且该论述同上议院一样，未能理解原告的真实诉求。该索赔的提出并非是因患者患染了坏死病，而是患者丧失了避免发生该病症的可能。因此，原告提出索赔与其说是因其失去了成功的治疗机会，不如说是因为被剥夺了从及早治疗中获益的权利。如果我们从这个角度出发，可知在霍特森案中原告确实有所损失，而上议院

---

〔1〕 Ibid.：769.

〔2〕 W. Scott，“Causation in Medico – Legal Practice：A Doctor's Approach to the ‘Lost Opportunity’ Cases”（1992）55 *Modern Law Review* 521.

似乎遗忘了这一事实。

或许是因为上议院未能完全理解霍特森案中的当事人的观点，该案直到2005年才得到解决，恰巧在那时这些法官大人正要对格雷格诉斯科特案（*Gregg v. Scott*）进行进一步的审理。[1]这些案情具有相似性（一位癌症患者由于漏诊，其生存概率被迫由42%降为25%），而这一次上议院对机会损失这一问题予以了正面的回应。在多数判决中，法院承认以机会损失的缘由是无法提出索赔的。实质上，多数人更倾向于法律的保障而非有些人认为的公平性：

> 正如海伦·李斯（Helen Reece）在说明性的文章中（《法律中的机会损失》（"Losses of Chances in the Law"）《现代法律评论》1996（59）：188）所指出的那样，这些案件说明了法律认为一切都是在原则上受因果关系规则所约束的事物。霍特森案中，髋关节缺血有其成因，这需要原告来证明被告方应对造成这一结果的行为或是疏忽担负责任。然而原告很难甚至不可能对此进行证实，因为就像在霍特森案中，当时并没有对此进行验证，或者是因为医学根本无法给予回应，事实上都并无差别。[2]

由此可知，因果关系所造成的巨大障碍依然存在，而且可以肯定地说，目前机会损失并不能成为可以提出索赔的理由。而同那些认为这样做对患者不公平的人进行说明却并非易事。的确，患者在这种情况下可能会感到自身得不到法律的
47 庇护。然而，应注意的是，格雷格案属于上议院多数法官的判决结果。因此，显然当中还有一部分法官对这一因果关系持不同意见。在下一章节将会对该案进行说明。

切斯特诉阿夫沙尔案：一种转变的司法态度？

在格雷格案中法院所采用的法律途径与几乎在同一时间的上议院对医疗过失案，即切斯特诉阿夫沙尔案所做的裁决截然相反。[3]切斯特案关涉了风险披露的问题，这属于医疗过失的一个子范畴。实际上，在患者给予的同意生效之前，医师必须将其拟定的治疗过程中存在的所有风险解释清楚。而这种解释须通过恰当的方式来进行。在正常情况下，案件类别由过失侵权法进行划分。[4]因而过失规

---

〔1〕 *Gregg* v. *Scott* [2005] 2 A. C. 176.

〔2〕 Ibid.：196.

〔3〕 *Chester* v. *Afshar* [2005] 1 A. C. 134.

〔4〕 *Chatterton* v. *Gerson* [1981] 1 All E. R. 257.

则适用于此。当然，一旦医师承担治疗患者的任务，医护的义务就同时存在。这其中包含了对风险的警告，以及要求医师应向患者公开所有关于“重大风险”的信息。因此，对风险不予以披露的做法将构成失职行为，因“理性医师”须公开所有的重大风险信息。对重大风险的定义实际上一直是英国法庭上讨论的重点，而且的确还未得出最终的结论，[1]但这与我们目前的讨论并无关联。

依照因果关系，对该规则的传统解释是，为符合标准，索赔人须证明在得知会发生重大风险的情况下，其自身是不会同意进行这一治疗的。否则，失职行为将不会造成任何影响。切斯特案关涉到因果关系问题，被告方已承认自身的义务与失职行为。然而，切斯特女士承认说，如果事先被告知具体的风险，她或许会权衡一段时间，但最终还是会同意进行治疗。通常情况下，切斯特女士不具备过失所需的因果关系因素。然而，她提出自身所失去的是进行自主决定的权利。实际上她所希望的是去除对因果关系的要求，这样她才能够为自主权的丧失而重新获得赔偿。战线再一次形成，一边为（一些人认为）“公平”或患者“权利”，而另一边则是法律传统与形式主义。而这次，“权利”一方以三比二的比例占据上风。法官中的多数认为法律制定的目的就是保障患者的自主权，判决须以此为根据：

> 毫无疑问，阿夫沙尔先生对切斯特女士负有义务，即告知她在拟定手术中存在的风险，其中包括瘫痪的可能。该义务针对切斯特女士，因此她可以
> 自主决定是否应接受医师所建议实施的手术。这是职责的所涵盖的范围，其 48
> 存在令她有权在同意手术之前得到医师的通告。而在得知这些风险之后切斯特女士的回应对该职责并不造成影响。[2]

在斯蒂恩法官（Steyn）看来，该案件只是关涉因果关系不应妨碍患者权利的问题，仅此而已：“自主权与取得尊严的权利能够也应该受到保护。”[3]

从切斯特案中可以看到与格雷格案所做裁决相反的一面：摒弃法律形式主义，而优先考虑患者权利，尽管这带有修改法律的倾向。假设这两个案件都由多数裁决决定，我们就只能推断，英格兰最高法院作出了重大举措，即为保护患者而主动对法律规则作出修改。无论此举是否是一种积极的发展趋向，都会引起热议，但与因果关系相关的法律表明这类讨论目前正由高级法官主导进行，并且指明了法律发展的方向。

---

〔1〕 J. Miola, *On the Materiality of Risk*: *Paper Tigers and Panaceas* (2009) 17 *MedicalLaw Review* 76.

〔2〕 *Chester* v. *Afshar* [2005] 1 A. C. 153.

〔3〕 Ibid. : 146.

关于侵权方式与新型法规的评论

基于侵权行为的体制备受争议。许多批评都关注到这样一种投诉意见，即认为法官一直以来对医疗职业表现得过于顺从，这对于患者权利以及患者整体安全产生了不利影响。对此，出现了很多的回应，解释的内容涵盖了一个事实，即律师与医师在社会上共享社会经济空间，希望实现职业自由不受限这样一个无可厚非的愿望。[1]的确，人们认为在过去的十年间法律环境已发生了改变，不仅仅是伍尔夫法官的缘故，法律的总体倾向也对该观点给予了支持，而且 Bolitho 标准允许法庭进行更多的介入，此外，包括切斯特案所做的裁决在内的一些法庭审判甚至将患者权利优先于已有的法律规则来进行考量。[2]

然而，不满的声音依然存在。伊恩·肯尼迪教授（Ian Kennedy）（一位医学方向的学院法律人）在对布里斯托皇家医院儿科心脏手术所做的调查报告中，针对医疗职业出现的明显文化缺陷进行了严厉指责。[3]这些缺陷表现为“过度管制，并对患者以及他们的医护选择权缺乏尊重”。[4]在“临床自由”这一概念促使下形成的自主文化氛围造成了管制或监管的缺失，反而使得低劣的手术得以持续进行。[5]这同时也形成了一种观念，即认为法律无需对医疗实践进行监督，因医疗职业可以进行自我监管。患者以及字面意义上的患者安全在这一体系中并未得到保障，而且过失侵权法也未能采取积极有效的措施来对此加以制止。

同样，法官伍尔夫在针对民事诉讼所做的报告中，对专家常常将医疗过失案件当作相互间的“战场”而不去努力找寻真相这一现象做出了批评。[6]随着近
49 期此类丑闻再次受到关注，专家证据的可靠性不能得到保障，而这一事实则加重了上述问题的严重性。[7]伍尔夫尤其针对医疗过失加以指责，其具体内容如下：

---

〔1〕 S. Sheldon, “Rethinking the *Bolam* Test”, in S. Sheldon and M. Thomson (eds), *Feminist Perspectives on Health Care Law*, London: Cavendish, 1998; and Lord Woolf, “Are The Courts Excessively Deferential to the Medical Profession?”

〔2〕 Ibid.

〔3〕 *Learning From Bristol: The Report of the Public Inquiry into Children's Heart Surgery at the Bristol Royal Infirmary* 1984 ~ 1995 (Cm 5207, 2001).

〔4〕 Ibid.: 268.

〔5〕 J. Miola, *Medical Ethics and Medical Law: A Symbiotic Relationship*, Oxford: Hart, 2007.

〔6〕 *Access to Justice——Final Report*. Online. Available HTTP http: //www. dca. gov. uk/civil/fi nal/index. htm (accessed 12 January 2010).

〔7〕 M. Bishop, “The Negligence of Medical Experts” (2004) *BMJ* 1353.

(1) 医疗过失中的成本和损害赔偿比例严重失衡，特别是在严重程度较低的案例中。

(2) 对索赔的延期处理常常令人难以接受。

(3) 常受理无理投诉，而对明确的索赔却进行抗辩，且持续时间长。

(4) 对比其他人身伤害诉讼，成功率偏低。

(5) 与其他众多诉讼相比，双方当事人之间存在的疑虑更深，也更为缺乏合作的可能。[1]

因此，基于众多原因，我们至少可以认为侵权体系自身并不适合于对患者安全进行保障。首先，我们必须了解，侵权法的目的不是提供保障，而是进行索赔。因而，只能将其看作是有追溯效力的，而非具备前瞻性。其次，在英格兰实行的普通法系必然要有追溯效力，然而，这里还存在另外一个不足，即法官无法主导对法律薄弱部分的反思过程，在此之前他们须等待一个合适的案例出现。最后，肯尼迪和伍尔夫报告中指出了存在于医疗职业与专家证人当中的缺陷，这些缺陷不会轻易消失，而且在此基础上，对法庭上专家间的“战争”的过度依赖在任何制度中都可看作是一个根本性错误。

可能有人会认为无过错赔偿制度会更加适用，此外，如有一种制度致力于促使医师与受伤的患者之间进行合作而非产生矛盾，毋庸置疑，这样的制度会有助于减缓肯尼迪与伍尔夫的担忧。[2]然而，这并不是本文要讨论的问题，因为在英格兰并没有计划要构建这样一种制度。取而代之的是，其出台了两项法案，皆计划对侵权体系做出修改。首先是2006年颁布的补偿法。该法案试图对过失案中的索赔数量进行限制，方式上要求法院对需要被告方采取措施以实现必要的医护标准这种做法进行判断，考虑其是否会“在一定程度上或通过特定方式，阻碍了合意活动的发展”，或“妨碍个人投身于合意活动之中”。[3]而且，这一法案明确提出“道歉、提供治疗或其他的补救措施本身不能视为对过失或者违反法定义务的认可”。[4]此法规似乎鼓励法院找寻理由来拒绝索赔，这不仅有悖于法律发展的总体方向，同时也与法官伍尔夫提出的医疗过失诉讼问题相背离。

与此同时,2006年颁布的国民保健服务矫正法授权国务大臣以创建一个以

---

〔1〕 *Access to Justice*, chapter 15 (2).

〔2〕 For analysis, see T. Douglas, “Medical Injury Compensation: Beyond ‘No – Fault’” (2009) 17 *Medical Law Review* 30.

〔3〕 Compensation Act 2006 s. 1 (a) – (b).

〔4〕 Ibid.: s. 2.

50 侵权行为法为基准的方案。该方案计划实施的具体方式虽未在法规中列出，但其总体目标就是加速索赔进程，并通过信托为过失行为的受害者提供补偿的方式降低诉讼成本。由此法案第 3 条第 2 款规定：

> 方案须提供补偿措施，通常包括：
> （1）提供赔偿，用以回应围绕相关责任进行民事诉讼的权利；
> （2）提供医疗说明；
> （3）致歉；
> （4）提供报告，针对为避免类似事件发生，一直以来以及今后将采取的措施进行说明，也可将以上一种或多种补偿措施不适用的情况进行列举。

除此之外，该法案第 3 条第 3 款还规定补偿措施应采取合同的形式，进而为患者提供医护或治疗。该法案趋向适用于低额度的索赔，此外，该法案第 3 条第 5 款提到了关于赔偿的模糊上限（经杰克逊（Jackson）评估，大约为两万英镑）。[1]撰写本文时，方案的创建已被迫拖延了两次，因而还未开始实施。然而，卫生健康委员会在 2009 年得到的证据显示，该方案正计划于 2010 年实施。[2]如果 2010 年为大选年，那么这种说法则不具备可靠性。

此法案的宗旨是为低额度索赔提供更为快捷、廉价的补偿方式，但尽管法案将该体制从法院中移除，侵权法的归责原则仍将会一直适用。因而侵权法的实施应无需法院的介入。如果补偿法解决了法官伍尔夫指出的无理索赔，那么国民保健服务矫正法就会应对被过度抗辩的明确索赔案件。值得注意的是，在该法案中并无内容直接指涉医疗过失中的其他四点不足。法案的目的似乎有些混淆（一种法案为索赔设障，而另一种则鼓励理赔），但两种法案有一个共同之处，即都旨在降低医疗过失诉讼成本。而患者安全最好能够作为一种间接的考虑因素而存在。

结语

侵权法制度并不能确保患者安全。然而，这一制度为那些受到伤害的患者提供了一种赔偿方式。其目的不在于避免伤害发生，只是对应得到补偿的人员进行

---

〔1〕 E. Jackson, *Medical Law*: *Text*, *Cases and Materials* , 2nd edn, Oxford: Oxford University Press, 2010, p. 162.

〔2〕 Health Select Committee, 5 March 2009. Online. Available HTTP http: // www. parliament. the - stationery - offi ce. co. uk/pa/cm200809/cmselect/cmhealth/ 151/9030508. htm (accessed 13 January 2010).

确认。但是这并不意味着法官对患者安全的漠视。正如判例法发展趋势所示，法院更加注重患者权利的实现，并正在逐渐减轻对医疗专业判断的依赖。在这一点上，安全作为这些“权利”之一得到了保障。尽管如此，普通法须具备追溯效力，且患者介入侵权法制度的条件须是自身处于受伤害状态。因无过失补偿不断 51
遭到拒绝，侵权法制度唯一能真正进行的改革就是对自身制度的修改，因而追溯效力将会持续存在。实际上，提到的两个法案并未脱离侵权法原则，且对比患者安全，两法案更加关注的是降低诉讼成本问题。最后，如果安全不是侵权法的直接目的，那么安全性只是顺带受到保障这一事实也不足为奇。

Bibliography 52

Access to Justice——Final Report. Online. Available HTTP http：//www. dca. gov. uk/civil/fi nal/index. htm（accessed 12 January 2010）.

M. Bishop，“The Negligence of Medical Experts”（2004）*BMJ*1353 .

M. Brazier and J. Miola ，“Bye – Bye *Bolam* ：A Medical Litigation Revolution”（2000）8*Medical Law Review* 85 .

J. Coleman，“Second Thoughts and Other First Impressions”，in B. Bix（ed.），*Analyzing Law*：*New Essays in Legal Theory* ，Oxford：Clarendon Press ，1998 .

T. Douglas，“Medical Injury Compensation：Beyond ‘No – Fault’”（2009）17 *Medical Law Review*30 .

Health Select Committee ，5 March 2009 . Online. Available HTTP http：//www. parliament. the – stationery – offi ce. co. uk/pa/cm200809/cmselect/cmhealth/151/9030508. htm（accessed 13 January 2010）.

E. Jackson，*Medical Law*：*Text*，*Cases and Materials* ，2nd edn ，Oxford：Oxford University Press ，2010 .

Learning From Bristol：*The Report of the Public Inquiry into Children's Heart Surgery at the Bristol Royal Infirmary* 1984～1995（Cm 5207，2001）.

J. Miola，*Medical Ethics and Medical Law*：*A Symbiotic Relationship*，Oxford：Hart，2007 .

J. Miola，*On the Materiality of Risk*：*Paper Tigers and Panaceas*（2009）17 *Medical Law Review* 76 .

K. Norrie, “Common Practice and the Standard of Care in Medical Negligence” (1985) *Juridical Review* 145 .

A. Samanta, M. Mello , C. Foster , J. Tingle and J. Samanta , “The Role of Clinical Guidelines in Medical Negligence Litigation: A Shift from the *Bolam* Standard” (2006) *Medical Law Review* 321 .

W. Scott, “Causation in Medico – Legal Practice: A Doctor's Approach to the ‘Lost Opportunity’ Cases” (1992) 55*Modern Law Review* 521 .

S. Sheldon, “Rethinking the *Bolam* Test”, in S. Sheldon and M. Thomson (eds), *Feminist Perspectives on Health Care Law* , London: Cavendish , 1998 .

LordWoolf, “Are the Courts Excessively Deferential to the Medical Profession” (2001) 9*Medical Law Review* 1 .

4.

医学道德与患者安全

尼尔斯·霍普

导语

对医学道德和患者安全进行反思初看上去似乎并不难。该问题看起来简单明了，因为确保监护下患者的绝对安全无疑是医疗专业人员的首要关注因素。当然，通过重新审视我们可以发现，患者安全问题同样矛盾重重，影响到医疗卫生的各个方面：误解、利益冲突、体制漏洞以及复杂的权衡实践。为尽量简洁，本文的讨论仅在彼彻姆（Beauchamp）和查瑞斯（Childress）提出的生物医学伦理学四大原则（尊重自主权、行善、不伤害和公正原则）的背景下,〔1〕对患者安全、不良事件与行为人的不同标准进行质询。鉴于其他人对这些原则进行过细致的分析，本章将不再做全面的解读。这一章仅对在围绕医学道德和患者安全的讨论中出现的一些问题进行明确，并以此推动进一步的讨论。

本章将首先介绍不同的行为人，这是在讨论患者安全与医学道德内容时须进行细致分析的部分。个人、机构和社会对伦理反思存在不同的需求与实现方式，这就是本章介绍的基于行为人的差异。而另一个因素则为对可能发生的各类不良事件所做的系统性分析。通过观察由忽视和过失造成的伤害，以及基于故意行为所造成的伤害，我们对有罪与免责事件的分类进行分析。之后，本章会简单地对彼彻姆和查瑞斯的生物医学伦理学四大原则（尊重自主权、行善、不伤害和公正原则）进行探讨，并且将这些原则应用到患者安全的情境中，用以应对不良事件与医学道德问题。从其中，本文将总结出若干重要的结论，这些结论会涉及生物

---

〔1〕 T. L. Beauchamp and J. F. Childress, *Principles of Biomedical Ethics* , Oxford: Oxford University Press, 2001.

医学、伦理学原则在反思患者安全问题上的突出作用。而在总结之前，本文最后会对在生物医学背景下的诚信与犯错概念进行简单的探讨。

54 行为人与不良事件

在不良事件中，医学道德与患者安全之间的关系变得尤为突出。“不良事件”这一术语在这里并不意味着对在临床实践中的风险与错误有时所导致的极端后果进行弱化。这只是作为一个适当的标注，以便对失误、事故、故意行为与其他造成伤害的医患关系类别进行术语概括。医患之间的众多关联都处在巨大的压力之下。因为对术语的应用可能会造成某种特定的理解以及随之会引起一些回应，我们有必要在讨论中对此加以说明。[1]医学道德为众多通常对我们研讨起引导作用的方式和原则提供思路。

医学道德的这些原则规范着个人与医疗系统之间进行互动的各个领域，从初次去看家庭医生，在医院看专科医师，一直到后来进行门诊理疗。同样，这些原则根据适用行为人的不同，其产生的规范性影响也有所差异。直观来看，行为人应分为三类：个人（医师、护士等），机构（病房、部门、医院等）和社会。[2]

这一观点旨在预防不良事件发生，并以此来加强患者安全。鉴于本章讨论的目的，这里假定在不良事件与患者安全的性质之间存在直接的因果关系。尽管这似乎看起来显而易见，实际上，长期以来，没有有力的证实材料能够证明在医疗环境下所产生的失误会对患者安全造成影响。这在某种程度上局限了对原因与补救方式进行反思所带来的价值。即使这种数据得到了广泛应用，也不可能因此而确定存在一种适当的道德依据，用以创造一个可持续的患者安全环境。[3]在此我们对彼彻姆和查瑞斯提出的生物医学伦理学四大原则进行应用，将其作为一个很好的出发点，来就患者安全相关的医学道德问题进行讨论。

对医师在治疗患者期间产生过失这一问题的看法，通常是基于一个根本上的错误理解。毫无疑问，包括医院在内的医疗提供方应被认为是可靠性较高的机构，因为这些机构“面对严重的固有危险仍能成功进行医治，这是因为他们能够

---

〔1〕 O. Quick, “Outing Medical Errors: Questions of Trust and Responsibility”, *Medical Law Review* 14, 2006, pp. 22 ~43 at p. 25.

〔2〕 J. W. Glaser, *Three Realms of Ethics: Individual, Institutional, Societal*, Kansas City, MO, Sheed and Ward, 1994.

〔3〕 P. Singer, “Medical Ethics. Recent Advances”, *British Medical Journal* 321, 2000, pp. 282 ~285 at p. 283.

有条不紊地应对安全问题”。[1]这同航空产业等机构进行了合理的对比，而在患者安全的语境下，这种对比经常会出现。这意味着医疗的过失与灾难概念是从其他领域中借用而来的，因而并未关注到“医学实践中认识论与社会因素的巧妙融合”。[2]尽管在评估不良事件时，有必要注重这两者的融合，但这种做法还是受到了一些人的批评。在医疗环境中对患者安全的传统看法基于无过失和否认的观 55
念，[3]这有可能导致这样一种情况，即应对医疗事故时，索赔人须做出强有力的法律对策并对此坚持不懈。在法制日益严峻的社会中，医疗提供方为避免诉讼带来的严重后果，[4]积极鼓励个人在涉及不良事件时遵循保密规则，这样的做法无可厚非，而且许多医师都坚信“公开即是曝光”这一说法。[5]在对复杂分娩境况所做的案例研究中，艾克曼（Ackerman）和斯特朗（Strong）对治疗方案进行了讨论，他们写道：

> 注重对诉讼的回避是考虑到这有可能会对医师自身带来严重的危害。即使原告未能胜诉，被提起诉讼这一事实也会对医师造成心理压力，并危及他在同事和患者之中的声望。与律师的商谈以及出庭事宜都浪费了大量的行医时间。同样，法律费用、缩短的时间以及因声誉受损而造成的患者数量偶然性减少也造成了经济上的损耗。[6]

针对过失进行保密这一观点，存在极为有力的论据对此加以说明。如果你遇到道路交通事故，并在事故现场承认了自身的过失，你的保险公司将拒绝对此做出赔偿。那么，为什么医疗就要受到区别对待呢？这种想法影响了医师的决策过程，也必定会导致他们无法进行必要的系统性学习，进而影响到对相似不良事故可能造成伤害这一情况的规避。为避免造成经济和声誉上的不利影响，机构会被

---

〔1〕 S. J. Singer, D. M. Gaba, J. J. Geppert, A. D. Sinaiko, S. K. Howard and K. C. Park, “The Culture of Safety: Results of an Organization - wide Survey in 15 California Hospitals”, *Quality and Safety in Health Care* 12, 2006, pp. 112 ~ 118 at p. 112.

〔2〕 S. Gorovitz and A. MacIntyre, “Toward a Theory of Medical Fallibility”, *The Hastings Center Report* 5: 6, 1975, pp. 13 ~ 23 at p. 13.

〔3〕 J. P. Bagian, “Patient Safety: Lessons Learned”, *Pediatric Radiology* 36, 2006, pp. 287 ~ 290 at p. 287.

〔4〕 R. Mullner, “Patient Safety and Medication Errors”, *Journal of Medical Systems* 27: 6, 2003, pp. 499 ~ 501 at p. 500.

〔5〕 N. Berlinger and A. W. Wu, “Subtracting Insult from Injury: Addressing Cultural Expectations in the Disclosure of Medical Error”, *Journal of Medical Ethics* 31, 2005, pp. 106 ~ 108 at p. 106.

〔6〕 T. F. Ackerman and C. Strong, *A Casebook of Medical Ethics* , New York: Oxford University Press, 1989, p. 197.

要求禁止对外公开不良事故。因而这会引发人们为了维护公正、获得损害补偿，而对个人或机构进行强烈的谴责。有一种建议具有说服力，认为社会应当打破这一僵局，提供一种制度能够增强从事故中学习的意识，并且对事故的披露予以鼓励。

许多临床医师同样具备研究员的身份，在根据医学道德对不良事故进行探讨时，将医学视为职业还是科学，这种区分也发挥着重要的作用，而这也使得问题更具复杂性。戈罗维茨（Gorovitz）和麦金太尔（MacIntyre）提出了一种可信的观点，认为犯错仅仅是科学探索中的一部分，而且因其通常会带来对社会有益的发现，所以实际上这一行为值得鼓励。[1]这一讨论促使了不良事故分类的形成，这些种类的事故在治疗患者时都极有可能发生：①对于科学性的忽视而造成的事故；②由于医师某种过失而造成的事故；③由行为人的故意行为所引发的事故。以上分类可划分为两组：有罪不良事故与免责不良事故。由于科学上客观的忽视
56 行为而导致的伤害显然不是有罪行为造成的结果。而如果行为人因疏忽而未能掌握医疗现状，那么，这有可能会构成罪责。由故意行为造成的伤害无疑是有罪行为导致的结果，并且只能在有限的情况下，从道德和法律上对其进行辩护。正如奎克（Quick）所说，“免责事故与蓄意伤害这两极之间，还存在多种可能”。[2]就患者安全方面讨论医学道德问题时，我们应考虑到这些行为人的差别：个人的所作所为不同于机构。机构可通过不同的方式受控，进而改变自身的行动，但社会不会轻易地受到影响。由讨论可知，因科学上的忽视而直接或间接造成的伤害与社会相关联，且只能在社会层面进行弥补。由过失导致的伤害可以归为个人、机构或两者共同的行为，而故意行为造成的伤害几乎在任何情况下都归因于个人。

现在，本文将转向依据生物伦理学的四大原则，即尊重自主权、不伤害、行善和公正原则，来对这些行为人进行探讨。

尊重自主权

在医学道德与医学相关法律中，自主原则几乎是所有规定的核心标志。在这一前提下，本文将会通过自主权来说明。从表面上看，个人被认为能够明确自身

[1] Gorovitz and MacIntyre, “Toward a Theory of Medical Fallibility”, pp. 14 and 19.

[2] Quick, “Outing Medical Errors”, p. 24.

的价值，并严谨地对价值做以反思，且能够基于这些价值来决定是否采取行动，不再受制于过度的干涉。这些原则支持在医疗干预之前需获得相应许可这一要求，这是对这种自主权的一种彰显。[1]对于自主权程度的不同理解引发了许多值得思考的问题。[2]尽管，显然真正的自主决定应不受外部的过度影响，这种观点的成立却在很大程度上取决于“过度”的含义。认为行为人能够不考虑社会因素而完全自主做决定的这种想法是不切实际的。[3]告知行为人可进行自主决策的进程与施加过度影响之间应如何权衡，这是需要深入探讨的一个问题，而且当有人对知情同意的虚假性进行合理判断时，该问题就显得尤为突出。医患之间的互动状态与权利的不均通常意味着知情同意在理论意义上几乎很难实现。其次，我们给予尊重的自主个体是否可以在理性和批判性反思的基础上调整自己的立场，这样的一个问题必然会引出进一步的质疑：这一设想是否意味着如果选择进行一种看似不理性的行为，那么个体就不配获得尊重？目前的法医学文献与判例所具备的确凿证据证实了情况并未如此：无论选择是否理性，理论上个体都会受到尊重。就这一点，可参看关于耶和华见证人拒绝输血以挽救垂危患者事件的众多判 57
例。只要是行为人自己坚持的价值标准，都可以被认为是符合自主原则的规定，因而值得尊重。彼彻姆和查瑞斯有力地论证了这种尊重不单单要在态度上面得到体现。[4]事实上，提出紧急医疗干预的个体所做的非理性治疗决定受到了否决，是因为这种非理性行为代表了自主权的短瞬丧失。

除故意行为导致的不良事件外，其他事件基本上不会削弱给予患者自主权的尊重。然而，如果医师不按照患者期望来行医，患者的自主权就受到了侵害，至少在医学道德方面，这有可能应看作是“不良”事件。机构因政策原因不会向患者告知重大风险，这无疑侵害了患者的自主权，因其令患者失去了基于详细了解而做出合适决定的可能。同样这也适用于患者对医源性伤害并不知情的情况，因患者并未被允许参与到与其自身进一步治疗相关的决策过程当中。最后，如果机构和个人不愿承认过失是惮于社会霸权对于归责的分配方式，社会有责任来纠

---

〔1〕 *Schloendorff* v. *New York Hospital* [1924] 105 NE 92：also see the decision in *YF* v. *Turkey* [2004] 39 EHRR 34 (at para. 43). See the much cited dictum in *Schloendorff* v. *New York Hospital* (1924) 105 NE 92：“每个具有正常心智的成年人有权决定自己的身体接受何种治疗；外科医生如在未经患者同意的情况下进行手术，则是对他人身体造成了侵犯”；also see the decision in *YF* v. *Turkey* (2004) 39 EHRR 34，在强制体检的情况中，欧洲人权法院认为“任何对个人身体完整性进行的干涉须受到法律的规范，并得到个人的同意”(at para. 43)。

〔2〕 Beauchamp and Childress, *Principles of Biomedical Ethics*, pp. 57 ~ 60.

〔3〕 A. Reath, *Autonomy. Encyclopedia of Philosophy*, London, Routledge, 1998, pp. 586 ~ 592 at p. 589.

〔4〕 Beauchamp and Childress, *Principles of Biomedical Ethics*, p. 63.

正这种本质上危害个人自主权的状况。尊重自主权作为一种原则，在患者安全方面很大程度上起到了先驱的作用。尽管有不良事故发生，对自主权的尊重很可能依旧不变，但这种尊重更多情况下受到了不良事件的忽视。实际上，这说明了个人和机构如认真采取措施以确保对自主权的尊重，他们对比未采取行动的其他人更有可能会躲避不良事故。

不伤害

“首先做到不伤害”这一口号出现在许多围绕医师对患者所承担的道德义务而进行的讨论中，体现了不伤害这一原则。在该原则下涵盖的义务意味着行为人有责任去避免造成伤害。[1]很显然，这一问题伴随着许多矛盾因素。其中包括了行为与疏忽的区分、有时为避免更严重的伤害而需要造成一些伤害的事实，以及义务与过失的问题。表面看来，不进行伤害这种观念只是要求做出承诺，保证不会有意去造成损伤。显然，有时医师有必要去制造伤害来避免发生更严重的情况。因而，不伤害的概念还要根据复杂的权衡实践而进行定义。尽管“首先做到不伤害”的要求暗示出先于生物医学其他原则的某种优先次序，但这些原则实际上具备着平等的地位。[2]

58 不伤害原则背后看似合理的依据，即不蓄意对患者造成伤害[3]，却将这一生物医学伦理原则排除在了不良事件的多数探讨之外。除类似哈罗德·希普曼[4]案件以及其他故意造成医源性伤害的情况，由于过失和单纯的忽视所造成的不良事件正逐渐减少。当外科医生所造成的伤害并非出于有意时，却不幸地被加以违反不伤害原则的罪名，这种做法并无实际益处。这一特点也同样适用于外科医生行医而造成伤害的情况以及医师未能行医而导致伤害发生的情况。福斯特进行了深入调查用以说明原则本身的应用具有局限性，因为这一原则并未规定出任何积极的义务，“只有在医师卧床休息的情况下，‘不伤害原则’才会停止控

---

〔1〕 Ibid. , p. 113.

〔2〕 C. Foster, *Choosing Life*, *Choosing Death*: *The Tyranny of Autonomy in Medical Ethics and Law* , Oxford and Portland, OR, Hart Publishing, 2009, p. 19.

〔3〕 Beauchamp and Childress, *Principles of Biomedical Ethics* , p. 115.

〔4〕 V. English. J. Gardner, G. Romano - Critchley and A. Sommerville, “Ethics Briefi ngs”, *Journal of Medical Ethics* 27, 2001, pp. 135 ~ 136. Shipman, a general practitioner, was found guilty of murdering 15 of his patients.

诉，前提是医师并没有同脆弱的患者同卧一床。”[1]因此，不伤害原则只能适用于个人对患者做出故意伤害的情况。而对患者造成故意伤害的制度化政策也可能在少数情况下被归为这一类。社会作为一个行为人，因具备正当理由而不受这一原则的限制。因此，在患者安全方面，不伤害作为生物医学道德中的一个原则，只有在个人故意造成不良事件这种少数情况下才具有价值可言。

行善

行善原则包含了一种期望，即希望医疗提供方能够积极地为监护下的患者的福利和健康着想。同时也涵盖了合理权衡利益与风险或成本的任务。部分司法管辖区已将行善原则纳入到了刑法之中，有时也被称为好撒玛利亚人法案，此法要求个人为了让需要帮助的人受益而采取积极行动，否则将会受到责罚。该法体现了世界性的普遍行善观点，而在彼彻姆和查瑞斯看来，这明显是过于浪漫的幻想，不切实际。[2]

在生物医学方面，可以说，我们正在应对的是更加具体化的慈善形式：处于人与人之间的一种特别的关系。如同你与你的兄弟之间的特殊关系让你背负了一种道德义务，即避免对他造成伤害，提供医疗服务的行为人同样致力于维护与要求治疗的患者之间所形成的特殊关系。福斯特在他对生物医学原则的严厉批评中提出了伤害的主观性问题：谁能判断某些事件实际上是否构成了伤害或是否具有某种平衡性的益处能够抵消感知到的危害?[3]他的批评似乎针对的是更为广泛意义上的伤害种类。在本章明确规定的情境下，伤害很显然是以不良事件的形式产生。在患者安全方面，运用的行善原则可被概括为是一种积极的义务，即尽可能 59
地采取措施以避免对患者造成伤害。这一义务可分配给个人、机构，同样也包括社会。独立的医务人员承担着一份明确的职责，即尽可能地避免对监护下的患者造成伤害。机构承担的责任为创造一种鼓励提供高质量的医疗服务环境，与此同时避免对患者造成伤害。而社会的责任是创建并维护医疗系统，用以照看病患以及防范伤害。从该讨论和关于这一点对其他原则的探讨中，很明显看出行善原则在关于患者安全问题的讨论中有着重要的作用。

---

〔1〕 Foster, *Choosing Life*, *Choosing Death* , p. 18.

〔2〕 Beauchamp and Childress, *Principles of Biomedical Ethics* , p. 169.

〔3〕 Foster, *Choosing Life*, *Choosing Death* , p. 18.

公正

公正的概念即使在最受认可的情况下，仍易引起争议。作为生物伦理学的一个原则，它面临的挑战包括如何公平、平等地获取医疗资源以及如何对这些资源进行分配。同样这一原则还涵盖了对风险与成本的公平分配问题，并由此延伸到了社会正义与分配公正问题。该原则强调让所有人都能获得公平的治疗（就像应受到同等对待一样），但当问题针对的不是个人公正而是关涉到社会或群体的公正问题时，公正原则却分出了一系列的其他道德途径。[1]该原则也同样有效地适用于三种行为人类别。承担照看患者职责的个人应确保获得资源的途径具备公平合理性，避免不公平事件的发生。机构在为患者提供医护服务时应遵循公平公正的原则，而社会应创建一个框架并对其进行维护，用以让医疗服务能够公平分配给所有的患者。在创造途径来提升患者安全性时，公正要素具备了特殊的含义。确保资源的公平获取，其中包括了那些为避免伤害所必需的资源，这象征着道德上合理正当的医护水平。如果个人、机构或社会基于不合理的道德偏见，不允许患者公平地获取资源，那么，这就有可能导致不良事故的发生。

诚信

诚信概念并不属于彼彻姆和查瑞斯所概括出的生物伦理学原则。但在医疗卫生服务的提供方面，它却发挥了极其重要的作用。医患关系或是医院与患者关系的特点表现在信任程度方面，这在其他职业关系中并无体现。患者表露信任时，或许正如奎克所说，“表达信任即是触碰风险”。[2]这产生的影响具有双重性：患者想寄希望于尽可能好的治疗，而医疗专业人员则用这种信任来加强职业上的
60 自信心。而一旦诚信缺失，信任也随之遭到破坏。这在不同程度上适用于所有行为人：对比患者与机构之间存在的信任，个人之间的信任具备更清晰的界定。如前面所述，担心因医疗过失会产生索赔要求这种心理促成了一种保密现象，[3]而且一些医师因害怕会被起诉而不愿承认自己所犯的过失。[4]行为人之间的医疗沟

〔1〕 Ibid.

〔2〕 Quick, ‘Outing Medical Errors’, p. 23.

〔3〕 Mullner, “Patient Safety and Medication Errors”, p. 500.

〔4〕 Berlinger and Wu, “Subtracting Insult from Injury”, p. 106.

通正是基于这种情况，这对其所在的体制造成了不良的影响。奎克将这一现象看作是职业优势的一种体现，“信任是医学和职业优势理念的必要组成因素，由信任概念来定义医疗职业仍是最受人认可的一种方式”。[1]在这一前提下，对职业优势不应单单理解为一种存在于患者和医疗行为人之间的关系。其更应该是一种社会机制，促使这些行为人能够在高风险的紧张氛围中进行行医实践。[2]如果没有患者的信任，提供医疗的行为人也将失去行医实践所必需的信心。

除此之外，社会中形成的责任归咎体制也要对自卫性医疗[3]与对过失的隐瞒行为负责。[4]导入可提供补偿但并非基于责任归咎的体制，例如无过错责任制度，这样的做法多年来都被认为是一种可行的选择。[5]

总体来看，诚信在维持患者与医疗专业人员之间的职业信任平衡方面发挥着至关重要的作用，而这种信任一方面在鼓励个人接受医疗服务上必不可少；另一方面，也是加强医疗专业人员自我意识的重要因素。过失责任制度营造一种环境，破坏了诚信与信任的理念。一旦失误得到了很好的掩盖，那么，原本可能由于单纯科学上的忽视所造成的失误，在机构和个人未能吸取经验的情况下，就会成为医疗过失。转换后的体制鼓励医疗工作者从失误中吸取教训而不是对个人进行责备，因而这种转变是提升患者安全的一种合理措施。[6]基于这个暂时性的总结，本文将会在讨论总体结论之前再简单地探讨一下医疗中的犯错概念。

过错的造成

很明显，医师的犯错行为无论在寻求治疗的公众当中还是在学术领域都不会受到认可。[7]人们普遍期待医师没有过错行为，这或许是因为人们很难想象医师

---

〔1〕 Quick, “Outing Medical Errors”, p. 23.

〔2〕 R. Dingwall, *Essays on Professions* , Aldershot, Ashgate, 2008, pp. 127 ~ 141.

〔3〕 F. A. Sloan, K. Whetten – Goldstein, S. S. Entman, E. D. Kulas and E. M. Stout, “The Road from Medical Injury to Claims Resolution: How No – fault and Tort Differ”, *Law and Contemporary Problems* 60, 1997, pp. 35 ~ 70 at p. 36.

〔4〕 Quick, “Outing Medical Errors”, p. 27.

〔5〕 Sloan *et al.* , “The Road from Medical Injury to Claims Resolution”, pp. 35 ~ 70; M. M. Mello, D. M. Studdert, A. Kachalia and T. A. Brennan, “‘Health Courts’ and Accountability for Patient Safety”, *Milbank Quarterly* 84, 2006, pp. 459 ~ 492.

〔6〕 D. Hindle, “What Do Health Professionals Think about Patient Safety?”, *Journal of Public Health* 16, 2008, pp. 87 ~ 96 at p. 88.

〔7〕 Quick, “Outing Medical Errors”, p. 22.

会笨手笨脚，不够称职或只是和普通人一样也会出现失误。在当代诉讼热潮影响下，医师对过错的否认使得对该问题的公开信息更为缺乏，从而加深了这一误
61 解。[1]我们所称的归咎环境一直被认为是导致无法从过失中学习经验的一个因素。认为医疗人员不会犯错这种观念未免天真。同样，每一个发生的错误都须归咎到个人也并不实际。因而不会再为每一个发生的过错而对个人加以谴责这种做法看起来似乎是一种具备合理性的变化。[2]即使是医疗人员最初造成了过错，也通常是机构因体制缺陷而使得过失在第一时间出现，而后又对此毫无察觉。[3]近期，在对制度化与系统性过失归因进行的讨论中，[4]这一问题明显受到了越来越多的关注，而且显然这也是目前针对医学道德和医疗法规所进行的深度讨论的发展趋向。

个人和机构可运用基于道德反思的合理体制来避免不良事件的发生。从个人道德角度来看，提供医疗的行为人如果能转变观念，从患者的角度出发看待问题，有时可算作一种不错的尝试。伯林格（Berlinger）和吴（Wu）运用了朋霍费尔（Bonhoeffer）的伦理学来论证“理解个人伦理责任的最佳方式……是‘从受害者的监督’来看待这一问题”。[5]然而，在医疗环境下，该要求有一定难度，职业优势的观点又起着阻碍作用，而且我们常常要求行为人既要做到同情还要不失公正，这显然很难实现。但是正是这种权衡令行为人进行适当的道德反思，进而会对他们的工作起到指导作用。希尔费克（Hilfiker）认为“如果医师、护士和治疗专家等人都不能从某种程度上，从患者的角度思考问题，那么，他们会很难创建一个工作所需的道德框架”。[6]

结语

本章试图证明尊重自主权的原则在对患者安全的道德反思方面发挥了重要的

[1] Gorovitz and MacIntyre, “Toward a Theory of Medical Fallibility”, p. 13.

[2] J. Shook, “Reflections of a Patient Safety Officer”, *Pediatric Radiology* 38, 2008, Supplement 4, pp. S690 ~ S692 at p. S691.

[3] E. Etchells, “Patient Safety in Surgery: Error Detection and Prevention”, *World Journal of Surgery* 27, 2003, pp. 936 ~ 942 at p. 937.

[4] Quick, “Outing Medical Errors”, p. 23.

[5] Berlinger and Wu, “Subtracting Insult from Injury”, p. 29.

[6] D. Hilfiker, “From the Victim's Point of View”, *Journal of Medical Humanities* 22, 2001, pp. 255 ~ 263 at p. 255; also cited in Berlinger and Wu, “Subtracting Insult from Injury”, p. 108; S. Buetow and G. Elwyn, “Are Patients Morally Responsible for Their Errors?”, *Journal of Medical Ethics* 32, 2006, pp. 260 ~ 262.

先驱作用。从对自主权的讨论当中可知，行为人如果将尊重患者自主权的伦理方式作为他们的决策制定以及政策的支撑，则很有可能会提升患者的安全性，这意味着这一原则具备着重要价值。相反，在第二项原则中的禁令，即不伤害，则在行为人做出故意行为时发挥作用，而这在关于医疗道德的讨论中却受到了限制，因避免故意伤害患者这一情况可以简单称之为是常识问题。行善原则在患者安全方面最具效力。行为人如能在实践中合理运用行善原则，则能够培养出患者安全方面的伦理意识。这会有助于通过有效的方式来对他们的政策进行较好的传达。最后的公正原则应对的是行为人对患者进行的公平治疗问题，同时该原则是发展道德策略的一个重要考虑因素，能够促进患者安全性的提升。尽管这似乎成了常识（并且虽然许多确保医疗平等与公平的法律规范很明显已得到了广泛应用），但要形成一个连贯的道德框架确实有必要对公正原则进行合理反思。在行善原则方面，尊重自主权以及公正原则对促进患者安全问题的研讨起到了有效的协助作用。这三项原则与对诚信重要性的理解，以及相较于责罚更加重视从失误中学习经验这样一种氛围共同促进了对患者安全和医学道德的深入反思。[1]

---

〔1〕 Bagian, "Patient Safety", p. 287; Mullner, "Patient Safety and Medication Errors", p. 499; Bagian, "Patient Safety", p. 288 (in analogy to the aviation industry); J. Miola, *Medical Ethics and Medical Law: A Symbiotic Relationship*, Oxford: Hart Publishing, 2007, p. 54.

5.

患者安全的心理因素

皮帕·巴克

医护出现问题时，患者与护理的家属都会因他们接受的医护与处理问题的方式而陷入极大的困苦之中。医护人员同样因对患者造成的非故意伤害甚至是死亡而受到严重的影响。随之而来的患者安全问题、投诉或诉讼程序可能会加重这种困苦。卷入医疗事故中的个人可能会面对临床、情感以及实际方面的影响。意识到这一点，政策文件[1]在过去的十年间对问题发生时患者、护理人与医护人员的遭遇予以了认同。通过改善的事故报告方式、公开公平的归责政策以及完善的应对投诉和诉讼的处理程序，全国大力推动患者安全的发展。然而，尽管患者的遭遇已经得到承认，政策明显注重的是在不良事件发生后对患者的告知以及与患者和护理人的必要沟通，却几乎忽视了情感方面的问题或如何从心理层面进行应对。同样，事故涉及的医疗专业人员（有时也称作第二受害者）现在会常常被提及，但尽管如此，政策关注的却是公开公平的责任归咎，并对报告行为予以鼓励。然而，对情感影响的讨论少之又少，而这可能对理解为什么一些医护人员不愿全力参与到患者安全方案中这一问题起到关键的作用。

除非我们了解了所有相关人员的经历，否则不可能明白为什么政策得不到全面的贯彻，或在未来需要何种政策。本章分为三个部分：首先，针对一些患者和护理人遭遇的事件和他们的应对方式进行分析，这些人都经历过恶劣的医疗服务并之后卷入到了投诉或诉讼程序当中。因为仍有很多人从未得到过政策带来的益处，因此我们需要对政策与实践之间存在的差异进行留意。其次，第二部分将探

---

〔1〕 NPSA，“Being Open Framework”，2009；Department of Health，*Good Doctors*，*Safer Patients. Proposals to strengthen the system to assure and improve the performance of doctors and to protect the safety of patients. A report by the Chief Medical Officer*，London：Department of Health，2006；Department of Health，*High Quality Care for All*，London：Department of Health，2008；Department of Health，*Confidence in Caring Project Overview*，London：Department of Health，2008；Department of Health，*The NHS Constitution for England*，London：Department of Health，2009.

讨在这些情况下医护人员会有哪些经历。特别强调的是，影响人们应对疏离和遣责问题的心理过程将会受到重点关注。最后，第三部分将会关注存在哪些支持因素，从而能够帮助那些涉及其中的相关人员。

因此，本章探讨的是患者安全方面一个被忽视的问题：在医疗过错影响下，
患者、护理人与医护人员的应对方式。出乎意料的是，调查研究局限在了这一领 65
域，因为在根源分析或是其他患者安全举措中几乎没有关于诉讼当事人经历或患
者情况的调查信息。然而，其中的一些方面已逐渐受到了关注，即对医护人员的
影响与公开重要性的问题。

患者与护理人员的经历

医疗伤害的影响

因医护而受到非故意伤害的患者与遭遇其他事故的患者有所不同，他们可能在一开始就身体不适，因而在身体和情感上都容易受到伤害。此外，他们对医疗人员的信任还无意间受到了破坏。尽管，有56%的患者经历了不良事件之后并未受到影响或无大碍，但仍有19%的人由此引发了暂时性残疾，7%因此导致永久性残疾，以及7%不幸死亡。[1]不良事件发生之后，患者和护理人可能会面临的后果包括意外的住院查看、疼痛加重、身体状况恶化、额外的手术以及预后恶化情况。应注意的是，这些后果是在患者最初针对治疗的疾病基础上所产生的。很明显，这对工作、收益和人际关系形成了损害，因而对生活质量造成了潜在的影响。创伤性事件和危及生命事件都会造成心理反应，因此既然常规手术程序[2]或正常分娩[3]都可能造成严重的情绪反应，那些经历医疗过失之苦的患者所承受的心理压力也就不难想象。

通常情况下，对患者和护理人情绪反应的描述多来源于对投诉者[4]或诉讼

---

〔1〕 E. N. De Vries, M. A. Ramrattan, S. M. Smorenburg, D. J. Gouma and M. A. Boermeester, "The Incidence and Nature of In - hospital Adverse Events: A Systematic Review", *Quality and Safety in Health Care* 17, 2008, pp. 216 ~ 223.

〔2〕 D. M. Clarke, P. A. Russell, A. L. Polglase and D. P. McKenzie, "Psychiatric Disturbance and Acute Stress Responses in Surgical Patients", *ANZ Journal of Surgery* 67, 1997, pp. 115 ~ 118.

〔3〕 J. Czarnocka and P. Slade, "Prevalence and Predictors of Post - traumatic Stress Symptoms Following Childbirth", *British Journal of Clinical Psychology*, 39: 1, March 2000, pp. 35 ~ 51.

〔4〕 P. Bark, C. Vincent, A. Jones and J. Savory, "Clinical Complaints: A Means of Improving Quality of Care", *Quality in Health Care* 3, 1994, pp. 123 ~ 132.

当事人[1]的相关调查信息。在对491份投诉者资料[2]进行的早期研究中发现，治疗产生的生理影响很明显；49%的材料显示有额外就医的需要，42%显示患者因医疗问题导致身体状况恶化，还有36%表示出现了意外的副作用。在5%的案例中，患者最终死亡。严重事故引发了投诉，一般为临床事故，以及医疗人员敏感度不高且缺乏沟通交流。临床投诉几乎很少只针对临床事故（存在11%的情况）；多数（72%）都包含了临床原因以及对患者的治疗和护理的不满。所有的资料都记录了因事故引发的一些伤害，以及愤怒、悲痛、担忧和沮丧之类的激动情绪。有超过三分之一（36%）的材料显示患者觉得受到了羞辱。投诉者常常在描述经历过程中就透露出沮丧情绪，其中一些人对他们曾依赖的医疗服务表示出更深的怀疑。

这项研究开始之后，政府政策努力找寻一种简洁的方式来应对投诉问题。在2009年4月，应对国民保健服务和成人社会医护投诉的新规生效，使得机构能够
66 凭借地方政府社会服务和国民医疗服务投诉（英格兰）法规，[3]灵活有效地应对投诉问题。该法规的目的是鼓励营造一种氛围，将收集的个人经验得以运用，进而促使服务变得更加有效安全，具备个性化。超过90%的健康和社会保健组织对该方式进行了尝试，同时这还对专家与同事共同应对投诉问题起到了指导作用，从而有助于他们去聆听、反思和学习人们的种种经历。那些在健康与社会保健组织，从事接收反馈工作以及应对来自患者、服务使用者和护理人的忧虑和投诉的人员正是该法规面向的目标群体。同样，这还为应对投诉的专业人员列出了其他的一些建议，其中涵盖了许多事项。

这种强调以患者为中心的方式在核心监管机构提出的建议中有所体现，其中包括了医疗辩护联盟、医学保护协会和医学总会，这表明了一种态度上的转变。譬如，医学保护协会在网站[4]上为医师从业人员就如何应对投诉问题进行了建议："有时，无论投诉是否合理，对人们对事故表现出的失望或愤怒情绪表示认同和理解，这种做法本身就能够缓和矛盾的局面。"

尽管存在找寻途径以减少医疗过失索赔的努力，对医疗诉讼当事人却很少

---

〔1〕 C. Vincent, M. Young and A. Phillips, "Why Do People Sue Doctors? A Study of Patients and Relatives Taking Action", *The Lancet* 343, 1994, pp. 1609 ~ 1613.

〔2〕 Bark *et al.*, "Clinical Complaints".

〔3〕 The Local Authority Social Services and National Health Service Complaints (England) Regulations (2009).

〔4〕 Medical Protection Society. Online. Available HTTP http: //www. medical protection. org/.

有相关的研究。在围绕 277 位诉讼当事人进行的少量深入研究[1]中，其中一份显示，超过 70% 的人因事故而受到了严重的影响，因而对此提起诉讼，诉讼本身又对他们的工作、社会生活和家庭关系造成了长期性的影响。采取法律措施的决定并不只是考虑到了最初受到的伤害，还包括最初事故发生后医疗人员的迟缓的应对态度以及医患间的不良沟通。除此之外，与医疗服务机构之间或通过法院而产生的僵局令人情绪不安，而且由于耗费的时间过长，家人与朋友给予的支持也会逐渐减少。[2]而对于患者和护理人来说，可以感受的一种安慰就是对他们所遭遇的严重创伤能够被给予认可。[3]

抑郁

一些事故带来的整体影响，以及随之造成的心理反应也许在事后才会体现出来。譬如，手术事故可能需要进行进一步的手术和住院治疗。一个案例中，因管理的不当导致一位瘫痪患者发生压力性溃疡，进而需要对其进行额外的三次手术，导致在患者身上留下了 14 英寸的伤痕，并令患者继续住院，要求卧床休息五个月。患者称因这次事故而错过了儿子 10 岁生日，这是她最伤心的事，这也导致她在住院期间唯一一次痛哭。

抑郁情绪是面对医疗事故的一种正常反应，相较于创伤后精神紧张性障碍更为常见。[4]人们是否患有抑郁要取决于患者受伤的程度与家人、朋友和医护
工作人员给予支持的情况。[5]事件如果具有突发性，程度强烈且带有不可控 67
性，那么会特别容易造成心理上的问题，[6]感觉缺失就是其中一例。患者可能会经历焦虑、侵入性和干扰性记忆、情感麻痹以及幻觉重现之类的症状。正如其他的压力性事件一样，这些状态都会随着时间而消失；然而，这却能够令患者极为痛苦，且持续时间很长。

亲人丧亡

针对 254 位初级医生所造成的严重错误而进行的调查中，[7]有 90% 的案例显

---

〔1〕 Vincent *et al.*, "Why Do People Sue Doctors?"

〔2〕 C. Vincent and L. Page, "Aftermath of Error for Patients and Health Care Staff", in B. Hurwitz and A. Sheikh, eds, *Health Care Errors and Patient Safety*, Chichester, Wiley - Blackwell, 2009.

〔3〕 Ibid.

〔4〕 C. Vincent and A. Coulter, "Patient Safety: What about the Patient?", *Quality and Safety in Health Care* 11, 2002, pp. 76 ~ 80.

〔5〕 Vincent and Page, "Aftermath of Error for Patients and Health Care Staff".

〔6〕 Ibid.

〔7〕 A. W. Wu, S. Folkman, S. J. McPhee and B. Lo, "Do House Offi cers Learn from Their Mistakes?", *Quality and Safety in Health Care* 12, 2003, pp. 221 ~ 228.

示患者遭受了严重的不良后果，31%显示患者因此不幸死亡。在这些案例中，死亡患者的家属以及相关的医疗人员都明显遭受到了严重的创伤。

患者死亡后，那些突然丧失亲人的家属可能会强迫自己接受这一事实，并意识到一些情况本可以避免发生。正如库伯勒－罗丝(Kübler－Ross)〔1〕哀伤阶段理论所描述的，丧亲的情感反应与医疗服务中患者经历的过程相似：否认－回避－隔绝，愤怒、讨价还价、沮丧和接受。虽然每个人都会有不同的经历感受，但这些情感变化对与患者安全相关的众多群体来说，具有典型性：绝症患者对死亡临近的感受，〔2〕孩子对父母离异的反应，〔3〕以及临床医护人员对住院患者死亡的应对。〔4〕家属和护理人面对不良事故导致的死亡，所选择的应对方式可能会有相似性。许多在事故中丧失亲友的人会努力想清楚本可采取哪些措施避免事故发生，或尽力找寻生活的意义，而这以后的数年间，他们还会反复回想着当年的事故。一些人会自责；而另一些人会推卸责任：

> 我知道，在向他们诉说我感到的愧疚时，屋子里的人都纷纷落泪，之后医师告诉我说这与我无关，这并不是我的过错。〔5〕

通常，我们很难断定死亡或残疾的发生是否能够避免，而且那些诉讼有时会伴有此类情况发生，即当事人希望借此找到解决办法和经济支持，而这可能会延长亲属和医护人员的悲痛和负罪感。〔6〕

因新生儿死亡或孩子的死亡可能是最难以接受的，因为新生带来的喜悦和希望却在悲剧中覆灭。〔7〕文森特〔8〕介绍了杰米（Jamie）父亲的悲痛经历，他的儿子因产科护理不充分而在出生时患有脊椎损伤，在出生后的两个月不幸死亡：

> 卡特先生（Carter）对杰米的死亡反应强烈，情绪激动且持续很久。整整一年，他经受了干扰性记忆和噩梦的困扰。他变得沉默寡言，疏离了妻

〔1〕 E. Kübler－Ross, *On Death and Dying* , New York：Macmillan, 1969.

〔2〕 Ibid.

〔3〕 J. Bowlby, *Attachment and Loss* , New York：Basic Books, 1980.

〔4〕 E. Leibenluft, S. A. Green and A. A. Giese, "Mourning and Milieu：Staff Reaction to the Death of an Inpatient", *The Psychiatric Hospital* 19, 1988, pp. 169～173.

〔5〕 R. Iedema, R. Sorensen, E. Manias, A. Tuckett, D. Piper, N. Mallock, A. Williams and C. Jorm, "Patients' and Family Members' Experiences of Open Disclosure Following Adverse Events", *International Journal for Quality in Health Care* 20：6, 2008, pp. 421～432.

〔6〕 Vincent and Page, "Aftermath of Error for Patients and Health Care Staff".

〔7〕 Ibid.

〔8〕 C. Vincent, *Patient Safety* , London：Churchill Livingstone, 2006.

子，感到“空虚和无望”。关于杰米的那些令人不安的画面和记忆，包括他的出生、慢慢死亡、特别是他萎缩的小头骨，都折磨着卡特先生。他遭受着 68
胃病带来的痛苦。他会因恐怖的噩梦而被扰乱睡眠，而这是他之前从未经历过的。在白天，恐怖的画面浮现在他的脑海中，令其毛骨悚然。“我一直很愤怒，非常暴躁，我想要伤害别人，但我根本不希望这样。我觉得自己需要不断地去责备他人。”两年之后，他变得更为悲伤和安静。他因死亡而产生的愤怒情绪慢慢平息。[1]

患者的信心和信任

维持与患者和护理人之间的良好关系，特别是在不良事件发生之后，其中一个重要因素就是信任。不良事件的影响很大，因为在很多情况下，患者在以后所依赖的医护即使不来源于同一个医师，也是同一行业。面对那些事故相关的医护人员，即使他们给予了患者同情和支持，人们可能还是会产生复杂的情绪，且很难得以平复。信心与信任的基本要素在卫生部近期发布的《医护项目的信心概述》（*Confidence in Caring Project Overview*）中被列举出来。[2]其强调了建立和维护医患关系须通过：

- 一个平和、干净和安全的环境；
- 一个积极友善的氛围；
- 良好的团队合作和人际关系；
- 妥善管理的医护服务且能够及时提供给患者；
- 针对患者而制定、提供的个性化医护。

然而在很多地方，却仍存在着理想与现实的差距。

患者对医护的依赖，特别是在病症严重的情况下，可能是促成多数人即使受到了未达标的护理仍保持沉默的一部分原因。而且住院期间，患者也担心如果提出不满，会招致麻烦。一旦出院回家，许多人就希望继续自己的生活，或者并不了解从投诉中他们能获得什么。在伦敦信托公司就有这样一个案例。

一位女士在教学医院接受了腹部大手术之后，并没有得到医院应提供的术后检查以及最低限度的护理，她在遭到护理工作人员的训斥之后又目睹了相邻病房的患者因提出镇痛要求而受到责骂，因而感到恐惧。因此，在下一

---

〔1〕 Adapted from ibid.

〔2〕 Department of Health, *Confidence in Caring Project Overview*.

个班的护理人员来之前，她都是自己清空尿袋，并更换脏床单。尽管她对此的解决办法是以后不会再来这家医院，但当她被要求填写患者调查表时，却出人意料地给出了积极的回应。被问到原因时，她说自己希望的是护士能够对她友善一些，不过因为调查并未询问自身的问题，而是针对欢迎程度、洁净度等提问，这些都可以给予不错的评价。她不相信自己的基本担忧会以一
69 种建设性的方式被院方接受。一旦回到家中，她称自己想要继续自己的生活。那些参与收集患者信息工作的医疗人员一直深信患者能够表达出自己的忧虑，因而这些患者经历对他们来说尤为发人深省。《护理信心》的文件特别提出要在患者的忧虑转变成投诉之前做好应对措施，然而作者怀疑相关部门还未意识到存在的众多缺陷。

公开

公开揭露机制一直是过去十年间出现的重大转变之一，其原则已深入到澳大利亚、[1]美国、[2]加拿大[3]以及英国[4][5]的政策当中。政策中有一个明显的陈述，即在事件发生之后会尽快对患者进行告知。在英格兰和威尔士，国家患者安全机构的《公开框架》(*Being Open Framework*)(2009)提供了一套原则，描述了国民保健服务员工在事故发生时需要怎样与患者、他们的家属和护理人进行沟通。这一框架得到了政策制定者、专业机构以及诉讼和赔偿机构的支持。国家患者安全机构总裁马丁·佛莱彻尔(Martin Fletcher)称：

> 当事故发生时，迅速全面并充满同情地对患者安全事故进行讨论是支持患者和医疗人员的最佳方式。其他国家的证据显示，遵循公开原则同样可减少正式的投诉和诉讼索赔。[6]

---

〔1〕 Australian Council for Safety and Quality in Health Care, *Open Disclosure Standard: A National Standard for Open Communication in Public and Private Hospitals, Following an Adverse Event in Health Care* , Canberra, Commonwealth of Australia, 2003. Online. Available HTTP http：//www. safetyandquality. org .

〔2〕 Joint Commission on Accreditation of Healthcare Organizations, 2006 *Comprehensive Accreditation Manual for Hospitals: The Official Handbook* , Oakbrook Terrace, IL, Joint Commission Resources, 2005.

〔3〕 Canadian Patient Safety Institute, *Canadian Disclosure Guidelines*, Canadian Patient Safety Institute, 2008.

〔4〕 National Patient Safety Agency, in *Being Open: Communicating Patient Safety Incidents with Patients and Carers* , 2005.

〔5〕 NPSA, "Being Open Framework", 2009. Online. Available HTTP http：//www. npsa. NHS. uk .

〔6〕 NPSA, "NHS Urged to Say Sorry When Things Go Wrong", 2009. Online. Available HTTP http：//www. npsa. NHS. uk/corporate/news/NHS – urged – to – say – sorry – whenthings – go – wrong/ (accessed 25 June 2010) .

然而，个人对这些政策的遵守程度可能会存在很大差异。在有关白内障手术的研究中，[1]92%的患者认为如果有并发症产生，患者应在任何情况下都要得到告知，而相比之下，只有60%的眼科医师持有同样的观点。那些不认同这一观点的医师回应称患者不应被告知情况，或称应视情况而定；81%的患者，以及仅有33%的眼科医师认为患者被告知的不应只是并发症这种信息，还应包括与潜在不良后果相关的具体信息。在澳大利亚较近的一次访问调查中显示，[2]23位受访者中有22位表示很感谢能有机会和医疗人员见面并被告知不良事件的具体情况。然而，他们对公开揭露机制如何实施表达出些许担忧：披露行为不会即刻就能实现，或被视为过于随意；披露制度在实际中并没有得到足够的支持或带动变化发生；医疗人员毫无歉意；医疗服务使用者没有机会与最初涉入不良事件之中的医疗人员进行交谈。他们发现，正式的公开披露制度、有诚意的致歉以及切实的支持这三方面只有在全部得以实现时才最有可能达成目标。艾德摩（Iedema）和同事[3]认为，医疗人员需

> 在与受害者进行告知交流时，关注到他们对不良事件的理解和感受，恰当地表达歉意，并在短期内以及更长的时间里为患者提供支持，还要站在患者的角度思考不良事件，以此来促进服务质量的改善。[4] 70

医疗人员如能积极地挺身而出，承认过错造成的损害并采取应对措施，那些给予的支持就能够减轻对患者以及医疗人员本身所造成的伤害。[5]医疗人员表示能不违良心，义务向患者提供原本就应给予的医护和关怀，这令他们如释重负。因信托、法律、保险公司或金融机构的限制而产生的担忧被认为是一种束缚，影响了被一些医疗人员看作是常规良好护理的扩展趋势，然而尽管如此，在鼓励信息公开方面，我们已经取得了巨大进展。

评判政策在多大程度上得以实际应用还为时过早。在近期的培训进程中，英国风险管理者针对全面公开信息的保留意见进行了自由探讨。他们认为这一规范的内容就是当有不良结果出现时需向患者告知情况；然而，许多人认为在发生严

---

〔1〕 M. Hingorani and G. Vafi dis, “Patients' and Doctors' Attitudes to Amount of Information Given after Unintended Injury during Treatment: Cross Sectional, Questionnaire Survey”, *British Medical Journal* 318: 7184, 1999, pp. 640～641.

〔2〕 Iedema *et al.*, “Patients' and Family Members' Experiences of Open Disclosure Following Adverse Events”.

〔3〕 Ibid.

〔4〕 Ibid.

〔5〕 Vincent and Page, “Aftermath of Error for Patients and Health Care Staff”.

重程度较轻或未遂事故的情况下，公开信息这种做法并不恰当。这些人表明他们所在的机构会认可这种选择性的方式。“反医疗事故行动”（AvMA）是为协助患者而成立的慈善组织，该组织每年接触到的案例仍有五千多起。[1]这些患者的经历似乎说明了当前的努力并不足够。护理人和患者提出，只有机构给予支持，他们才能得到满意的结果。

> B先生，71岁高龄，原本是一位健康且身体强壮的人，在2002年经历了切除食道癌的手术。手术过程中使用了鼻胃管。而术后家人明显发现情况有些不正常。B先生变得非常虚弱，经历五个月的病痛折磨后，离开了人世。而后家属要求院方对死因进行调查。医院回应称，在把鼻胃管从其体内拿出更换（违反了医学准则）时在B先生的胃上留下了一处伤口。虽然院长代表个人与医护人员对此事表达了沉痛的哀思，对于导致B先生死亡的过失本身却避而不谈。我们并不能确定未来有无措施来避免类似的过失发生，也没有证据证明B先生的家属有资格得到赔偿或应寻求独立的法律意见。[2]

多数调查针对的都是那些具有严重后果的案件，然而，尽管有建议称将患者和护理人纳入到患者安全行动[3]中会有所获益，一些医护人员却担心纳入进来
71 的人们可能会因调查而感到不安，进行投诉或提起诉讼。因而，即使发生了严重事故，患者和护理人可能还会处于信息封闭状态，而且如果不清楚院方将采取什么措施来处理问题，他们则会愈发愤怒并产生怀疑。

文森特和佩奇(Page)[4]称，在一个悲剧事件中，一位母亲和孩子死于一种罕见的未确诊的病症，而医护人员对死亡的应对被认为是及时且合理的。高级临床医师对这位失去妻子和孩子的男士进行了看望，他们表达了哀痛，承诺会进行一次全面的调查并向家属做出反馈。尽管那些医师在合理的时间内完成了调查，但院方还是有可能会被提起诉讼，而且来自上级组织的援助也受到了重重阻碍。此外，也存在一种担忧，即将报告结果告知这位家属会造成严重的耽搁情况。这些延误状况加剧了他的悲痛，最终他变得极度愤怒。在报告发布时，院方和这位家属的关系已非常紧张，他们之间的信任也遭到破坏。不久之后，他提起了诉讼。他的悲伤随之加剧，并发现自己非但没有得到该机构的支持，还与其陷入了

---

〔1〕 Action against Medical Accidents (AvMA), 2010. Online. Available HTTP http: //www. avma. org. uk/pages/about_ us. html (accessed 10 April 2010).

〔2〕 Ibid.

〔3〕 National Patient Safety Agency, *Seven Steps to Patient Safety*, NPSA, 2004.

〔4〕 Vincent and Page, “Aftermath of Error for Patients and Health Care Staff”.

僵局。

寻求道歉是普通的要求，但道歉是否有效则取决于时机、真诚度和致歉的人是谁。在对原谅情况进行的调查中，约翰·麦卡锡（John McCarthy）是位曾遭到过绑架的记者，他称那些曾对自己造成伤害的行为是可以得到原谅的，不过，如果自己亲近的人遭到伤害，那么是很难甚至有时无法对此做出谅解的。尽管相比之下，情况有很大的区别，但因有许多投诉或诉讼都是由护理人或患者提出，有一方面则需要引起注意，即那些想要帮助他们进行控告的人，也会产生愤怒和无助的情绪。相比于他人代理，患者自身提出的投诉更容易得到解决。

医护人员的经历

毋庸置疑，医护中产生的问题以及对此的应对方式致使患者和护理人陷入悲痛之中，有时甚至会导致这种情绪的极端化。与此同时，医护人员因服务的性质早已身处于紧张的氛围中，他们考虑到自己所做的过失以及随之造成的后果，同样痛苦不堪。我们除非了解了所有相关人员的经历，否则不可能明白为什么政策得不到全面的贯彻，或在未来需要何种政策。第二部分将探讨在这些情况下医护人员会有哪些经历。特别强调的是，影响人们应对疏离和谴责问题的心理过程将会受到重点关注。

医护人员对过错的焦虑

2007 年，对工作在内科、儿童科、家庭医疗以及外科的 3171 位医师[1]进行了调查，检验医疗错误对这五个部门以及他们的生活领域产生了何种的影响。医 72
师称对未来可能发生的过失越发担忧（61%），丧失自信（44%），入睡困难（42%），工作愉悦感减低（42%）以及事故发生后导致名誉受损（13%）。在他们触及严重过错时，这些医师因工作而造成的紧张情绪会有所加剧。此外，有 1/3 的医师仅参与到了险失事故中，他们也称有压力加重的感受。

> 实际上，每位医疗从业者都意识到自己犯了严重的错误是多么可怕的一种体验。你感觉自己被孤立出来无处可藏，本能地去观察是否被他人察觉。你苦苦思索应做什么，是否要告知他人，该讲些什么内容。而后，在你的脑

〔1〕 A. D. Waterman, J. Garbutt, E. Hazel *et al.*, "The Emotional Impact of Medical Errors on Practicing Physicians in the United States and Canada", *Joint Commission Journal on Quality and Patient Safety* 33: 8, 2007, pp. 467 ~476.

> 海中，这个事件一遍又一遍地自动回放。你对自己的能力表示怀疑但又惧怕被人发现。你清楚自己应该做出坦白，但又担心可能会受到惩罚以及引起患者的愤怒。你会过度留意患者或其家属的一言一行，懊恼过错发生的如此之快，如果你还未告知他们，就又会猜想他们是否已知情。[1]

医疗的本质就意味着过错会时有发生，但仍存在着一种期待，认为医护人员应有较高的水平且技术先进，因而能够避免不良结果的发生。培训强调无过错实践，因而每个人都努力做到完善，且无法接受失误的发生，这会被认为是个人品质上的漏洞。这些因素之间相互叠加，因为典范作用强化了这些观念，而且尽管患者安全政策和研究文献都认可即使是优秀的人也会犯错的观点，但在现实中，这种看法只是部分地被人接受。一位顾问医生认为，“在过去，我们被看作上帝，过错能够得到原谅；而如今，我们被当作技术人员，还被期望做到尽善尽美”。

对医疗专业人员来说，他们面临的压力很大，而且犯错被公认为是压力的一个主要来源。[2]同时，因过度紧张造成的苦恼情绪让人更容易产生过错，因而出现了恶性循环。[3]只有个人察觉到自己犯了过失，才有可能应对生活质量的降低、精力的过度消耗、抑郁症状以及换位思考能力下降等问题。

过错对医护人员的影响程度因状况而定。我们会发现，如果下列情况发生会加重他们精神上的创伤：

- 造成了严重的后果；
- 与患者关系紧密；
- 引起患者或其家属的产生愤怒或悲痛的情绪；
- 受到了同事的指责；
- 临床医师本次行医实践偏离了通常的操作程序；
- 医护人员倾向于自我批评；
- 缺乏家人、朋友、同事的支持；
- 医护人员不同其他人探讨自己的顾虑；
- 患者一方提出了投诉或诉讼。

---

〔1〕 A. W. Wu, “Medical Error: The Second Victim. The Doctor Who Makes Mistake Needs Help Too”, *British Medical Journal* , 320: 31, 2000, pp. 726 ~ 727.

〔2〕 J. Firth - Cozens and R. Payne, *Stress in Health Professionals* , Chichester, Wiley, 1999.

〔3〕 C. P. West, M. M. Huschka, P. J. Novotny, J. A. Sloan, J. A. Kolars, T. R. Habermann *et al.* , “Association of Perceived Medical Errors with Resident Distress and Empathy”, *Journal of the American Medical Association* , 296, 2006, pp. 1071 ~ 1078.

因犯错而引起的不良后果会加重医护人员的精神负担，也会强化他们同事的 73
消极评判。应对患者自杀行为[1]的精神病医生会认为自身也负有责任，而后会感到自责和焦虑。他们在家中会感到易怒，不能够处理好家庭问题，且睡眠状态不佳，常常心情低落。他们自身会受到自杀念头的困扰，而且在工作之外也表现得自信心不足。

临床医师在应对自己的过错时也不免产生愤怒的情绪，有时也会将责任归咎于他人，[2]归咎的对象可能是其他的医护人员，有时也会是患者。有些人会责备或是叱责患者或医疗队伍中的其他医护人员，有些会进行自我保护或是表现得麻木无情。长远来看，一些医师会因这样的经历而深受伤害，从而丧失勇气，心力交瘁或是沉迷于酒精与毒品之中以寻求安慰。正如吴所提到的，这其中很有可能涵盖了那些极易反思和敏感的同事。初级医生在重大过错发生之后对自身的感受进行探讨时，他们最可能描述的感受有懊悔、愤怒、愧疚以及认为自己能力不足。[3]少数住院医生称过错所造成的长期负面的心理影响，有一些产生于患者死亡之后，都可能引发逃避行为或令医师对自我职业产生忧虑。

存在许多不同的证据对公开信息是否能对医师提供帮助进行了论证。一些支持信息公开的人认为这减轻了医护人员的负担，让他们能不愧于良心，[4]沃特曼（Waterman）等人[5]发现，有些医师因向患者告知了重大过错而感到安心，但他们对痛苦的感受并不亚于那些没有进行信息公开的医师。甚至是对患者伤害很小或并无影响的过错都会对医师造成持久的影响：对比那些未进行披露的医师，对小过错或险失事故进行告知的医师表现的更为痛苦，“对披露内容表示愤怒的患者加剧了医师的忧虑情绪”。显然，在一些情况中，对过错的披露会容易令患者和医护人员产生激动情绪。公开政策是否会有利于医护人员的问题可能会反射出披露性质的优劣程度、[6]为应对事故发生所进行医护培训的水平，以及给予支持的多与少。

---

〔1〕 D. A. Alexander, S. Klein, N. M. Gray, I. G. Dewar and J. M. Eagles, “Suicide by Patients: Questionnaire Study of Its Effect on Consultant Psychiatrists”, *British Medical Journal* 320, 2000, pp. 1571 ~ 1574.

〔2〕 Wu, “Medical Error”.

〔3〕 Wu *et al.*, “Do House Officers Learn from Their Mistakes?”

〔4〕 Vincent and Page, “Aftermath of Error for Patients and Health Care Staff”.

〔5〕 Waterman *et al.*, “The Emotional Impact of Medical Errors on Practicing Physicians in the United States and Canada”.

〔6〕 Iedema *et al.*, “Patients’ and Family Members’ Experiences of Open Disclosure Following Adverse Events”.

吴[1]探讨了在事故发生后同事的应对方式所造成的影响。他指出，同事几乎不会给予无条件的同情和支持。而且他们带来的鼓励也常常有限且并非出自于情愿。严重过错发生后可通过坦白、赔偿以及宽恕的方式来应对内疚心理；然而，因缺乏适当的讨论平台用以实现在风险管理者和驻院律师之间的交流，这种方式并未得到推行。没有制度性机制来协助医师走出这一痛苦的经历。探讨病症和死亡率的会议针对的是医疗事实，而非患者或医师的感受。因此，难怪医师会想方设法来进行自我保护，其中一些人甚至出现失常的状态。

尽管系统方法得到改进，也存在推动文化氛围更为公平的转变，然而医疗同事给予的反对以及个人耻辱感依旧存在。彼得斯（Peters）等人[2]认为寻找替罪羊的行为起到了一种自我保护的作用。认为风险存在于护士或医生个人身上这种
74 观点暗示出，一旦行医的人因再次培训而离开、调任或解雇，那么风险就会因此而消除。将事故责任归咎于组织上的缺陷，例如不良的沟通、不完善的设备或培训，这种选择并不能提供慰藉，除非对这些漏洞得以进行应对和弥补。

医护人员对诉讼和媒体报道的担忧

和患者一样，医护人员也因诉讼而感到焦虑。在报告中，这一情况的普遍性远远超出了想象。一份英国的研究[3]发现，医疗行业中49%的高级外科医师和23%的主任医师都曾涉入到诉讼当中。澳大利亚的更新的一份研究[4]显示，60%的家庭医生曾被提起诉讼。

尽管患者安全措施不断增多，过去的三十年间，在应对诉讼的处理方式上却几乎没有多少改变。在19世纪80年代，查尔斯和同事[5]指出，超过95%的美国医师在冗长的诉讼程序中都经历了一段痛苦的过程，“开始时……会因事件后果造成的个人和经济影响而感到愤怒、震惊或惧怕。在这一阶段，会常常出现极度愤怒、沮丧、内在焦虑和失眠等状态。”而且，还会导致抑郁障碍、适应障碍

---

〔1〕 Wu，“Medical Error”.

〔2〕 J. D. Peters, S. K. Nord and R. D. Woodson, “Empirical Analysis of the Medical and Legal Professions' Experiences and Perceptions of Medical and Legal Practice”, *JL Reform*, 1985 – HeinOnline.

〔3〕 P. Bark, C. Vincent, L. Olivieri and A. Jones, “Impact of Litigation on Senior Clinicians: Implications for Risk Management”, *Quality in Health Care* 6, 1997, pp. 7 ~ 13.

〔4〕 L. Nash, M. Daly, M. Johnson, G. Walter, M. Walton, S. Willcock, C. Coulston, E. van Ekert and C. Tennant, “Psychological Morbidity in Australian Doctors Who Have and Have Not Experienced a Medico – legal Matter: Cross – sectional Survey”, *Australia and New Zealand Journal of Psychiatry* 41: 11, 2007, pp. 917 ~ 925.

〔5〕 S. C. Charles, “Coping with a Medical Malpractice Suit”, *Western Journal of Medicine* 174, 2001, pp. 55 ~ 58.

的产生，以及生理疾病的发生和恶化等情况。在19世纪90年代，英国的一份研究[1]表明，79%的主任医师因涉入诉讼程序而感到焦虑。诉讼本身影响到了工作，同时对生活和家庭关系也造成了更为广泛的影响。医师表示他们感到愤怒、愧疚和羞耻，一些人因此而失去自信。因关涉到医疗服务的经济因素，大约有五分之一的顾问医生有辞职的打算。当然该数据还不包括那些已经辞去工作的医师。

显然，患者安全行动还需做出更多的努力来减缓这种焦虑情绪。一份澳大利亚报告针对悉尼的566位家庭医生进行了调查，[2]其中显示，当前，参与医疗事故诉讼的医师极易产生精神问题，譬如抑郁和酒精中毒。与未收到诉讼影响的医师相比，他们在工作、社会和家庭生活中遭遇了巨大的创伤。在过去曾涉及过医疗法律行为的男性医师相对于无诉讼背景的医师更容易产生酗酒的倾向。即使那些行为已成为过去，相对于无诉讼背景的医师，他们还是更容易产生抑郁情绪和心理障碍。这些发现的其中一个局限是我们无法推断因果关系。我们不清楚诉讼是否引起了焦虑情绪，或随之发生的问题是否令医疗从业者更容易犯错或是被提起诉讼。

除诉讼之外，还包括了负面的媒体报道。并不是所有人都能理解一个事件的背后可能是医师无暇的职业经历，或悲剧的发生也许是不可避免的。有37%的索赔要求是在过错还未发生前就被人提出。[3]耻辱感充斥在医疗从业者对最初护理工作的感受之中：

> 我们生活在这样一个时代，即责备和惩罚在对不良事件的媒体报道中成 75
> 了核心话题。进行恰当的问责具有重要的意义，但我们也需思考这种责备和惩罚的行为是否能够介入过深。[4]

个人偏见与公平归责

在薄弱系统中的人为过错以及医师的不良表现都能造成医护的安全性缺失。相较于不良表现，前者造成的风险要大出许多倍。[5]要让系统方式得以实施，我

---

〔1〕 Bark *et al.*, "Impact of Litigation on Senior Clinicians".

〔2〕 Nash *et al.*, "Psychological Morbidity in Australian Doctors".

〔3〕 D. M. Studdert, M. M. Mello, A. A. Gawande, T. K. Gandhi, A. Kachalia, C. Yoon, A. L. Puopolo and T. A. Brennan, "Claims, Errors, and Compensation Payments in Medical Malpractice Litigation", *New England Journal of Medicine* 354, 2006, pp. 2024~2033.

〔4〕 L. J. Donaldson, "Lessons for the Health Field", *Journal of the Foundation for Science and Technology* 17, 2001, pp. 5~7.

〔5〕 Ibid.

们需要对复杂系统中的缺陷所造成的失误与个人能力不足造成的失败作以区分。[1]尽管有少部分医师和护士卷入到数量与之不相称的案件当中，但并不能借此对不良事件的高发率做出解释。此外，在一些情况中，经验不足的人被认为缺乏行医资格，但通常我们也会发现其他人在过去也犯过相同的错误。人们通常趋向于采取心理捷径来理解自己或他人的行为，因而造成这种区分更难以被做出。帕克（Parker）等人[2]总结出了促使形成评判或责备倾向的主要偏见类别，以及如果要营造公平归责氛围，在任何调查中都需了解的固有偏见。

主要的归因错误是对他人行为做出解释时，倾向于强调个人特征，譬如性格、智力或地位，却习惯于用环境因素来解释我们自己的行为。譬如，我会认为因为你是护士（地位）所以犯了过错，但我的过失却是时间过长（客观情况）导致的。第二种偏见是认为“所得即应得”这种观点。这让我们从存在不同可能性的结果中得到安全感。后果的严重程度越大，我们越可能会忽视专业人员的行为或决定，对其做出不称职的判断。在一次实验中，麻醉师如果被告知后果是永久的而非暂时有效，他们就会改变对医护适当性的判断。[3]一旦后果严重，护士会对过错加以更多的关注。[4]

如果产生了严重的后果，人们会认为医疗专业人员的行为更为危险且不当。[5]责任（归责）的评判更多一些，而恰当性的判断则并不顺利。[6]相较于过错或那些只遵守协议或准则却不顾后果的行为，偏离了常规实践的做法被认为更应受到指责。[7]而这一观点与那些致力于根源分析的人的相关性尤其大，他们接受培训，从而对偏离行为的次要收获（动机）进行观察。

认知偏见也会引起归责行为。[8]在一位同事被卷入不良事故的情况下，人们会通过同他人保持距离的方式来保护自己。其中一种策略是保持不切实际的乐观

---

〔1〕 D. Parker and R. Lawton, “Psychological Contribution to the Understanding of Adverse Events in Health Care”, *Quality and Safety in Health Care* , 12, 2003, pp. 453 ~457.

〔2〕 Ibid.

〔3〕 R. A. Caplan, K. L. Posner, F. W. Cheney *et al.* , “Effect of Outcome of Physician Judgments of Appropriateness of Care”, *Journal of the Americal Medical Association* 265, 1991, pp. 1957 ~1960.

〔4〕 C. E. Murier, “Understanding the Nature of Errors in Nursing: Using a Model to Analyze Critical Incident Reports of Errors, Which Had Resulted in an Adverse or Potentially Adverse Event”, *Journal of Advanced Nursing* 32: 1, 2000, p. 202.

〔5〕 R. Lawton and D. Parker, “Judgements of the Rule - related Behaviour of Healthcare Professionals: An Experimental Study”, *British Journal of Health Psychology* 7, 2002, pp. 253 ~265.

〔6〕 Caplan *et al.* , “Effect of Outcome of Physician Judgments of Appropriateness of Care”.

〔7〕 Parker and Lawton, “Psychological Contribution to the Understanding of Adverse Events in Health Care”.

〔8〕 Ibid.

状态，认为这种事情不会发生在自己身上，因而当同事犯错时，其他人否认自己也会陷入同样的不良后果中。吸烟者、心脏病患者、摩托车驾驶员等人认为自己 76
发生危险的概率较低，而这种情况显然是以上观点的一种表现。在不良事件发生的情况中，这种表现是，医疗专业人员认为如果自己是护理的医师，就不会有相同后果的发生。另一种方法是对自己的控制力进行假想，我们愿意相信相对于相近的其他人（譬如在经验、本领或工作效率方面），自己具备更强的控制力，因而可以避免不良结果的发生。这些偏见极大地降低了我们对消极事件的警惕性，同时增强了我们的冷漠应对态度。

因此，我们可预知，当事故后果严重或产生了偏离常规实践标准的行为时，同事可能会自我安慰，认为自己不可能遇到同样的情况，进而开始进行指责。这将会对个人造成影响：

> 在我是住院医师时，另外一位医师没能够识别出心包填塞的心电图显示，而后导致患者被紧急送往了手术室。这个消息快速传播开来，而这种事件不断在同事面前重现，他们对此难以置信，认为这是医师不称职的表现。[1]

对患者、护理人和医护人员的支持

组织信任

要回避逐渐产生的耻辱感，关键是在组织较深层面来增进信任。[2]心理学家已证实信任能够增进团队凝聚力和组织效力，是患者安全的核心因素，而且具备高度信任的团队更为经常性地上报过错。医护人员能够讲实情，有自信来承认过错而不是编造无过错实践的谎言，因而能够促使自身声誉的提高。[3]医师在重大过错发生后，通过某种方式或许能在实际中更容易做出有建设性的改变，而针对这一方式进行探究时，我们发现大量的讨论有导向积极改变的可能，尽管有观点认为存在评判的机构会导致防御式改变。[4]一位医师希望进行更多的讨论，这样“有一些我们经历过却未说出口的恐惧能够得以讨论和解决”。

---

〔1〕 Wu，“Medical Error”.

〔2〕 J. Firth－Cozens，“Organisational Trust：The Keystone to Patient Safety”，*Quality and Safety in Health Care* 13，2004，pp. 56～61.

〔3〕 Firth－Cozens，“Organisational Trust”.

〔4〕 Wu*et al.*，“Do House Officers Learn from Their Mistakes?”.

国民保健服务基本上不鼓励举报行为，有许多工作人员担心通过外部官方渠道提出不安全的医护问题可能会导致一些后果。[1]因而员工需能够增强自信，因在管理部门看来，他们并不应为同事编造谎言，而是应对患者进行保护，而且患者安全行动将会被认为是他们举报促成的结果，他们的声誉也会因诚实的上报行为而得到提高。

管理部门须不辜负期待，做到在组织中公开公正地处理过错，调查时做到谨慎、诚恳和敏感，避免上报人造成伤害，公正对待过错，用取得的信息来改善患者安全，并信任员工提供的数据具有准确性。[2]在一些信托机构，董事会的召开只起到了监管的作用而并未纳入到患者安全进程中。在对更安全的患者保护举措进行鼓励时，英国国会指出"董事会常常认为他们通过推动管理和监管进程能够在患者安全方面来履行职责，而实际上他们应做的是在服务方面做出切实的改善。"[3]他们提倡，董事会重点要做的是摒弃归责的习惯，引导员工积极主动去提升医疗安全性。借用弗斯·科泽斯（Firth - Cozens）的话，"信任虽脆弱却至关重要"。[4]

77

如果在组织层面能够表现出信任，让员工感到自信并受到支持，那么患者的需求就很有可能得到满足。目前，政策发展致力于提高公众信任，以便在患者自身的治疗和综合性服务方面与患者实现更为开放的沟通（e. g. *High Quality Care for All* , 2008; *NPSA'S Being Open Framework* , 2009）。相应地，如果员工受训并得到支持，政策更有可能得到全面的实施。这是在过去的十年间出现的一种重要转变。

实现与患者的无障碍交流

了解患者痛苦程度是重拾其自信的一个关键因素，许多患者从医护人员的共鸣和对其遭遇的同情中得到安慰。国民保健服务诉讼委员会在2009年5月发出的通告中已给予了证实，认为临床医师无需对如此行为造成的影响感到担忧：

> 如果临床医师提供的治疗造成了不良结果，那么无论出于怎样的理由，他自然也会很想去同情患者或患者家属；对这样的结果感到难过和歉意；并

---

〔1〕 Houses of Parliament, 2009. Online. Available HTTP http: //www. publications. parliament. uk/pa/cm200809/cmselect/cmhealth/ .

〔2〕 Firth - Cozens, "Organisational Trust" .

〔3〕 Houses of Parliament, 2009. Online. Available HTTP http: //www. publicationsparliament. uk/pa/cm200809/cmselect/cmhealth/ .

〔4〕 Firth - Cozens, "Organisational Trust" .

且为治疗出现的不足而致歉。对患者而言，他们自身或家属能够得到院方的诚挚道歉这一点非常重要。我们对此表示鼓励，而且还要强调的是致歉并不代表对其责任的认定。此外，我们的政策中并未规定仅仅基于这种道歉就可以有目的地来讨论赔偿问题。〔1〕

在对因医护而受伤的患者进行采访时，谈及到的一个共同话题是医护人员竭尽全力来应对他们的病症却忽视了询问患者的心理状况。〔2〕尽管《公开框架》中对“实际方面与心理上的支持”有所提及，所提建议却都集中在了实际问题方面或提供支持的人员身上。文森特建议医护人员应询问一些关键问题，如抑郁、愤怒或丧失信任等问题，而不必担心“会将事态恶化”，这种方式有效地提示了医疗人员应如何解决矛盾和表达关怀。

培训 78

成功进行披露的交流技巧具有独特性，因为它所涉及的问题可能会引起医疗专业人员以及患者或护理人产生情绪波动，并且可能致使医护人员陷入痛苦的状态。沃特曼的调查显示，只有18%的医师接受过关于如何对患者披露过错的课程或培训，而86%的医师比较或非常有兴趣接受这样的培训。为降低披露行为造成不良后果的可能，沃特曼建议患者安全专家和风险管理者应在进行披露时到场为患者解答疑问，并在之后询问医师进展情况，以及向医师给予专业的支持与肯定。

通过常规性地接受培训以应对一系列问题的发生，包括过失的披露、之后的根源分析以及潜在的诉讼请求，一些陌生的状况就能够得到妥善应对。国家患者安全机构的开放政策就是典范，其对在患者安全事故发生后与患者、患者家属以及护理人的沟通方面提供了指导意见。其提供的内容如下：

- 为医护人员设立的线上培训工作坊，包括了视频教程并可以进行行为人角色扮演；
- 电子学习工具：“公开框架”；
- 根源分析培训；
- 电子学习工具：国家患者安全机构提供的根源分析指南；
- 事故决策树。

---

〔1〕 NHSLA circular, released in May 2009. Online. Available HTTP http: //www. NHSla. com/NR/rdonlyres/00F14BA6 - 0621 - 4A23 - B885 - FA18326FF745/0/ApologiesandExplanationsMay1st2009. pdf .

〔2〕 Vincent, *Patient Safety* .

尽管譬如将患者安全纳入医疗课程、培训和辅导这样的举措以及文化氛围的改变都被认为能够减轻医师情感方面的痛苦，但却很少有研究来评估介入对医师进行支持所带来的影响。

患者和护理人的支持

受伤的患者能够从家人、朋友、同事、医师或机构当中得到支持。正如文森特所强调的，[1]最重要的支持有可能来源于那些参与治疗的人员。医护人员不会因愧疚、愤怒或困窘而回避患者这一点极为重要。一旦医护未达标准，患者须被转介给其他医师或医院；然而，如果事故得到了有效的处理，那么医患关系就能够继续维持下去，信任也将得以恢复。

在支持医护人员方面存在相对较新的文献，我们因而有可能形成一种观点，即认为我们已具备了完善的体制，足以获得患者和护理人的支持。然而，尽管在
79 应对事故方面只是取得了一些重要进展，却有人认为获得的支持已足够。如果没有近期对此所做的调查，这种介入措施有可能并不如想象的那么充分。

医护人员的支持

显然，有越来越多的报刊关注到了过错对医护人员所造成的影响，这说明了在文化方面，我们已能接受这样的事实，即医护人员会受到事故的影响且需要他人支持。

总体来看，团队成员、其他医师、家人和朋友给予的帮助可能最具普遍性且最有效果。同事是可贵的，因为他们明白负有这样的责任是怎样一种感受，他们的支持减缓了可感知的职业孤独感。朋友和家人在给予慰藉方面发挥了同等重要的作用。[2]然而，我们清楚同事不会总是保持客观公正，而且满足于这种临时方式也并不明智。在围绕员工对自杀的应对方式进行的研究中，[3]精神病医生认为有必要选择其他途径来获得更为正规的心理咨询或进行工作汇报。

同与患者交谈的情况一样，语言表达的敏感性很大程度上决定了会面会产生怎样的支持效果。一些信托机构回避谈及“过错”；而其他机构专注的是事件的内容而不是肇事者本身。

许多医师都经历过诉讼过程，其身份可能是专家证人或是被告方，而这种经历可以当作是一种支持来源。信息公开政策的举措对高级临床顾问的角色给予了支持。这些高级临床顾问将会通过以下方式来对同事提供指导和支持：

---

〔1〕 Ibid.

〔2〕 Ibid.

〔3〕 Alexander *et al.*, “Suicide by Patients”.

- 在初次讨论中对同事进行指导；
- 对流程提供建议；
- 在初次以及之后的讨论进行之前，可随时接受咨询；
- 协助初始团队并对会议进行质询；
- 指导针对同事的支持服务；
- 指导同事成为高级临床顾问。

心理咨询

因医护人员并非经常性地接收到个人的支持，[1]我们应开始考虑何种谈话治疗方式对于卷入事件当中的医护人员来说是可以接受的。美国和加拿大进行的研究显示，[2]多数参与到严重事故中的医师（80%）表示对心理咨询有兴趣，而且很少有医师（10%）认为医疗机构能提供充足的支持来帮助他们应对与过错相关的压力问题。然而，在支持服务得以提供时，却存在一些保留意见：医师认为难以抽时间去做咨询（43%）；担心咨询不会有所帮助（35%）；惧怕一旦被起诉，秘密就会泄露出去（35%）；以及害怕咨询的经历会被放置到档案当中 80
（34%）。此外，18%的医师担心因接受心理咨询而可能会受到同事的负面评价。

显然，许多医院都已具备专业的医师来提供支持，譬如顾问、心理学家和精神病专家，但多数不愿接受服务，其原因是对他们的能力和保密性表示怀疑，而且也存在个人心理障碍的原因，譬如羞愧、回避心理以及不愿暴露缺点。在医护人员认为对严重伤害或死亡事件负有责任时，有必要同外界进行沟通。[3]

由具有声望的医护人员管理的同侪辅导组可以成为为医师提供情感支持方面的一个典范；然而，对医师的支持虽存在，但在英国却并不经常得以应用。在美国，[4]同侪培训的创立是为了应对不良医疗事件造成的情感压力问题，而且他们还为布莱根妇女医院发起了一个互助团队项目，而后，这演变成了全院范围的行动。

医护人员的自我照护

以上提到的众多策略都强调了事后流程的处理，而韦斯特（West）等人[5]还

---

〔1〕 Waterman *et al.*, "The Emotional Impact of Medical Errors on Practicing Physicians in the United States and Canada".

〔2〕 Ibid.

〔3〕 Hirst 1996, cited in Vincent, *Patient Safety.*

〔4〕 F. van Pelt, "Peer Support: Healthcare Professionals Supporting Each Other after Adverse Medical Events", *Quality and Safety in Health Care* 17, 2008, pp. 249 ~252.

〔5〕 West *et al.*, "Association of Perceived Medical Errors with Resident Distress and Empathy".

提到了预防性或预备行为的重要性。首先，他们提议开展关于个人意识和自我照护的课程，用以提升策略以应对过错造成的情感伤害。他们认为这些举措具有必要性，但其发展却一直处于缓慢状态。其次，有必要实施规划，用以避免、识别和应对精力耗竭的状况，并加强医患之间的共鸣，提升医护人员和患者的福利。

结语

过去的二十年里，在对不良事件为患者、护理人和医护人员造成的情感伤害进行认可方面取得了长足的进步。政策常常提及支持患者与医护人员这一举措的重要性，并注重对框架（譬如，投诉、诉讼、患者安全七个步骤参考指南、根源分析、曼彻斯特患者安全框架以及信息公开框架）和培训（譬如，前瞻性培训和患者安全第一“操作”指南）的提供，以此形成一个一致有序的方式，来应对患者安全问题。我们取得了很多值得骄傲的成就；然而在一些方面，政策与实践之间还存在着差距。公开披露可能不会取得或不具备期待的效力。个人的情感支持可能会是一种漫无目的的方法。政策文件中的公平归责并不经常得到照例实行，有时责备还可能被动地妨碍了系统分析。一些患者感到有些失望。许多医护人员可能会习惯地做出防备姿态。对涉入诉讼的医护人员所进行的研究表明，他们的痛苦程度很深，此外，对同样涉及其中的患者和护理人却很少进行调查研究。

81 对待患者安全问题，已采取了行之有效的措施，而且有很多框架都具备着发展潜力。在情感应对方式的问题上，需要具备组织层面的信任，缺少这种信任，医护人员将不会有信心进行公开，而患者也不会受惠于恰当的公开举措和支持。此外，医护人员有必要接受深入的培训，而且这些培训计划需试行以检验效果。而针对如何向患者和医护人员提供最佳支持的问题，还存在很多探索的可能。最重要的是，我们会从落实的研究中受益，即观察这些举措是否发挥作用，为事故涉及的个人提供了支持。

6.

非谴责性事故报告制度：国际经验

乔汉·莱吉马特

导语

近年来，对于患者医疗安全性的关注度显著提高，医院及其他康复治疗机构都被要求建立一套安全管理体系。登记和分析事故（即一切意外情况）便成为这套体系的重要组成部分。其中，分析事故对于提高患者接受治疗的质量和安全性起到重要作用。其他领域，如航空业，也有类似的事故报告制度，而且从实践来看效果还是比较良好的。

让医疗执业者自愿对事故进行报告是极其重要的，而现在看来这种自愿性似乎已成为这些执业者职责的一部分。然而，尽管执业者被要求及时对事故进行报告，但实际情况却可能比想象中的要更难处理。医疗执业者不愿就事故进行报告的原因可能是多样的，包括担心他们所报告的内容会被用于把报告人作为被告的诉讼中。如果这种情况确实发生，汇报事故的自愿性必然会大大降低，其它领域的相关实践也证明了这一点。因此，有观点认为，一旦将医疗执业者报告事故制度纳入医疗质量保障体系，就应当赋予这些执业者一定程度的保护，以使他们意识到自己所报告的内容不会被用于医疗质量保障以外的用途，进而获得一种安全感。这也就是所谓的“安全报告”。此处的焦点问题不是患者安全，而是如何保护报告人使其免受那些针对其报告而采取的措施或诉讼。[1]

这又会引发更多社会和法律问题，包括患者的基本权利问题。患者有权享受

---

〔1〕 J. Legemaate, I. Christiaans – Dingelhoff, R. M. S. Doppegieter and R. P. de Roode, *Veilig incident melden——Context en randvoorwaarden* , Houten, Bohn Stafl eu VanLoghum, 2007; J. Legemaate, “Veilig melden van incidenten wettelijk regelen?”, *Tijdschrift voor Gezondheidsrecht* 32, 2008, pp. 99 ~ 104; A. C. de Die, *De toekomst van de Wet Big – Gewaarborgde kwaliteit* , The Hague, : Sdu Uitgevers, 2008, § 50.

高质量（以及安全）的医疗服务。而这就意味着建立高效的医疗质量保障体系，包括建立事故报告制度，这是符合患者利益的。然而事实上，患者在接受医疗服务时也有权获知与自己相关的信息。如果所报告的事故细节不能被用以检查或为第三方（包括患者）所使用，那么患者的这项权利就可能被损害。在这种情况
86 下，公众利益和患者的个人利益都有被危及之虞。这反过来可以让我们进一步讨论本文的基本问题——在医疗领域是否值得或是否有必要确立事故“安全报告”的相关法定条款？接下来，我将从国际化的角度出发来关注荷兰的相关发展，并从几个层面来解答这一问题。

国际发展[1]

欧洲理事会和世界卫生组织（WHO）等组织就建立“安全报告”的法律框架提出了建议，而相当一部分的国家也已经在医疗卫生领域建立了事故安全报告制度的相关立法。

世界卫生组织和欧洲理事会

2005年，世界卫生组织专门针对医疗卫生领域的问题发表了指导意见，其中就写道，“事故报告行为必须是安全的，而报告事故的个人不应受到惩罚或遭受报告带来的负面影响”。[2]世界卫生组织的指导意见主要基于如下两个出发点：

> 1. 患者安全事故报告制度的主要作用在于通过吸取医疗体系的失败教训来提高患者的医疗安全水平。
>
> 2. 报告行为必须是安全的。报告事故的个人不应受到惩罚或遭受报告带来的其他负面影响。

根据世界卫生组织的这一指导意见，2006年，欧洲理事会就“患者安全管理和防止医疗机构恶性事件发生”[3]提出了重要意见。这项意见强调，事故报告制度的主要目的在于通过从恶性事件和医疗失误中吸取教训进而增强患者安全性。其在意见中写道：

---

〔1〕 R. de Roode and J. Legemaate, *Juridische aspecten van perinatale audit* , Utrecht, KNMG/RIVM, 2008; J. Legemaate and R. P. de Roode, Veilig melden vanincidenten in de gezondheidszorg: voorbeelden van (buitenlandse) wetgeving, *Tijdschrift voor Veiligheid* 8, 2009, pp. 20 ~ 34.

〔2〕 World Health Organization, *Draft Guidelines for Adverse Event Reporting and Learning Systems* , Geneva, WHO, 2005, p. 10.

〔3〕 Recommendation (2006) 7, 24 May 2006.

> 事故报告和事故信息采集是十分有意义的，而只有当这些数据被加以分析和评估，且相关结论可以被反馈至涉及本事故的医疗执业者以及所有可能从本事故中吸取教训的人员时，这种意义才能更好地被显现。确定并处罚涉及患者安全事故的医护人员个人并不是事故报告制度的真正目的。

意见概述了为事故报告者提供法律保护的重要性，并强调通过这种方式可以使他们免受任何作为“报告唯一结果”的不利措施。与此同时，意见中又提到：

> 在完全不牺牲患者权利的情况下建立起患者安全事故报告制度似乎是非
> 常困难的。但是，如果公众愿意接受保密的、匿名的、非惩罚性的报告制 87
> 度，那么公众一定深信自己的法律权利和财产权利会受到保护。毫无疑问，公平公开的投诉制度、公正充分的赔偿制度以及高效可靠的监管制度将使得这一进程更为顺畅并且更容易在政治层面得到认可。推进一种“非谴责性”的报告文化并不是要削弱对患者有效的法律保护。

欧洲理事会的意见（2006）的核心观点

［事故报告制度］应当：

- 目的是非谴责性和公平的；
- 独立于其他监管程序；
- 按这样一种方式设计，即鼓励医疗服务提供者和医护人员对安全事故进行报告（例如，在可能的情况下，报告应当是自愿、匿名和保密的；）
- 建立机制——收集和分析当地恶性事件报告，有必要时可以收集地区或全国范围内的事故报告，其目的都在于保障患者安全；同时，资源的分配也应遵从此目的；
- 覆盖私立和公立的医疗机构；
- 鼓励患者、他们的亲属以及所有非正式护工参与与保障患者安全相关的各项活动，包括患者安全事故报告。

丹麦

作为丹麦卫生医疗体系2004的一部分，患者安全法案规定，事故报告者的相关信息只能提供给那些处理和分析报告材料的人员。其他人不允许获知报告者的真实身份。由此可以推断，上报的资料不能用于纪律处分或法律程序。与此相类似，有关公众申请信息公开的法律也不能作为准予公众获得这类上报信息的依据。在此背景下，丹麦立法的第6条规定，报告者不应受到来自雇主或监管者的纪律处分，也不应因报告行为而承担刑责。

88 美国

《美国患者安全与医疗质量提高法》（PSQIA）于2005年正式生效。该法案旨在建立“一种适当的平衡机制，一方面鼓励对有价值的信息进行报告并将这些信息用于救助生命，另一方面保证个人在适当的时候能够获得必要信息以寻求司法救济”：[1]

> 美国患者安全与医疗质量提高法向医生和其他医疗执业者保证，如果他们自愿向专业的患者安全保护组织报告事故信息，那么这些信息将只被用于提高医疗质量，且赋以豁免性及保密性。这一保护措施将鼓励医疗执业者去报告医疗事故，由此可以发现更多有价值的信息，并利用这些信息去探索纠正失误和改善患者病况的有效经验。我们相信，这一法案也将有助于减少由医疗失误引发的诉讼。医疗记录和其他现存数据来源中的相关信息仍然可以作为受损害的原告向法院提起诉讼的证据材料，目前的情况也正如此。[2]

患者安全与医疗质量提高法所提供的“豁免及保密保护”，适用于医疗服务提供者向患者安全保护机构递交的信息。这一法定保护主要关注可追溯的信息，即可追溯至某一特定机构或特定执业者的信息。该法定保护具体规定如下：

> • 不允许因针对医疗机构或执业者的民事、刑事或行政法律程序而索要相关信息，也不允许在上述程序中把相关信息用作证据；
>
> • 不允许把相关信息用于针对个人的纪律处分或职业失当行为程序；
>
> • 相关信息不涵盖于有关申请信息公开的相关立法（换句话说，信息自由法）中。

澳大利亚

在澳大利亚，1973年联邦健康保障法规定了联邦特许计划（CQPS）：

> 联邦特许计划为医疗执业者参与有效保证医疗质量的活动提供了重要保障。这对所有澳大利亚人——医疗服务提供者、患者、他们的护工以及全社会而言，都是意义重大的。因为这一计划有助于保证我们医疗质量达到最高
> 89 水平。[3]为了提高医疗安全及质量，有必要去审视到底是什么出现了问题，

---

〔1〕Congressional Record——House of Representatives, 27 July 2005, p. H6676.

〔2〕Executive Office of the President, *Statement of Administration Policy*: S. 544——*Patient Safety and Quality Improvement Act of* 2005, Washington: Executive Office of the President, 27 July 2005. Online. Available HTTP http://www.whitehouse.gov/omb/legislative/sap/109－1/s544sap－h.pdf (accessed 18 June 2010).

〔3〕Information brochure of the federal Australian government. Available at http://www.health.gov.au/internet/main/publishing.nsf/Content/qps－info (accessed 11 January 2011).

> 并寻找防止类似事件再次发生的方法。如果医护人员知道自己上报的信息不会依法向他人公开，那么他们更有可能去谈论自己犯下的医疗失误。公布医疗失误有利于确定促成错误发生的医疗条件，并推动医疗体系的重新设计进而创造零错误的医疗环境。[1]

澳大利亚联邦特许计划（CQPS）涉及一系列用以提高医疗质量的举措，包括“以医院为单位的同行评审程序，针对医疗事故或恶性事件成因的学术研究，以及医疗执业者个人的行为评价”。澳大利亚联邦特许计划提供了两种形式的保护，第一种保护是保护那些可追溯至医疗服务提供者或患者的信息，在将其用于一般的医疗质量保障目的时应保证其保密性。这意味着在原则上，那些“只能用作质量保障行动的结果”的信息不允许对公众公开，也不允许被用于法律程序。第二种保护是保证委员会成员在评估医疗服务质量并针对某些医疗服务提供者做出相关决定后，可以免受由上述医疗机构提起的民事诉讼程序。

荷兰的相关立法

荷兰医疗卫生领域至今未制订与安全报告相关的立法。然而在其他领域，有关“安全报告”的法定条款已经在航空法（Wet luchtvaart）和安全调查委员会法（Rijkswet Onderzoeksraad voor Veiligheid）当中有所规定。后者还可以适用于医疗领域的类似情况。[2]

航空法第 11. 25 条和第 11. 26 条规定了对航空行业事故报告者的保护，其中第 11. 25 条第 1 款又规定，如果通过报告的内容获悉非故意或过失违反法律规定的行为，那么国家无权对此行为提起法律程序，行政机构也无权对此行为做出行政处分。然而，这一保护规定不适用于重大过失行为（第 11. 25 条第 2 款）。根据同法第 11. 26 条的规定，公诉机关若想将从那些经过认证的质量管理系统中获取的信息用于刑事调查，则必须获得预审法官的授权。这一规定是国会下议院明确要求增加的，它认为原有法案为报告者提供的法定保护过于局限。根据航空法
第 11. 25 条和第 11. 26 条的规定，公诉机关发布民航（调查航空事故）指南 90
（Aanwijzing opsporing en vervolging bij melding van voorvallen in de burgerluchtvaart），[3]规定公诉机关所提起的诉讼原则上只限于涉及故意或重大过

---

〔1〕 Information brochure of the government of Western Australia. Available at http：// www. safetyandquality. health. wa. gov. au/clinical_ incid_ man/qualified_ priv. cfm（accessed 11 January 2011）.

〔2〕 Dutch Safety Investigation Board's April 2008 report on heart surgery at the St Radboud University Medical Centre in Nijmegen.

〔3〕 Government Gazette, 2006, 235. Instructions applicable until 30 November 2010.

失的案件。交通、市政和水利监察部门与公诉机关协商同意后，监察部门接收的报告如符合上述标准，将被移送公诉机关。在这类案件中，也不允许将报告中的信息用作指控报告者刑事违法的证据。然而，这类信息可能起到指示性作用，即借助此信息发现其他可用以指控报告人的信息来源。[1]报告中的相关数据也可以作为指控其他人（除报告者以外的人）的证据，这是不受任何限制的。

还有一点比较重要的是，在安全调查委员会做出的调查中，所有相关信息都会被公布，而且那些向委员会提供信息的人可以畅所欲言。在此背景下，安全调查委员会法第 69 条为那些在委员会调查过程中做出陈述的个人提供了保护。这项保护以禁止信息使用形式实现，即禁止使用委员会调查过程中所获得的信息。根据第 69 条，这类信息不能在刑事、职业失当行为或民事诉讼程序中被用作证据，也不能作为纪律处分、行政处罚或行政措施的依据。该项规定所涵盖的信息来源包括个人做出的陈述，通过技术手段记录的交谈内容（针对使用某种通讯方式交流的个人之间），作为委员会调查的一部分、与涉及被调查事件的人员相关的医疗或私人信息，在分析与调查相关的材料时所发表的观点以及委员会撰写的文件和公众根据其调查结果发布的报告。第 69 条所保护的信息只会有限度地反映在调查报告中，即只需达到分析事件细节或论证结论的必要程度。调查报告不会公布姓名、地址或类似可用来确定涉及事故的人员身份的细节信息（安全调查委员会法第 55.3 条）。最后，该法第 69.4 条还规定，受到第 69 条保护的信息不能通过间接的方式获得，如在诉讼程序中传唤安全调查委员会的代表作为专家证人或普通证人。[2]

荷兰的相关发展

2007 年，荷兰的部分医疗卫生组织合作撰写了关于安全报告的政策文件。[3]这一政策文件规定医疗服务提供方只有在成文法或判例法要求的情况下才
91 能被允许将记录的事故信息提供给第三方。该政策文件也被认为是对立法的一个替代性选择。在这个文件公布后，医疗卫生监管部门称，考虑到保证医疗执业者在自愿报告事故时“100%安全”的重要性，他们不会从医疗机构的内部事故报

---

〔1〕 在这方面的一项重要规定是《欧洲人权公约》的第 6 条，该条文在原则上防止某人被要求披露的信息在刑事诉讼中对抗该披露者（不归罪于你自己的权利）。但是，披露的信息可作为指示性的信息。The Public Prosecution Service's Instructions refer to the European Court's 1996 ruling in *Saunders*. 17 December 1996, *Nederlandse Jurisprudentie* 1997, p. 699.

〔2〕 Cf. the statutory protection afforded to members of quality assurance committees in the Australian CQPS.

〔3〕 荷兰皇家医学会、医学专家协会、荷兰 NVZ 医院协会、荷兰联邦大学医学中心、V&VN 医护人员协会和荷兰患者和消费者联盟签署了这一政策文件。

告系统中获取信息或使用该信息。[1]尽管公诉机关也被要求认可上述意见，但当时其并没有这样的打算。司法部长只在2006年12月对此作出了这样的回应：

> 一旦建立事故报告制度……逐渐细化，公诉机关和我将乐于……交换意见并讨论确立规范诸如提起公诉及索要信息等方面的相关政策性规定。[2]

2008年下半年，上述政策文件的签署方倾向于制定相应的法律规定，并将其纳入客户权利（医疗卫生领域）法（Wet Cliëntenrechten zorg）草案当中。[3]

这种从自律性规定向立法选择的转变在很大程度上要归因于从2007年末起至今判例法的发展。在这段时期内，法院做出的许多关于安全报告的裁决引发了这样的疑问——政策文件对于事故报告者的保护是否充分？例如，在2007年12月，兹沃勒-莱利斯塔德法院裁决，至于保护的问题，应当说患者（死于可能存在的医疗失误）的受抚养人（依然健在的）的利益要重于报告事故或处于紧急情况下的患者的利益。[4]在本案中，法官做出裁决的依据是因为死者的医疗记录没有得到适当保存。基于这些情况，法官裁决，只有允许健在的家庭成员从事故报告系统中获取信息才能保证其知情权。然而，2008年12月，在一起涉及责任认定的案件中，吕伐登法院通过从不同的角度来衡量各方利益，[5]并最终做出如下认定，可以说这个是一个比较果断的认定：

> 为避免医疗事故的重复发生进而提高医疗服务质量，在医院内部建立保密性的事故报告制度应当说对整个社会而言是非常重要的。尽管公布MIP（医疗事故报告委员会）的报告可能有利于当事人寻求个案正义，但法院认为，这一举措将会将事故报告制度置于极大的风险当中。如此一来，那些以后寻求司法救济的人将无从获得这类报告，MIP打算提供的这一医疗质量管
> 理工具也将丧失。因此，从长远看，上诉人希望获得的裁决所带来的唯一结 92
> 果将会是所有人都无利可图。[6]

---

〔1〕 J. Vesseur and G. van der Wal, "Inspectie geeft spijkerharde garanties", *Medisch Contact* 62, 2007, pp. 184 ~ 186.

〔2〕 Policy Document on Safe Reporting, 2007, p. 12.

〔3〕 Anonymous, "Wet clientenrechten zorg". Medisch Contact, *Medisch Contact* 63, 2008, pp. 1656 ~ 1657.

〔4〕 Zwolle – Lelystad Court, 20 December 2007, *Tijdschrift voor Gezondheidsrecht* 12, 2008.

〔5〕 Leeuwarden Court, 9 December 2008, *Nederlandse Jurisprudentie* 2009, p. 200, annotated by J. Legemaate; *Tijdschrift voor Gezondheidsrecht* 12, 2009, annotated by J. C. J. Dute; *Gezondheidszorg Jurisprudentie* 22, 2009.

〔6〕 胡本（见注释20）似乎建议法庭在允许患者查看事故报告时仍然留有余地，但是，考虑到法庭的结构，我认为这样做不太可能。

在2009年3月一起涉及责任认定的案件中，阿纳姆法院做出了中间审的判决，要求医院向法院提供事故报告。[1]医院在辩护阶段时表示反对，拒绝提供这类信息并提出了“安全报告”对于医院有效进行事故登记的重要性。随后，法院做出了如下裁决：

> 法院认为，在目前的诉讼阶段，在医疗领域建立有效的医疗质量保障制度极其重要，其重要程度已超越X的个人利益，无论这些利益有多急迫。我们已考虑到这样一个情况，即似乎X的医疗记录与所有涉案人员所提供的有关X在某晚接受治疗情况的证言之间并无太大出入。[2]

相比于吕伐登法院做出的裁决，阿纳姆法院所采取的策略与兹沃勒莱利斯塔德法院更为相近。总的来说，判例法中呈现的观点至今仍然缺乏统一性。这只会增加不确定性，使人们无法在实践中把握事故报告者到底能在多大程度上申请保护。反过来，这还可能对人们报告事故的自愿性产生消极影响。事实上，在兹沃勒-莱利斯塔德法院公布其裁决后，医疗卫生监察长就声明“多方面情况反映，这一裁决导致了越来越少的事故能得以报告”。[3]

“安全报告”的例外规定

正如此前所述，医疗机构执业人员报告医疗事故的制度关系到个体利益与大众利益。大众利益可以表现在多个方面。确保医疗质量保障体系的有效性关乎大众和公共的利益，而确保医院以外的当事人充分知情和参与严重事故的调查工作也关乎大众利益。前者强调报告者应受到保护，后者则不然。这也是为什么在现行的有关安全报告的规定中可能存在对报告者保护的例外规定。

有时例外规定是针对特定的刑事犯罪。尽管丹麦立法及荷兰安全调查委员会
93 法并没有包含类似的例外规定，但美国、澳大利亚的立法以及荷兰航空法都允许针对这类情形设定例外规定。上述立法中的例外规定主要涉及那些法院认为十分重要且无法通过其他方式获取的证据（如美国一案）和与“严重犯罪”相关的信息（如澳大利亚一案）以及涉及重大过失的情形（如荷兰航空法一案）。如果用于刑事诉讼程序中的信息可以成为例外，那么，将这一例外以尽可能严格的措

---

〔1〕 Arnhem Court, 11 March 2009, *Gezondheidszorg Jurisprudentie* 78, 2009, annotated by J. H. Hubben.

〔2〕 Arnhem Court, 8 July 2009, *Tijdschrift voor Gezondheidsrecht* 32, 2009, annotated by W. R. Kastelein.

〔3〕 G. van der Wal, “Veilig melden in de gezondheidszorg”, *Tijdschrift voor Gezondheidsrecht*32, 2008, p. 337.

辞加以限定则尤为重要。[1]2009 年 3 月的客户权利（医疗领域）法草案中有关涉刑情形的例外规定就没有达到这一标准。它的措辞相比上述的立法而言要显得更为宽泛，因而它与其他地方的立法发展都极为不同。[2]

另一项例外包括在荷兰现行的立法例中［医疗机构（质量）法（Kwaliteitswet zorginstellingen）第 4a 条］，它要求必须向医疗监察部门报告灾祸及紧急情况。尽管该法的相关规定没有具化信息的性质及其报告程度，但我们很难坚持，报告者或相关医疗执业者的身份不需要被报告。然而这并不是说，监察部门就不应当坚持只有在条件允许的情况下才能询问涉案人员身份的原则，进而尽其所能地确保灾祸和事故都尽可能被“安全”地报告。[3]

还有一种比较特殊的例外与患者或其家属的个人利益有关。正如上述案例所反映的那样，患者或其家属可能希望从医疗机构的事故报告体系中获取有关信息，并将其用于投诉或法律责任认定程序当中。判例法允许在患者的医疗记录未得到合理保存时适用例外。法院在这方面的做法是可以理解的：不管怎样，患者（或其家属）都是有知情权的。毫无疑问，患者有权知悉对自己有较大影响的事故信息。然而，问题在于，是否值得和是否有必要将这项权利与医疗事故报告制度相联系。似乎这样的做法会更为合理——不同于现在的通行做法，在法律中明确规定患者有权获悉有关事故性质及成因的信息，并且为希望实现该权利的患者创设更多的机会。一旦发生问题，患者便可以按法律的规定主张权利，而事故报告本身的保密性也不会受到影响。通过这种方式，患者的法律地位得以提高，而且这种成文法规定也有助于缓解前述欧洲理事会在意见（2006）中所提及的那种紧张状态（“在完全不牺牲患者权利的情况下建立起患者安全事故报告制度似乎是非常困难的”）。

规范“安全报告”：寻求平衡 94

规范事故安全报告制度的过程涉及不同利益的相互博弈，换句话说，建立有

---

〔1〕根据荷兰航空安全专家小组（DEGAS）的意见，刑法应仅适用于故意事件。As expressed in the report *Liever verantwoordelijk dan vogelvrij——De rol van het strafrecht bij luchtvaartvoorvallen*, Dutch Expert Group Aviation Safety (DEGAS), May 2009.

〔2〕See Article 11. 2 of the Bill, KNMG, 19 March 2009. Online. Available HTTP http：//knmg. artsennet. nl/Artikel/Reageer – op – het – wetsvoorstel – clientenrechten – zorg. htm (accessed 18 June 2010).

〔3〕这与《比利时安乐死法案》里规定的联邦审查委员会的做法一致。该委员会首先在不知道医生身份的情况下评估事故报告。只有在理由充分的情况下委员会才会被告知该医生的身份。

效的医疗保障系统与使用来自该系统的信息（至少有时候）以实现监管及使目的之间存在利益的冲突合规。正如欧洲理事会及世界卫生组织在相关意见中所提到的，有必要“在信息获取体系与责任追究体系之间建立防火墙”〔1〕的观点得到了广泛的认同。这意味着有必要将事故报告者保护的例外规定尽可能控制在一个有限的数量内。〔2〕制度中的例外规定越多，医疗执业人员主动报告的可能性就越低。这反过来将导致所有的人都无利可图，正如吕伐登法院在2008年的一起案件中所说的那样。我个人认为这说得很对。如果越来越少的事故能得到报告，那么就会有越来越多的索赔者无功而返，而医疗事故报告所提供的信息质量也将降低。鉴于其他法院的经验，强烈建议荷兰在医疗事故的安全报告方面制订成文法规定，尤其是考虑到近年来荷兰判例法上的各种冲突。〔3〕

有人也会提醒说，“非谴责性事故报告”制度可能会导致医疗执业者无需为自身行为承担个人责任。这当然不是我们想要的结果。然而，这不是一个“或”的问题，而是一个“和”的问题。即应当在“非谴责性”与“责任”之间寻求平衡。〔4〕这也是法律需要明确规定患者有权知悉事故性质及成因的其中一个原因，而其他的原因则可见于欧洲理事会意见7（2006）中。建立“公平公开的投诉制度、公正充分的赔偿制度以及高效可靠的监管制度”，都需要法律予以规范。通过这种方式，我们有望建立一种适当平衡的机制，既充分考虑所有关联利益（个体利益与公众利益），又保障所有基本权利（如知情权和获得优质医疗服务的权利）。

---

〔1〕 B. Runciman, *Lessons from Australia* , in S. Emslie, K. Knox and M. Pickstone (eds), *Improving Patient Safety——Insights from American, Australian and British Healthcare* , London: Department of Health, 2002.

〔2〕 W. Mariner, *Medical Error Reporting: Professional Tensions between Confidentiality and Liability* , Boston: Massachusetts Health Policy Forum, 2001.

〔3〕 J. Legemaate, “Veilig melden van incidenten wettelijk regelen?”; A. Molendijk, J. Legemaate and I. P. Leistikow, “Veilig melden moet in de wet”, *Medisch Contact* 63, 2008, pp. 228 ~ 30.

〔4〕 R. W. Wachter and P. J. Pronovost, “Balancing ‘No Blame’ with Accountability in Patient Safety”, *New England Journal of Medicine* 361, 2009, pp. 1401 ~ 1406.

7.

经济学视角下的患者安全问题

斯蒂芬·赫赛尔

导语

防止患者在接受医疗服务时遭遇不良事件的措施，包括将精力和资源从替代性手段中转移向他处。本文要探讨的问题是世界各国的法律制度应如何影响那些多样化但有限（短缺）的资源转向的预防措施。

美国一报告《人非圣贤，孰能无过》建议采用系统性和综合性手段来解决影响患者安全的各个层面的问题。[1]如此一来，报告讨论了过分依赖传统的侵权法律制度来保障患者安全的适当性。

解决患者安全问题的系统化手段需要对相关政策和实践进行系统性分析。因此，它也涉及提高一种相互依赖型的决策意识，即不同的组织、不同的个人，依托不同的社会制度（包括法律）形成决策合力。经济学视角强调系统化地考虑各种相互依赖的成本激励手段如何影响着多个决策者。

暗示将竭尽某种紧缺资源的决策可能预示着有益但高成本的结果，因此如果决策作出的时间适当延长，考虑更趋充分，那么决策将变得系统化。在不良事件的发生和采取预防措施防止其发生之间，任何似乎会影响成本的因素都可能演变为影响决策的成本激励手段。

至今为止，有关成本分析的实证证据比较有限且不够全面，甚至对于解决患者安全问题的成本效益决策或实践还具有一定的误导性。揭示不良事件总成本的醒目数据提醒了我们，这样的成本是巨大的且难以承受的，但这并不意味着应当

---

〔1〕 L. T. Kohn, J. M. Corrigan and M. S. Donaldson (eds), *To Err Is Human: Building aSafer Health System*, Committee on Quality of Health Care in America, Institute of Medicine, Washington, D. C. National Academy Press, 2000.

将有限的资源用于解决患者安全问题的新举措。[1]

系统化的评估方式，要求从优势和劣势（即损失与成本）的角度对所有解决患者安全问题的可行方式进行综合分析。这种做法的涉及面之广、复杂程度之高反驳了这样的假设——系统化的视角通常要求完全集中的决策程序。

98 协调资源争夺的法律制度

如果患者遭遇不良事件并由此产生了一定的成本，那么，此时世界各国的法律制度就是用来决定谁有责任承担此成本。所有接受医疗服务的患者都或多或少地面临着遭遇不良事件的风险。个人和组织都尽量选择避免承担这样的成本，因为所有的成本都将减少自己获得有限资源的范围和机会，更别说将资源用于更具吸引力的目的。

如果在决策者看来，预防措施比起对已发生的不良事件做出反应所产生的成本更低，而且不需要承担责任，那么，决策者将会采取措施尽力阻止不良事件的发生。有效地避免责任能够将成本负担转移给他人，因此转移成本对于有限资源的争夺者而言可能成为一项竞争性活动。单独的法律责任规则无法保证不良事件的风险及其总成本能有所降低。

法律制度只是世界范围内解决个体争夺有限资源使用权的其中一种社会制度；其他还包括市场手段、组织内部的层级制度以及国家行政制度。不同社会制度之间的关系是复杂的；它们可能相互补充，也可能在某些方面相互排斥，又或者一种制度可能替代（至少部分替代）另一种制度。

例如，个体医疗执业者不仅要遵循法律，还要遵循雇请他们的机构或组织内部（在私立或公立部门）的规章。此外，他们还可能受行业协会的规范。在医疗服务机构以外，后者的这类机构被认为是一种自律组织。如果这些规章规范可以奏效，那么法律工具或者说侵权法律工具也许就不需要规范得如此之广或如此之严格了。

在《人非圣贤，孰能无过》出版之前，就已经有人呼吁考虑能够替代传统侵权法律制度解决患者安全问题的更为有效或成本更低的手段。经济学家帕特里夏·丹泽曾驳斥，在有关医疗事故的案件中，法院作出的判决完全没有对行为人

---

〔1〕 M. M. Mello, D. M. Studdert, E. J. Thomas, C. C. Yoon and T. A. Brennan, “WhoPays for Medical Errors? An Analysis of Adverse Event Costs, the MedicalLiability System, and Incentives for Patient Safety Improvement”, *Journal of Empirical Legal Studies* 4: 4, 2007, p. 857.

的过失、判决的震慑效果以及患者招致的成本损失进行系统性的综合考虑。[1]

《人非圣贤，孰能无过》的出版的确讽刺了这样一些群体，他们倡导系统性转变，却又过分依赖于追究个人责任的法律规则并试图证明某一特定个人或机构本身是有错的。这样的机构被指责是在宣扬一种谴责性文化。[2]然而该文并不认为，一个简单的讯号或成本激励，只要能影响决策者致力于预防不良事件的发生，就能成为替代法院判决的有效手段。

与此同时，新西兰“不问过错”的替代性制度进一步说明了美国公众的接受能力，愿意放弃个体问责的人超过了那些坚持适用医疗事故法的人。然而，除了争议或个人价值判断的讨论，这一证据无法说明新西兰的患者安全问题因为这 99
一独特机构而得到了更好的解决。[3]

患者安全以及使用资源的准备

患者没有过错却因不良事件而遭受损害，令人痛心之余也触发了对加强患者安全保护的希冀。医疗服务引发的不良事件使得本已病重虚弱的人还要面临承受严重损害或成本代价的额外风险，这当中也可能存在一种道德责任。

然而，任何抵御不良事件潜在风险的措施都意味着决策者已经准备使用更多的资源（非常需要却又极其短缺）来保障患者安全。做这样的准备并不是无限次的，实际上可能是极其有限的。因为通常情况下，将短缺的资源用于提高患者安全性的成效如何似乎是不确定的。

人们总是同意接受医疗服务，即便自己可能因此面临不良事件发生的风险，这其实也证明了准备的有限性。许多人同意通过纳税资助其他人接受医疗服务，尽管近乎肯定的是当中的某些患者将遭遇不良事件，并且由此产生的额外费用也将通过税款支付。

资源可以被定义为：（为某人）所需要之物，并且该物也许可以用金钱直接买卖。当前不能用金钱买卖的资源也可以列出一张长单子，诸如融资渠道或支出预算，以及特定个人（包括临床医师）的服务提供资格。

---

〔1〕 P. M. Danzon, *Medical Malpractice*: *Theory*, *Evidence*, *and Public Policy*, Cambridge, MA, Harvard University Press, 1985.

〔2〕 House of Commons, *Patient Safety*, *HC* 151 – *I Health Committee Sixth Report ofSession* 2008 – 09 – *Volume I*, London, Her Majesties Stationery Offi ce, 2009, ch. 6.

〔3〕 M. Bismarck and R. Paterson, “No – fault Compensation in New Zealand: Harmonizing Injury Compensation, Provider Accountability, and PatientSafety”, *Health Affairs* 25: 1, 2006, pp. 278 ~283.

为患者提供的医疗服务需要多方面协调配合，涉及各种资源的使用。这些资源是由不同的个人和组织提供，其动机可能是复杂的。其中的一些动机可能与其他动机相冲突，这也许就是不同个体间争夺有限资源使用权的根源。

法律判决、法律诉讼的其他方面以及监管手段等替代性措施可能都会对患者安全问题产生影响，只是这种影响是间接的。即使监管规范对应达到的安全水平未作规定，他们也可能会尽力提高安全性。然而，单独的监管规范难以产生明显的效果，除非守规与违规之间的差异足够重要。判断的作出很可能受利益与成本考虑的影响。

通常许多资源都是以金钱为尺度进行衡量，却很少通过一种综合的方式以及获得认同的方式来评估。例如，医院为改善患者安全而使用的资源数量，如果通
100 过在资源上的金钱支出或者预算分配来衡量，那么其结果就不同于推动患者安全改善的所有人所承担的成本。即便以价值衡量，每单位所用资源的成本也不等同于每单位所获成果的成本。

任何试图预防潜在不安全事件的努力都会耗费资源，于是便否认了它们对于扩大医疗服务的总量、范围和提高质量所起到的作用。继续增加对预防措施的资源投入最终很可能会导致对安全患者服务的数量减少。几乎可以肯定的是，上述情况还没出现就会有人质疑说对安全的追求将限制对提供有效医疗服务这一总体预期的实现。

如果法规所规定的行为标准还不及实际发生的情况，那么不管怎样这类法规都是多余的。如果遵守法规仍然要承担过高的成本，那么这样的法规也是多余的。这种多余的监管活动以及对这种监管的回应都会产生一定的成本，而这将会是对有限资源的真正浪费；它们会由此缩减提高医疗服务有效性和安全性的措施。

与某种社会制度的存在相关的活动会耗费或改变一些紧缺资源，正如其他活动一样。例如，法律成本必然不止支付法院判决的赔偿金以及律师费。医疗服务的成本必然包括那些因维持组织运行而产生的费用以及那些对医疗服务的直接投入。

准确地估算某一法律制度的实施对患者安全的影响，就能够确定下一步投入到该制度实施中的资源能否发挥其最大价值。最有价值的替代手段可能是另一种保障患者安全的方式，也许这种方式并不会如此依赖于法律制度，而是依赖于其他的社会制度。

对于某一法律制度所产生的影响，其价值与成本之间的精确比较将揭示出该法律制度是否以价值最大化的方式对资源予以利用。这样的计数评估方式一直没有得到广泛的认可，很大程度上是因为明确将特定价值的计量与（不良事件的）

结果相挂钩通常是有争议的。然而，任何（针对患者安全问题的）决策的作出都暗示着基于结果确定的价值下限，因为这些决策都会产生一定的成本。

患者、提供医疗服务的个人和组织、提供公共管理服务的政府和个人以及现在既不是患者也不是医疗服务或公共管理服务提供方的纳税人，这些主体的重点意识并不是自然而然就走向一致的。这些不同群体所关注的重点有所不同，即使在同一群体内部，不同个体所关注的重点也会有所区别。有些个体还会在这些群体之间转移。

这些个体之间存在某些共同利益。这使得他们为避免个人出现更糟糕的结果 101
而达成协议或作出妥协的行为显得有所价值。然而，在个体对不同重点的随机选择面前，协议通常会变得不堪一击。

法律、社会制度与对价

产生于某一社会制度的决定，如从法律制度中衍生的判决，类似于以某种特定的方式为资源的使用所支付的对价。某一个体或组织可能因使用资源影响了他人而需要支付这笔代价。

对价可能直接以不同的货币形式命名，如罚金、法院作出的违约金或赔偿判决。政府作出的决定可能包括提供特殊财政给付，如支持某个体或组织的津贴。组织内部作出的决定可能包括部门预算限额的分配。

对价也可能以其他的、非货币形式命名，如限制行动自由，包括在某些案件中适用的拘禁刑。政府可能会调整投标行政合同的资格标准，而组织则可能改变聘用条件。这些非货币对价也许能以货币领域的某种尺度进行衡量或评估，尤其当这种非货币对价显然会使某人承担一定的经济后果。

根据某一社会制度设定的对价可能会受到他方施加的影响。例如，为组织（英国国民保健服务体系（NHS）成员）内的从业个人所设定的工作时间还受制于英国和欧盟政府法规等更广泛的权力。超时工作的结果可能导致不良事件发生的额外风险以及侵权法上的医疗过失之诉。

有些组织已经在呼吁降低欧盟限制工作时间指令（2009）的要求，因为他们认为要求医院快速转变以执行医疗执业者工时上限标准可能会减少所提供的医疗服务总量，并增加患者遭遇不良事件的风险。[1]

---

〔1〕 House of Commons, *Patient Safety*, ch. 10.

以市场价买或卖（一定数量的）某物的要约将形成一种激励或信号，它可能会影响他人对市场商品的需求或供应。然而，某些有需求的资源无法以市场价获得，即使人们认为它们应当可以。

某些情况下，市场价被故意压低，国民保健服务的患者和世界其他地区的私营或公营部门的医疗服务就面临着如此状况。在另外一些情况中，买卖双方似乎不可能达成某一市场价。无法就对价达成一致的情况可能源于各种技术原因或社会原因，即使交换的确发生，买卖双方也会保证一个净收益。这种失败的市场交易可能将患者安全视为商品并纳入交易当中，在这种情形下，改善患者安全的激励措施只能是非市场的，或者可能通过创设有效的市场价格激励来实现。

102 有时候，抑制以市场价交易的可能性也许有着冠冕堂皇的理由，但这种做法并不会降低活动（或变革）的成本，因为它们本身都要耗费资源。有人，可能不止一个人，将会承担那些成本并因此无法充分按照自己所希望的其他方式来使用资源。

将资源用以提供安全的医疗服务是需要支付一定对价的，而此对价的清晰明确将提高决策作出的成本效益，除非明确对价的过程本身就会产生费用。对价的清晰性与明确性至少可以加速计算成本和收入的进程，即使作出的决策仍有争议。

法律制度与多项成本交换

法律判决、法律诉讼的其他方面以及其他监管方式可能会影响决策者去预防患者遭遇不良事件（事前），而不是等着事故发生以后才作出回应（事后）。无论选择哪种方式，都会产生成本。而任何类型的成本都会妨碍紧缺的资源被用于首选目的。[1]

假设随着实现预防效果或事后应对目的的具体行动增加，预防的成本与应对错误的成本都同样遵循收益递减（法则）。如果真的是这样，那么当同一特定时间内预防性行动在增加，成本就会迅速上升；如果预防措施因此愈发有效，则事后应对成本将会下降。

相反地，如果预防性行动减少，那么事后应对成本将快速上升。当只有部分

〔1〕 G. Calabresi, *The Costs of Accidents: A Legal and Economic Analysis*, New Haven, CT, Yale University Press, 1970.

的预防行动加上可能只是部分地符合相关规范，预防与事后应对的综合成本将会减少。波斯纳等人认为，法院依据英国法对侵权过失作出的判决似乎是在试图减少事故和预防的综合成本。如果真的是这样，那么这些法律判决就体现了经济效益原则。[1]

作为证据支撑这种违反直觉的论断，美国勒恩德·汉德法官在1947作出的判决中融入了英国法的主要要素，并以此为框架讨论如何对过失中的注意标准进行法律认定。“汉德测试”通过平衡充分预防事故发生的负担以及事故的严重性来判断被告是否应受谴责。根据汉德测试，如果能够证明采取（更充分的）预防措施来避免事故发生是成本最低的解决方式，那么被告就要承担责任。[2]汉德测试十分类似于不同成本交换的概念，卡拉布雷西曾对此作出更为专业及精准的阐述。[3]

假设基于某些原因，预防与应对不良事件的综合成本增加，并且决策者已无
法完全控制。如果真的是这样，那么决策者可能会容忍成本的增加，也可能试图 103
缓解这一局面，通过减少成本或者重新分配不同种类的成本，包括那些由不同的人承担的成本。“成本转移”一词意指为减少某一决策者所承担的成本而增加他人应负担的成本。

个人决策者很可能会认为，降低成本和重新分配成本都遵循收益递减法则，正如上文所述。如果真的是这样，那么个人在作出决策时就可能会尽力通过采取成本转移的措施（而不只是单独的减少成本）来降低总成本。

假设在那样的情形下所有决策者都有意无意地作出折中的选择，即降低消除不安全事件潜在可能性的总成本。如果真的是这样，那么可能出现的情况是大部分的决策者将会承担部分额外的成本，而大部分的患者将会承担面临不良事件的额外风险。

如果每个人都能被说服尽量少地将成本转移给他人，那么对大部分决策者，包括大部分患者而言，风险和成本都会降低。然而，如果要通过达成并维持协议的方式来实现这一目的，则成本可能会非常之高。

成功的做法应当是在遵守规则的问题上维护相互间的信任。企图成为少数决策者（其中可能包括部分患者）的一员进而从成本转移中获利，这种诱惑又被称为寻租行为，它的吸引力可能会超过追求更具合作化的整体效果。

---

〔1〕 R. A. Posner, *Tort Law: Cases and Economic Analysis*, Boston, Little, Brown & Co, 1982.

〔2〕 United States v. Carroll Towing Co., 159 F. 2d. 169, 173 (2d. Cir. 1947).

〔3〕 Calabresi, *The Costs of Accidents*.

法律制度与成本转移

当需要决定如何应对患者遭遇不良事件的风险时，法律诉讼的各个方面以及其他的监管手段影响的可能都是个人或代表组织做出的成本转移行为，而非成本降低（或成本容忍）行为。

如果在认定不良事件相关责任时，证明不存在过失或达到经同行认证的医疗执业标准不再是有效的法律抗辩，那么，它们也无法再用于转移意外伤害实践成本至其他临床实践者，或其他患者、雇主或纳税人。同样地，如果组织预算分配决策或达到经同行认证的医疗执业标准不再是有效的法律抗辩，那么它们也无法再用于转移成本至其他组织，或其他患者、个人医疗执业者或纳税人。这样的改变也会减少医疗组织同行认证指引、投诉程序或更宽泛的风险管理计划中成本转移的可能性。

决策者即便深知成本转移将对他人造成何种后果，也还可能会这样做。而事
实上，这样的行为更可能是在了解不充分（尤其是不了解降低整体成本策略的优
104 势）的情况下做出的。如果在公开市场或计划手段下，引起这种未知的结果都是
有对价的（根据其对他人造成多大的影响来确定），那么决策者将更倾向于采取整体成本降低的策略。更广泛地宣传成本转移引起的具体后果，可能会促进决策方式的转变。宣传同样是一项花费巨大的活动，至少对某些人而言是这样，但其本身不会成为促进成本转移行为减少的成本激励措施。

法律制度与监管俘获

以某一法律案件为例，分析其中对患者所遭遇的不良事件进行法律认定的情况，这是特定监管者主导下的一种惯常的游说形式。监管者可能会通过书面行为及解释，或其发布的相关权威判断来主导这些游说活动。针对每一个目标发起的行动可能会产生显著的利好效果，但无疑也是极费成本的。很显然，这样的活动也会成为成本转移的一种方式。

在监管者看来，比起游说法官对某一案件作出某一特定判决，为变革进行游说通常是一项更为长期的资源投入，这耗费的成本也是极大的。然而，享受这些活动产生的大部分利益的人可能是发起者以外的个人或组织。

用于构建和执行监管措施的信息至少部分是来源于那些监管对象提供的数

据。监管者通常无法完全确认这些数据的准确性。例如，关于患者为什么会遭遇某一不良事件的证据，包括直接参与该事件的医疗执业人员所提供的陈述。关于是否符合同行认证执业标准的证据，则包括医疗同行提供的陈述或意见。

因此，高成本的游说活动会产生监管俘获，即判决可能受某些信息影响，而这些信息将使得案件结果过分不利于可能被认定为有责的人。因此，监管程序的转变，即弱化对监管对象所提供的数据的依赖性，可能会影响责任认定并由此影响患者安全保护。然而，能够替代这些高成本的数据并成为判决依据的信息来源，仍有待探寻和使用。

法律制度与可预测的结果

对于与不良事件责任认定相关的所有当事人，与判例或现行法例相一致的法律判决通常意味着一定程度的可预测性。更高程度的可预测性将使得作出判决的过程更为简单、成本更低，不管判决结果会产生多大的成本。

可预测性应当会降低数据加工成本（包括加工过程中的出错成本），也会减 105
少对特定判决结果意见不一致的情况。然而，个人价值判断总是会影响对某一事物的解释和评估。如果简易性意味着更多的个体对自己预测的判决结果有信心，而不需要听从他人预估的结果，那么，他们也可能会更有信心继续坚持他们自己对于判决选择的不同意见。

相比于复合责任原则，关于严格责任和全部责任原则的说明通常更加清晰，尽管任何原则在特定案件中适用的结果都不具有较强的可预测性。法院判决的固定性和灵活性相结合可以断绝不可预测性的一个来源。然而，弹性对价也会妨碍制度本身做出建设性调整以适应不断变化的实际情况或重点。

对于涉及使用有限资源的判决，尤其是对于那些针对新型行为、先前几乎没有判例的判决，掌握证据的有限性为这些判决结果的其他不确定性增加了不确定的数据解释。然而，即使是不完美的证据，其都可能减少针对某一特定判决优劣（包括成本）的争议。

法律制度、患者安全与保险产品

法律制度可能会影响保险产品对于管理医疗服务风险的可行性。有人说，在美国，将所谓的医疗事故危机看做保险市场危机可能会更加合适。据观察，在侵权法律改革的压力期（有时不同于医疗服务改革）恰好碰上责任保险费用的异常大幅增加以及其可适用性的降低，尤其对医生而言。[1]

如果没有保险产品（“保单”）作为经济支持，某些人可能会因为不良事件而承受更重的代价。只有当集中许多个体面临的某些不良事件风险能够吸引人们以某一协议价（“保费”）购买和出售保险产品时，这些产品才能在市场上发展起来。

保单要抢占商机，就必须某一特定个人申请索赔的可能性看起来很小却又不可忽略（如投保人中只有少部分会申请索赔），而且不良事件可能产生的后果看起来十分严重但又非无所限制。除了这些参数，买方或卖方可能会认为协议价（甚至是部分险的协议价）过高，除非第三方可以通过某种方式对此给予补贴。

在一些医疗服务机构（如英国的国民保健服务看护所）中，如果患者所遭遇的不良事件是由该机构的医生或其他员工引起的，那么，该机构将为此承担责
106 任。这样的制度安排，在那些受该制度约束的人看来，具有补贴型、监管型保险的性质。英国近年来发展起来的看护所医疗过失计划（CNST）就是这样一种制度安排。该计划延伸了内部监管性保险原则的范围，使得国民保健服务这一复杂组织内的大量成员机构能够成为一整体。

覆盖患者不良事件后果的保险与那些覆盖监管后果的保险（法律诉讼或法院判决）有所不同。如果小部分的个人或组织承担法律责任的风险是日益增加的或更具可预测性，那么，由此可能增加以某一协议价（保费）发生的保险供需。

如果显然大部分利益相关方都面临这种日益增加的承担法律诉讼成本的风险，那么，保险提供方可能就不会认为满足增加的保险需求会具有商业吸引力。对于不涉及法院的监管手段，如果其成本或可预测性增加，那么同样会出现上述情况。在不涉及法院的情况（包括判决前和解）中，比起那些受到影响但又更远离相关信息的人，其可预测性对于监管者和监管对象而言可能会更高。

个人或组织在承担不良事件后果的问题上受保险程度越高，那么，成本激励对于推动受保人阻止不良事件发生所能发挥的作用就越小。对应承担成本的敏感度降低可能会导致更多不良事件的发生，并由此增加总成本。受保人对成本敏感度的降低也会弱化以可负担的保费提供保险的商业激励性（经济学家将这一问题称为“道德风险”）。

部分险将不良事件产生的部分成本留给投保人承担。购买部分险的费用比购

---

〔1〕 W. M. Sage, “The Forgotten Third: Liability Insurance and the MedicalMalpractice Crisis”, *Health Affairs*23: 4, 2004, pp. 10 ~ 21.

买全险的费用要低。部分险也许还能起到成本激励的作用，即鼓励人们尽力阻止不良事件的发生从而减轻大部分人的成本负担。

有关患者安全的法律或其他规范的可预测性越高，那么，个人或组织虚报自身承担责任成本的风险的可能性就越小。对于那些意图购买保险的人而言，瞒报这种风险是受某种成本激励的驱动，他们希望以较低的保费（价格）购买保险。然而，这种虚假申报行为将减少保险产品的总供应量。对于应就何条款与每个投保人都达成一致的逆差选择使得提供保险产品难以维持其商机：支出比收入要高，因为作为收入来源的保费由于风险误报而偏低。

在许多国家，患者为自身可能承担的法律诉讼成本投保的情况还是相对较少的。然而，这种情况却是很常见的——考虑赔偿判决的幅度以及患者所承担的成
本大小时，也会考虑政府的福利支出以及支持诉讼的法律援助。事实上，接受福 107
利支出的规则使得某些患者无法获得侵权法上的救济，正如新西兰的“不问过错”制度。[1]

在这种情况下，可用的福利支出实际上是一种部分险。这种福利支出不仅有益于患者，还有益于任何被明确认定应对（患者所遭遇的）不良事件所产生的成本承担责任的人。福利支出的相关规定，加上法律赔偿或赔偿判决的可能性，可以被理解为代表了特定个体提起的高成本诉讼对纳税人通常产生的有利影响。

法律诉讼，尤其是其中的法律判决，为公众理解不良事件发生后如何认定责任程度以及承担法律责任的成本提供了有用的信息。如果案件因为过高的法律成本或其他原因而没有诉至法院，那么，阻碍信息流通可能是庭前和解的劣势之一。对不良事件的充分披露被认为是“不问过错”制度优于传统侵权制度之处。所谓的充分披露应包括披露谁承担了与此类不良事件相关的什么成本。

法律制度与有关患者安全的系统性视角

正如《人非圣贤，孰能无过》所阐述的那样，系统性视角强调存在于决策作出的过程及其结果中的一种相互依赖性。比起设计单独针对系统某一部分的策略，设计一项全面的系统性策略显得更加复杂，而且成本更高。如果系统内的相互依赖性较为普遍，且比各部分内的相互依赖性要明显得多，那么，系统性或整体性策略可能会更具成本效益，并由此证明所有额外的初始成本都有其价值。

---

[1] Bismarck and Paterson，“No－fault Compensation in New Zealand”.

在设计系统性策略时不对它的结果或结果如何产生进行全面规定，这也许能减少上述成本的产生。这种做法要能奏效，就必须依赖于一系列复杂的决策，具体而言这些决策是在缺乏严格限制之下，由多个个体依据其无法预测却又受其相互兼容的动机所驱动的情况作出的。

这类策略应当侧重于促进本来独立的买卖双方之间建立新型市场，而不是发起那种完全官僚主义的、规则导向的举措。买方和卖方都可以自由挖掘自己的优势。这种新型市场可能伴随着某些官僚因素，这不仅是为了维持市场的延续，还是为了影响买卖双方的动机进而影响他们决策或行动的结果。

实现患者安全核心目标的策略，不同于那种没有明确目标但旨在实现患者安
108 全预期和其他结果整体优化的策略。前者要求采取利于目标实现的措施，后者则强调对行为规则的遵守。

在医疗投入、医疗质量与安全保障的系统性决策方面，集中化与分散化程度的不同配比在不同地区多年来形成的制度安排中也有所反映。大致按集中化程度递减的次序，分别为英国（主要由国民保健服务主导）、新西兰（包括合作性的“不问过错”制度）和美国（过度依赖于传统侵权法律制度）的相关制度。总的来说，澳大利亚的做法更接近于美国，而加拿大的做法则体现了集中化与分散化因素更为复杂的交叉。[1]在各地区出现的主要情况中（尤其是当不同的文化特征已包含在这些情况中），不同制度类型的混合对于医疗服务而言可能更具成本效益。

在决定哪种策略可以对患者安全保护产生最优效果时，过度依赖于集中化的决策方式需要有效获取和加工数据的广泛而集中的权力。相比于单一个体或单个分组的人作出决策的情况，多个个体共同作出决策时并不需要那么多地获取和加工数据。相反，其需要依靠某些使多人决策产生良好的整体效果的措施。

个人决策者追求那些弹性的，仅与基础效果间接关联的简易的、显著的目标，这可能有利于形成良好的系统性决策模式。然而，如果他们严格地遵循这一做法，而目标与基础效果之间的因果关联又较为模糊，那么，随着意外情况的出现，其产生逆反效果的风险将会增加，采取有益的创造性举措的机会也可能丧失。例如，为达到缩短候诊时间的目的，通常无法对情况较复杂特殊的患者给予更长时间和更有效的咨询。

---

〔1〕 J. M. Gilmour, *Patient Safety, Medical Error and Tort Law: An International Comparison, Final Report*, Health Policy Research Program, Health Canada HPRPProject Number 6795 - 15 - 203/5760003

对医疗机构内部以及医疗机构和其他社会组织之间的个人责任进行划分和界定，可能有利于简化个体决策的作出。然而，这会导致成本决策与有效性决策（应对不良事件的风险）之间逐渐地相互疏离。这两种类型的决策还会逐渐疏于考虑这样一个问题——某特定应对措施的有效性是否足以超过其使用有限资源所耗费的成本（这些资源也许可以有效地用于其他途径）。[1]

实践中最为有效的决策方式也许是那种采取整体性视角的方式，这种方式可能会考虑所有影响患者安全的系统性决定因素。然而，如果对于那些潜在影响较大且应得到高度重视的系统，这种方式还能够考虑其具体决定因素，那么，它的有效性将会更加显著。对于那些与其他因素及整体间的相互依赖性较为有限的决 109
定因素，其可追踪性很可能会更强。

独立决策和执行的多个措施之间可能会出现重复或互不兼容的情况。如果是这样，那么，它们总体上无法实现对有限资源的合理利用。个体决策者同时设定的目标必须相互兼容，追求系统的整体效果。为了保证整体效果的合理优化，需要采取那些结合不同个人、不同组织的决策程序并具备成本效益性的方式。

结语

采取有效措施以预防患者遭遇不良事件，将会使有限资源从其他用途中抽离，其中包括提供高风险却又通常高效的医疗服务。有时候，医疗服务的风险越高，其有效性越强。面对资源用途上优先选择不一的情况，无论是单单通过个人独立决策还是明确规定政策性规则和行为规则的方式，都无法保证不良事件与预防措施之间达到预设的平衡。系统性的成本激励措施一方面采取了集中化的设计，另一方面为应对新情况的出现保留了因地制宜和采取创造性措施的自主裁量权。这种方式也许是患者安全保障措施中的必杀技。在其他非集中化的社会制度中，侵权法与市场对价可以简化针对患者安全的监管体制（否则，这种体制将变得更加复杂、成本更高）。对于那些预防和容忍患者在接受医疗服务时遭遇不良事件的系统化、相互依赖的成本激励措施，所有个人决策者都应予以注意。预防的成本相对较低，故第一步应当是在效率性风险和安全医疗服务之间实现平衡。

---

〔1〕 Mello *et al.*，“Who Pays for Medical Errors?”

8.

二级护理中的患者安全问题

阿什·萨曼塔与乔·萨曼塔

111 ## 导论

三十多年前，伊万·伊里奇就曾提醒公众注意医疗致损的问题。他在专著《医疗报应》中以有关手术副作用和药物致害的详细统计资料为依据，抨击了西方医疗的弊端。[1]

正如新闻报道和已公布的报告所反映的那样，医院提供的临床治疗对患者而言实际风险重重。中部斯塔福德郡看护所[2]和梅德斯通与坦布里奇韦尔斯看护所[3]在医疗工作中的缺漏也从客观上证明，有必要采取充分的措施为患者提供更为安全的医疗服务。在二级护理中，意外致损发生的风险很高，而提交给公共卫生委员会的相关数据也反映了有10%的入院患者可能在其住院期间遭受过医源性伤害。[4]而且，上述情况实际发生的概率可能更高，因为文件记录可能低估了恶性事件的真生发生情况。[5]很清楚的一点是，患者安全事故所造成的精神损害和财产损害都是

---

〔1〕 I. Illich, *Limits to Medicine: Medical Nemesis, the Expropriation of Health*, London: Marion Boyars Publishers, Ltd, 1999.

〔2〕 R. Smith, "NHS Targets 'May Have Led to 1,200 Deaths' in Mid – Staffordshire", *The Telegraph*, 17 March 2009. Online. Available at http://www.telegraph.co.uk/health/healthnews/5008442/NHS – targets – may – have – led – to – 1200 – deaths – in – Mid – Staffordshire.html (accessed 30 December 2009).

〔3〕 BBC News, "Hospital Bug Deaths 'Scandalous'", 11 October 2007. Online. Availableat http://news.bbc.co.uk/1/hi/health/7037657.stm (accessed 30 December2009).

〔4〕 House of Commons Health Committee Patient Safety, Sixth Report of Session 2008 – 09, HC 151 – 1, 3 July 2009, London: The Stationery Office. Online. Available at http://www.parliament.the – stationery – office.co.uk/pa/cm200809/cmselect/cmhealth/151/151i.pdf.

〔5〕 P. Michel, J. I. Quenon, A. M. de Sarasqeta *et al.*, "Comparison of Three Methods for Estimating Rates of Adverse Events among Hospital Patients in Acute CareHospitals", *British Medical Journal* 328, 2004, pp. 199.

巨大的，其可能影响到患者及其亲属、其他患者、医疗执业者、医疗组织甚至更为广泛的公共利益。[1]

二级护理环境之复杂为医疗失误的发生提供了沃土。恶性医疗事件总会发生，而要消除所有的人为错误即使不无可能，那也是非常困难的。国家患者安全机构(NPSA)[2]所收集的数据以及世界卫生组织[3]从全球各地获得的数据都说明，二级护理中的医源性损害主要包括诊断错误及延误、用药及治疗失误、医疗器械的技术缺陷以及医院内部的交叉感染。不同类型事故的发生概率有所不同，但其主要特征是十分突出的。

本地区（及其他地区）在一段时间内也意识到了提高医疗环境安全度的必要性。英国唐纳森爵士在2000年主持编撰的标志性报告《带有记忆的组织》实质上将患者安全保护提上了日程。[4]此后不久，《为患者建立更为安全的国民保 112
健服务：执行〈带有记忆的组织〉》一文详细阐述了卫生部的患者安全保护策略。[5]多个阶段性报告紧随其后，诸如《安全第一》[6]和《给患者一个更安全的归所》[7]。它们都强调创造安全的医疗环境以避免患者在二级护理机构中受到伤害具有核心重要意义。这些报告反映了偶然性错误与系统性缺陷经常重复发生，甚至是在同一家医院重复发生。如果能够进行及时的发现和干预，这些事故中约有一半都是可以避免的。

本章考虑在当代二级护理环境中患者安全的首要主题并关注能够导致（可避免的）伤害的问题。重点主要关注于由系统故障而不是个人过失导致的违法犯罪。法律和政策近来已提出的改变被认为是可能的前进方向。

---

〔1〕 C. Vincent and L. Page, "Aftermath of Error for Patients and Health Care Staff", in B. Hurwitz and A. Sheikh (eds), *Health Care Errors and Patient Safety* , Oxford: Wiley - Blackwell, 2009, pp. 179 ~ 192.

〔2〕 S. Scobie and R. Thomson, *Building a Memory: Preventing Harm, Reducing Risksand Improving Patient Safety* , London: National Patient Safety Agency, 2005. Online. Available at http: //www. nrls. npsa. nhs. uk/resources/? entryid45 = 59797&q = 0% c2% acbuilding + a + memory% c2% ac .

〔3〕 World Health Organisation, *International Patient Safety Event Classification* , Geneva, WHO, 2006.

〔4〕 Department of Health Expert Group, *An Organisation with a Memory* , London: Department of Health, 2000.

〔5〕 Department of Health, *Building a Safer NHS for Patients – Implementing an Organisation with a Memory*, London: Department of Health, London, 2001. Online. Available at http: //www. dh. gov. uk/prod_ consum_ dh/groups/dh_ digitalassets/documents/digitalasset/dh_ 098565. pdf

〔6〕 Department of Health, *Safety First: A Report for Patients, Clinicians and Healthcare Managers* , London: Department of Health, 2006.

〔7〕 National Audit Office, *A Safer Place for Patients: Learning to Improve Patient Safety* , London: National Audit Office, 2005. Online. Available at http: //www. nao. org. uk/publications/0506/a_ safer_ place_ for_ patients. aspx? alreadysearchfor = yes.

创造一个更为安全的二级护理环境

重视安全的文化

如今，为了能在医院内实施有效、持续的患者安全保护策略，组织文化建设被给予了越来越多的重视。[1]当然，要保证这种文化得以产生积极的影响又总是依赖于医疗执业者的个人行为。

改变一个组织的文化极其困难，但绝非不可能。[2]麦卡锡与布卢门撒尔对六家积极推动内部安全文化建设的医院进行了深入调研，结果发现自上而下型和自下而上型的方式十分有效。[3]自上而下型是指，将政府作出的政策或指令往下通过医院高层传导至一线医护人员，进而推动医院文化的转变。这种方式具有非常积极的影响作用。在被调研的医院组织中，森塔拉诺福克通用医院成功利用一种综合性的策略促进了内部组织文化的转变。相比于自下而上型，这种方式尽管有效，但需要耗费大量时间和资源，尤其是在获得医院高级管理层的认同方面。

关于自下而上型，其中一个成功的例子当数凯萨医疗机构的实践。基于组织内部综合管理型的护理模式，该机构实现了二级护理环境安全文化的积极转变。这种方式旨在提高团队合作及沟通技能（主要通过加强转移患者前的护理方案探讨），尤其是在诸如手术和产科等高风险领域。结果显示，转变策略的成功实施催生了良好的安全文化和高效的团队合作，同时减少了人员流动。事前归纳操作
113 方案被认为可以有效改变人们看待、实施团队合作的方式，从而最终引起积极的文化转变。自下而上型是促使二级护理文化转变的一种较为高效的方式，尤其是当医生积极参与以及管理层有力引导时。

加强患者安全保护的倡议行动

保障患者安全是一项国际议题。世界卫生组织《保障患者安全的世界联盟》[4]试图强调减少世界范围内医疗失误和给患者造成的医源性伤害有其急迫性

---

〔1〕 L. L. Leape and D. M. Berwick, "Safe Health Care: Are We Up to It?", *BritishMedical Journal* 320, 2000, pp. 725 ~ 726.

〔2〕 R. Boaden and B. Burnes, "Health Care Safety and Organisational Change", inB. Hurwitz and A. Sheikh (eds). *Health Care Errors and Patient Safety*, Oxford: Wiley - Blackwell, 2009, pp. 56 ~ 74.

〔3〕 D. Mc Carthy and D. Blumenthal, "Stories from the Sharp End: Case Studies in Safety Improvement", *Milbank Quarterly* 84: 1, 2006, pp. 165 ~ 200.

〔4〕 World Health Organisation, *World Alliance for Patient Safety: Forward Programme*, Switzerland, 2005. Online. Available at http: //www. who. int/patientsafety/en/brochure_ fi nal. pdf .

与必要性。英国健康基金会是一个独立的慈善机构，其在2004年发起了一项保障患者安全的倡议行动，试图寻找能够促使急诊部门的医疗环境更利于患者安全的有效途径。[1]这项行动的第一阶段始于2004年，涉及四家医院；第二阶段始于2006年，涉及二十家医院。这些被选取的医院与健康基金会（致力于改善医疗质量的慈善机构）、医疗改善委员会（关注全球医疗环境改善的美国组织）共同合作。加强患者安全保护的倡议行动强调将本地区临床应用的相关数据作为证据基础纳入考察范围：完善对重症监护患者的管理；控制传染；对外科患者进行预防性抗菌治疗；以及保证用药安全。医院的重要人员都会接受有关提高医疗质量和安全性的培训，当然诸如首席执行官和高管团队等高级管理层成员也不例外。这都是为了确保各看护所能够将这次倡议行动作为战略重点来看待。[2]

加强患者保护的倡议行动采取自上而下的方式，促使管理者关注患者安全的核心重要价值，并意识到有必要将此重点往下传导从而推动一线护理人员的医疗文化转变。正在进行的第一阶段涉及如下几个机构：卢顿与丹斯泰布尔国民保健服务看护所、康威与登比郡国民保健服务看护所、东南健康与社会关怀看护所以及泰赛德区国民保健服务看护所。第二阶段运用比较法，将借鉴第一阶段的做法来完善患者安全保护。

这次倡议行动带来了几项积极成果，包括：采用了有效的预警系统（鼓励医护人员对患者进行监护并及时采取补救措施）后，事故警报的数量有所下降；艰难梭菌感染的情况明显减少；外科团队内部的良好沟通提高了外科护理的质量；重症监护病房的中央静脉感染病例减少。如何保证医疗质量以及如何在寻找有效的解决方案时扩大当地患者的参与度，被认为是诊疗与护理培训的核心内容。加强患者安全及改善现有状况的关键要素在于有力的领导、明确的责任界限以及患者安全优先的紧迫意识。

这次倡议行动也提供了其他有价值的借鉴内容与视角，如急诊部门有必要采
取更有效的措施来监测患者安全改善的效果。尽管我们对制定有效标准及指南的 114
关注较多，但在引起实质、持续和稳定的改变方面的关注度是显然不足的。充分的基础设施与集体协作的医疗团队是完善患者安全保护的核心要素，同时从更宽泛的角度，我们也必须意识到社区护理体系的变化所带来的积极影响。公共卫生

〔1〕 The Health Foundation. Online. Available at http://www.health.org.uk/current_work/demonstration_projects/safer_patients_1.html#chapter5 .

〔2〕 Online. Available at http://www.health.org.uk/current_work/demonstration_projects/safer_patients_1.html#chapter5.

委员会在其患者安全报告[1]中对加强患者安全保护的倡议行动予以了肯定，健康基金会最近也发布了一项名为《医院安全及风险管理》[2]的调研报告。

综合手段

在减少因失误造成的医源性损害方面，传统上通常采取法律制裁和纪律处分的方式。目前二级护理领域出现的一些举措则倾向于依靠综合手段和激励机制来实现相同的目的。尽管对于具有可诉性的患者受损事件，纪律处分、民事甚至刑事责任仍可能切实存在，但当前的一些举措都强调有必要从患者安全事故中吸取教训以减少类似事故发生的可能性。这种观念的转变实际承认了这样一个事实：尽管人们普遍认为法律制裁和纪律处分可以起到震慑作用，但因果分析的结论显示，对法律及纪律处罚的恐惧本身，无法对行为产生积极影响或者减少患者意外受损事件。这一发现与医疗领域的关联度似乎尤为明显，因为在医疗过程中，医护人员最主要的目的是帮助患者。

当前改善患者安全的措施倾向于将精力集中于组织内部的运作机制。设计综合的经济激励机制以加强患者安全保护的一个例子当数看护所医疗过失计划（CNST）。该计划是对国民保健服务诉讼委员会（NHSLA）的风险分担补偿机制的具体执行。国民保健服务诉讼委员会可为因医疗过失被起诉的国民保健服务组织提供补偿。各看护所可自愿加入该计划，尽管现实是英格兰所有的看护所都属于该计划的成员。每家看护所都要向综合基金池贡献一笔预先确定的费用，而诉讼和解金将来源于该基金池。看护所贡献的费用是依据其存在的医疗风险，并经过精算确定的。作为计划成员的看护所如果能实施有效的风险管理策略并且没有任何不良投诉记录，就可以在贡献费用方面获得相应的优惠。这种优惠制度为成员努力达到国民保健服务诉讼委员会的标准提供了良好的激励机制。评判看护所能否达到国民保健服务诉讼委员会的标准主要从如下几个方面入手：管理、有能力的员工、安全的环境、临床护理、吸取经验。根据看护所能否符合 1 级、2 级或 3 级标准，计划将分别给予他们自身保证金的 10%、20% 或 30% 的优惠。1 级标准主要指能够做好相关记录并采取了适当的措施；2 级标准要求提供措施执行
115 情况证据；3 级标准则要求通过监测的方式实际执行安全保障措施并不断改善。作为一种自上而下的方式，这种激励机制应当可以成为提高医疗机构安全意识的

[1] See http://www.health.org.uk/current_work/demonstration_projects/safer_patients_1.html#chapter5.

[2] M. Dückers, M. Faber, J. Cruijsberg, R. Grol, L. Schoonhoven and M. Wensing, *Safety and Risk Management in Hospitals*. Online. Available at http://www.health.org.uk/publications/research_reports/safety_and_risk.html.

一种有效方式，尤其是考虑到国民保健服务组织自身的财务限制。国民保健服务诉讼委员会最近的一项年度报告显示，大部分的急诊看护所能够达到 1 级 (46%) 或 2 级标准(46%)。[1]尽管看护所医疗过失计划早在 1995 年就已经开始推行，但仍旧只有 6% 的看护所能够达到 3 级标准。作为风险管理项目的评估者，国民保健服务诉讼委员会承担着为国民保健服务看护所设计和制定标准的职责。这一角色的需要是显而易见的。然而，由于通过和解进而避免诉讼能够使国民保健服务诉讼委员会获得某种既得利益，因此其评估者的职责应当在多大程度上剥离于这种利害关系也许就值得质疑了。

人力资源管理是一种团队建设模式，其在航空业被证明是提供安全性的有效方式。考文垂大学附属医院与沃里克郡国民保健服务看护所利用这一方案的变量来实现完善医护人员恶性事故报告制度的目的。一项外部审查发现，看护所无法从失误中吸取教训，因为医护人员担心自己可能会因为失误被上报而受到谴责。在人员培训中，主要通过一种实现患者安全的团体模式来鼓励员工报告医疗事故。这方案致使 2002 年至 2005 年间的事故上报数量从每月的 50 增加至平均每月 700（包括诸如滑倒、绊倒及坠落等小事故）。因此，看护所在外部表现评定方面是有所改善的。[2]

所有的国民保健服务组织都已经执行了医院治理计划。其中包括作出一定的结构设置和安排，通过监测和管理医疗行为来推动医疗质量的持续提高。最近一些试图应对患者安全问题的举措，如综合治理和风险管理，都是在组织层面推行。这与以往针对医疗执业者个人的谴责文化有所不同。尽管这一方案取得了成功，但在某些情况下治理的概念可能会被质疑为只是提高医疗质量的一种结构式策略，而且倾向于关注程序性事项而非完善医疗服务。

患者的角色

绝大部分的患者安全保护措施都落脚于那些提供护理服务的人员、不安全的工作机制及医疗环境。系统理论认为大部分的恶性事故都是归因于多种较为复杂的因素，其中就包括作为护理对象的患者自身的过失。虽然已经意识到了这一点，但患者在安全保护行动中的参与度仍相对较低。尽管目前已经有部分组织（如国家患者安全机构）在积极推动患者参与到某些活动中去。关注患者参与度

---

〔1〕 The National Health Service Litigation Authority, *Report and Accounts* 2009 , HC576, July 2009, at p. 21.

〔2〕 http: //www. saferhealthcare. org. uk/IHI/Topics/ManagingChange/SafetyStories/8268 _ humanfactorsapproachatUniversityhospitalsCoventry. htm .

的行动通常比较重视教育，而且强调在患者对医疗服务存在疑惑时有必要向其作
116 出解释。很重要的一点是，要让患者意识到自己是整个医疗团队的核心，而且自己的贡献是会得到重视的。因为如果患者不能在安全问题上主动质疑医护人员的做法，那么，安全保护行动的有效性就可能很有限，正如国家患者安全机构的“洗手”行动中所反映的那样。[1]

在布里斯托尔调查中，布里斯托尔皇家医院因其拒绝公示自身在提供医疗服务和保障患者安全上的缺漏而受到严厉抨击，尤其当该医院的医护人员已经意识到对儿科心脏病患者实施的手术出现了不良的治疗结果时。由于这些信息不在公众知悉的范畴，所以患者无法在信息对称的基础上对医疗服务情况作出评判。美国卫生保健质量和研究署建议患者选择那些服务量较大的医院和医师。[2]在英国，这些建议能在多大程度上转化为实践也许是值得怀疑的。目前，并非所有医疗领域的行为合规数据都能自由获得，尽管已经有相关的举措试图改变这一状况。福斯特医生，一个独立组织，正在开展一项帮助公众自由获取有关医院和咨询师信息的行动。[3]

患者持有记录对于促进产科保健的有效自我护理[4]和癌症患者来说都是一种有用及可靠的策略。[5]在这些领域以外，患者持有记录的情况就相对罕见了，尽管有证据证明这种方式能有助于实现患者自理及患者—医院的共同护理。同时，这种方式也能提高病历的准确性。[6]然而，强调患者参与的行动显然只有在那些重视消费者投入的医疗机构中才会产生效用。

二级护理内部及对外的医疗变动

达兹勋爵在其终结报告《面向所有受众的高质量医疗》[7]中对 10 项医疗机

---

〔1〕 National patient Safety Agency, *Achieving our Aims: Evaluating the Results of the Pilot Cleanyourhands Campaign*, London: National Patient Safety Agency, 2004.

〔2〕 C. Vincent and A. Coulter, “Patient safety: What about the Patient?”, *Qualityand Safety in Health Care* 11, 2002, pp. 76 ~ 80

〔3〕 http://www.drfosterhealth.co.uk/features/.

〔4〕 D. Elbourne, M. Richardson, I. Chalmers, I. Waterhouse and E. Holt, “The Newbury Maternity Care Study: A Randomised Controlled Trial to Assess a Policy of Women Holding Their Own Obstetric Records”, *British Journal ofObstetrics and Gynaecology* 94: 7, 1987, pp. 612 ~ 619.

〔5〕 M. Drury, P. Yudkin, J. Harcourt *et al.*, “Patients with Cancer Holding Their Own Records: A Randomised Controlled Trial”, *British Journal of General Practice* 504: 51, 2000, pp. 105 ~ 110.

〔6〕 C. Pyper, J. Amery, M. Watson, B. Thomas and C. Crook, *ERDIP Online Patient Access Project*, Oxford: Bury Knowle Health Centre, 2001.

〔7〕 A. Darzi, *High Quality Care for All: NHS Next Stage Review Final Report*, 2008. Online. Available at http://www.dh.gov.uk/en/publication - sandstatistics/publications/publicationspolicyandguidance/DH_ 085825.

构的策略性医疗计划做出了回应，并为国民保健服务提供了一套以提高医疗质量为核心关注点的项目方案。该报告强调提供二级护理与基础护理之间高质量的无缝对接服务对于改善患者的医疗状况极为必要。这有利于为所有受众，尤其是那些患有慢性疾病或有生命之虞的人，整合更为便利的医疗条件。

“医疗变动”可以说是患者住院经历的一个重要体验。其描述的是患者在住院期间所面临的一些必要的变动。这种变动可能源于物理空间的改变（如入院、 117
出院），或者出于保证护理延续性的需要（如日班与夜班医护人员交接）。其他变动涉及将患者转入、转出手术室以及在不同的医院间转移。医疗服务专业化程度的提高将可能使患者在住院期间面临更为频繁的变动。这样的变动尽管必要且通常不可避免，却可能因为没有得到适当的管理和操作而引发更大的难题——增加患者受伤的风险。大部分的风险都源于医疗变动（如社区基础护理与二级护理之间的转移）过程中缺乏对重要信息的披露与沟通。

用药错误是患者入院治疗时最可能碰到的一类医疗过失。根据塔姆的一项系统性研究，典型的用药错误包括：不用药（46%）；剂量错误（25%）；用药频率错误（17%）；滥用药物（11%）。[1]一个较为折中可行的方式应该是建立综合的电子健康档案以及更具适用性的 IT 系统，尤其是在基础护理和二级护理之间。

实证研究表明，将患者转移至不同的医院可能会引起更大的安全风险，而这一点在患者从加护病房转向普通病房时尤为突出。据相关报告显示，发生在夜间的转移会导致患者死亡的风险增加至 33% 到 70%（受死亡相关的其他因素影响而在此幅度内变动）。[2]戈德法布等人认为之所以会出现上述情况，是因为夜间转移多源于资源紧张而非患者需要。夜间转移病人的决定通常是不成熟的，要么是因为有其他病情严重的患者需要紧急入院，要么是因为病床紧缺。在这些情形下，接收患者的医院可能无法完全依据患者的情况为其配备所需的医护人员。33% ~45% 的医院间转移还会出现用药错误[3]和医疗设备故障的情况。[4]常见

---

〔1〕 V. C. Tam, S. R. Knowles, P. L. Cornish, N. Fine, R. Marchesano and E. E. Etchells, “Frequency, Type and Clinical Importance of Medication History Errors at Admission to Hospital: A Systematic Review”, *Canadian Medical Association Journal* 173: 5, 2005, pp. 510 ~515.

〔2〕 C. Goldfrad and K. Rowan, “Consequences of Discharges from Intensive CareUnits at Night”, *Lancet* 355: 9210, 2000, pp. 1138 ~1142.

〔3〕 Forster, “Clinical Transitions”.

〔4〕 M. A. Lovell, M. Y. Mudalier and P. L. Kleinberg, “Intrahospital Transport of Critically Ill Patients: Complications and Difficulties”, *Anaesthesia and Intensive Care* 29: 4, 2001, pp. 400 ~405.

的医疗事故包括心脏监测仪、静脉泵入仪和便携式呼吸机等仪器断电，设备连接出错，降低体温以及长时间的延误。

尽管常规有力的监测与记录制度，加上适当的备用仪器可以减少患者受到伤害的风险，但这样的技术性问题还是难以避免的。在患者病况未允许时即将其转出加护病房是不可取的，如果必须转移，那么，不同医院的医护人员之间需要就治疗计划、异常的测试结果以及患者的临床稳定性进行有效沟通。

出院有时意味着另一段高风险期的开始，尤其是对于那些年老的患者以及治疗需求较为复杂的患者。有证据表明，五名患者中就有一名可能在出院后的一个
118 月内发生某些不良反应。[1]对于三分之一的患者，出院后发生的不良反应将导致其再次入院，进入急诊室或甚至死亡。这种出院后遗症通常归咎于用药错误、医院内感染、诊断错误、治疗手段错误或其并发症。[2]外科患者的情况也与此相似，尽管高达10%的患者会出现术后伤口感染的情形。[3]

福斯特认为，如果引入有力的安全保护机制，大部分的出院后遗症应该都是可以避免或大幅减少的。这样的机制包括：劝导患者更多地参与治疗计划，防范药物引发的副作用以及在二级护理与基础护理交接时进行充分的沟通。美国曾经采取过一项积极举措——为即将离开二级护理场所的患者配备“转移教练”。作为医护团队的一部分，“转移教练”由专业的护士组成，主要负责跟进患者的出院事宜，确保他们充分了解后续的治疗计划、用药的改变以及反馈副作用或不良反应的必要性。这是实现二级护理与基础护理无缝对接的重要手段。[4]对患者出院后续事宜的有效管理十分重要，而这种重要性在患者转向基础护理的情况中将尤为凸显。

不允许发生的事故

在《面向所有受众的高质量医疗》中，达兹勋爵引入了“不允许发生的事故”的概念，指向那些严重危及患者安全却极可能被预防的事故，换句话说，如

---

〔1〕 A. J. Forster, H. D. Clark, A. Menard *et al.*, “Adverse Events Affecting Medical Patients Following Discharge from Hospital”, Canadian Medical Association Journal 170：3, 2004, pp. 317 ~323.

〔2〕 A. J. Forster, H. J. Murff, J. F. Peterson, T. K. Gandhi and D. W. Bates, “The Incidenceand Severity of Adverse Events Affecting Patients after Discharge from the Hospital”, Annals of Internal Medicine 138：3, 2003, pp. 161 ~167.

〔3〕 M. Delgado – Rodriguez, A. Gomez – Ortega, M. Sillero – Areas and J. Llorca, “Epidemiology of Surgical Site Infection Diagnosed after Hospital Discharge：A Prospective Study”, *Infection Control and Hospital Epidemiology* 22：1, 2001, pp. 24 ~30.

〔4〕 E. A. Coleman, C. Parry, S. Chalmers and S. Min, “The Care Transitions Intervention：Results of a Randomized Controlled Trial”, *Archives of Internal Medicine*166：5, 2006, pp. 565 ~571.

果采取了必要的预防措施，这样的事故就不应当发生。[1]这一概念源于美国。当时美国的一些私人保险公司和政府资助的计划确立了相关政策，拒绝向医疗服务提供者支付其因这类事件招致的损失。在这里，不允许发生的事故是否会与经济惩罚相联系的问题仍不明确。其中，经济惩罚意味着基础医疗保障基金会可以拒绝支付医疗机构因对此类事故进行补救而产生的费用。

这种经济惩罚可能是一把双刃剑。积极的一面是，经济惩罚的震慑力也许能够优化医疗机构的风险管理与治理策略。但消极的一面则是，经济惩罚可能对患者安全产生不良影响，尤其是当二级护理服务提供者为了保护其自身利益而拒绝报告此类事故。关于施加经济惩罚的另一个顾虑在于，将不允许发生的事故的相关费用从照护患者病况的相关费用中剥离出来是有难度的。[2]后者通常是医疗过失诉讼中一项复杂的因果关系要件。

不允许发生的事故主要包括：弄错手术部位；将手术用具遗留患者体内；误
用化疗手段；未检出饲管错位；住院患者因床栏不可折叠而自杀；犯人从中级或 119
高级防护的精神病院中逃脱；住院产妇进行选择性剖宫产后因出血死亡；往静脉错误注射高浓度的氯化钾。

欧洲工作时间指引的影响

大部分的二级护理服务提供者会安排医护人员轮流进行专业的医疗实习。依据工作时间规则，欧洲工作时间指引（EWTD）确立并开始实施。但该指引却可能对患者安全以及国民保健服务初级医生的培养产生不良影响。这在一定程度上引起了医疗执业者以及公众的关注。[3]健康与安全法的主要意义在于工人有权在每一次 24 小时的轮班后获得 11 个小时的休息时间，而初级医生的工作时间平均每周不得超过 48 小时。尽管在 1993 年原来的欧洲工作时间计划成为健康与安全法的一部分，但初级医生最初并不在上述规范之列。然而，如今这项规定已经被纳入并完全生效。

医疗实践经验是医疗实习计划的必要、核心部分。教育心理学家证明，要达

---

〔1〕 Available at http：//www. nrls. npsa. nhs. uk/resources/collections/never - events/ .

〔2〕 http：//www. publications. parliament. uk/pa/cm200809/cmselect/cmhealth/151/15112. htm#a36 .

〔3〕 T. Richards，"Running Out of Time"，*BMJ* 338，2009，p. b1507.

到专业水平就需经过约 10 000 个小时的实践，诸如医疗领域的情况。[1] 由于需要提升认知技能及熟练程度，一般认为，外科训练与培养必要的专业技能尤为有难度。尽管角色扮演和模拟训练在医疗实习中的占比日益加重，但亲身实践的医疗经验仍然是获得相应技能的基石。在法律修订以前，经常有报道称初级医生每周工作超过 72 小时，疲惫与睡眠不足对人类认知能力、操作技能的影响以及其诱发错误的可能性，都得到了较为广泛的关注。[2] 欧洲工作时间指引应当对以往初级医生在培训阶段“无限制”的工作时间作出积极和必要的改变。然而，这又引发了一个切实的忧虑——实习医生能否获得足够的“亲身”实践经验？英格兰医学教育准备重新审视欧洲工作时间指引对医学教育的影响。[3]

Nettlesbip v. Weston 一案有力说明，缺乏经验不能成为实习者降低其注意标准的理由。[4] 具体到医疗领域，上诉法院在 *Wilsber v. Essex Area Health Authority*[5] 一案中认定，被告应达到的注意标准取决于其所在的岗位，而非其自身的专业水平或等级。实际上，这意味着患者可以依据医疗执业者所履行的职责来预测其应提供的医疗服务水平。由于带来的安全利益几乎都潜在地源于充分的休息权，因
120 此，如果还想更进一步，可能就要保留有关休息周期的规定，同时允许每周的工作时间可以超过 48 小时。[6]

初级医生被要求超时工作，不仅要完成医院和手术室的医疗工作（尤其是在工作时间以外），还要从中积累临床经验。这样的过度要求总让人感觉有些费解。看护所也许认为如果缺乏足够且稳定的人力资源，想要为患者提供充分的超时护理是相当困难的。健康与安全法虽然致力于保障患者安全，但又具有潜在的消极影响。其中一种解决方式是聘请代理医生来提供必要的医疗服务。目前为止尚未有任何机制来规范或监督代理医生每周的工作时长，而且能否容许采用这种抵消立法不良影响的方式也是不确定的。一个精力疲乏的代理医生是难以提供充分的

---

〔1〕 K. A. Ericsson, N. Charness, P. Feltovich *et al.* (eds), *The Cambridge Handbook of Expertise and Expert Performance* , New York: Cambridge University Press, 2006.

〔2〕 D. Dawson and K. Reid, “Fatigue, Alcohol and Performance Impairment”, *Nature* 388, 1997, p. 235.

〔3〕 http://www.mmc.nhs.uk/news_ events/latest_ news/ewtd_ -_ a_ guide_ to_ the_ implicat.aspx.

〔4〕 *Wilsher v. Essex Area Health Authority* [1986] 3 All ER 801 (CA).

〔5〕 S. W. Lockley, L. K. Barger, N. T. Ayas, J. M. Rothschild, C. A. Czeisler andC. P. Landrigan, “Harvard. Work Hours, Health and Safety Group. Effects of Health Care Provider Work Hours and Sleep Deprivation on Safety and Performance”, *Joint Commission Journal on Quality and Patient Safety* 33, 2007 (11supplement), pp. 7 ~ 18.

〔6〕 W. Reid, “Wendy Reid Replies to Roy Pounder”, *British Medical Journal* 339, 2009, p. b4488.

诊疗服务的。另一种解决方式则是扩大医疗执业者（如护士）的工作范围，让他们接手那些本来由初级医生负责的患者护理工作，因为他们已经接受过相关培训。而在诉讼中，一个未接受全面医疗培训的实习者是否应承担与医生等同的注意义务，这一点仍有待法庭检验。

可以肯定的是，里德发现许多看护所通过对外科实习医生采取轮班及在家待命的方式成功解决了上述的部分问题。而且，一旦这些措施成功奏效，患者的住院时间过长、实习医生接受的专业医疗培训不足以及实习医生满意度不高等问题都会得到改善。[1]

创新性治疗

在二级护理中，尽量减少开刀手术而多运用创新性的外科技术逐渐成为大势所趋。不像那些由研究管理项目资助的药物临床试验，新的手术治疗方式并未受到全面监测。[2]引进新技术以后，外科医生又无可避免地需要通过反复学习来提高新技术的熟练性并积累经验。对于患者安全及关护而言，这将引发复杂的道德问题和法律问题。[3]

尽管这种分类方式较为方便且具逻辑性，但它模糊了这样一个事实，即创新性疗法和试验性疗法之间并不存在非常清晰的界限。对既有的治疗技术进行修正可能要经过医学专家的论证决定；临床试验被置于严格的监测体系之内；而创新性的治疗技术无论在监管还是在安全操作层面都处于中间的模糊地带。

在注意标准的问题上，创新性疗法的使用会引发有关患者安全的重大争议。
法律上通常根据“博勒姆原则”[4]来检验临床医生应达到的注意标准，也就是 121
说注意标准应得到能够代表相关领域专业意见的责任主体的认可。但由于创新性疗法可能处于医疗科技的前沿，因此可能没有其他的专家能够组成这样一个可以作出权威认定的责任主体。然而 *Simms v. Simms*[5]一案确认，违背已认证的标

---

〔1〕 The Bristol Inquiry, *Learning from Bristol*: *The Report of the Public Inquiry into Children's Heart Surgery at the Bristol Royal Infirmary* 1984 ~ 1995, CM 5207. Online. Available at http: //www. bristol – inquiry. org. uk/ .

〔2〕 P. Healey and J. Samanta, "When Does the 'Learning Curve' of Innovative Interventions Become Questionable Practice?", *European Journal of Vascular Surgery* 36, 2008, pp. 253 ~ 257.

〔3〕 D. Price, "Remodelling the Regulation of Postmodern Innovation in Medicine", *International Journal of Law in Context* 2, 2005, pp. 121 ~ 141.

〔4〕 *Bolam v. Friern Hospital Management Committee* [1957] 1 WLR 583.

〔5〕 *Simms v. Simms* [2003] 1 All ER 669.

准不一定就等同于医疗过失，因为基于无法适用“博勒姆原则”而阻碍医学发展可能会损害公众利益。在本国，国家健康与临床优化研究署负责对创新性疗法的效果进行评估。

《赫尔辛基宣言》要求医疗机构应当向患者说明创新性疗法的所有内在风险与好处，[1]但这一要求是难以达到的。因此，创新性治疗可能是二级（和三级）护理领域独有的影响患者安全的风险因素。这不仅会对患者及医疗机构的名誉造成损害，而且可能会引起民事诉讼甚至对《欧洲人权公约》第3条和第8条的质疑。二级护理机构需注意创新性治疗对患者安全造成的特有风险，并争取将这种治疗技术纳入医疗监管的范围。

医疗相关感染

近十年来，医疗相关感染（HCAI）（以前又称医院内感染），如耐甲氧西林金黄色葡萄球菌（MRSA）和艰难梭菌，对患者安全的影响已经引起了国际的极大关注。据估测，在英国和北爱尔兰的急诊医院内有7.6%的成年患者感染医疗相关感染，[2]这一数据增加了至少十六亿英镑的经济负担。[3]医疗相关感染疾病可能导致患者住院时间的延长甚至死亡。

医疗相关感染可以分为三类：由患者自身的微生物菌群和共生体引发的自体感染；来自其他患者或医护人员的交叉感染；来自医疗环境或医疗设备的交叉感染，其通常是由医疗设备消毒不充分导致的。实际上，感染的发生通常是患者自身免疫机制极度薄弱加上多种相关感染源共同作用的结果。

采取预防措施可以减少此类感染的发生。皮肤和粘膜消毒以及在手术前使用抗菌剂等预防措施可以降低自体感染的风险。在原定的手术操作前一个小时内使用预防性抗生素可以确保血压足够稳定，进而防止人体组织暴露于手术刀口触发感染的风险之中。预防来自医护人员和其他患者的交叉感染，关键在于阻断病菌
122 的传递路径。感染的发生通常是由于医护人员在接触病人前后没有对自己的手进

---

〔1〕 World Medical Association, *Declaration of Helsinki*: *Ethical Principles for Medical Research Involving Human Subjects*, 2008. Online Available at http: //www. wma. net/en/30publications/10policies/b3/index. html .

〔2〕 B. Cookson, “Hospital – Acquired Infection”, in M. Powers, N. Harris and A. Barton (eds), *Clinical Negligence*, Haywards Heath, Tottel, 2008.

〔3〕 E. L. Teare, S. Stone and B. Cookson on behalf of the Hand Hygiene Liaison Group, “HandHygiene” (Editorial), *British Medical Journal*, 323, 2001, pp. 411 ~412.

行清洁消毒。因此，建议用酒精和其他消炎洗剂进行清洁。[1]对于由医疗环境引发的感染，最好的控制方式就是在医疗设备使用于其他患者前对其进行有效的消毒。

采取这些手段可以减少医院内医疗相关感染的发生。然而，医疗相关感染是由多种病原体引起的，这些病原体共同作用使得患者更容易受到感染。国家审计署一项调查表明，英国的医院内感染防治队伍认为将近百分之十五的医疗相关感染疾病病例其实是可以预防的。[2]医院通过治理制度设计明确了责任承担的界限，进而推动了医院内各项预防机制的实施。所采取的措施不仅要立足于目前的最佳临床证据以及医疗质量控制机制，还要发现和纠正二级护理机构中不适当的做法，这需要整个医院组织的共同努力。[3]

2005 年，卫生保健委员会提供了相关证据说明英国大部分医院都没达到必要的卫生标准。在此后的一年，卫生署发布了它的第一部《卫生法》，并且为国民保健服务设定了一个目标——将耐甲氧西林金黄色葡萄球菌感染率降低至 50%。2007 年，卫生保健委员会对 120 所国民保健服务看护所进行了非公开检查，监督其对《卫生法》的遵守情况以及医疗相关感染的发生率，从而确保各看护所将感染控制摆在重要位置。

自从医疗质量委员会承担起对卫生及社会医疗的监管职责以后，它就将监测医疗相关感染发病情况作为自己工作的一部分，并有权在患者遭遇风险时采取救济措施。从 2009 年 4 月 1 日起，所有的国民保健服务看护所都必须在医疗质量委员会注册，并且申请注册的前提是符合医疗相关感染防治的相关规定。[4]为了评估各看护所目前的合规情况，委员会建立了一个系统，要求医院提交一份有关自身是否符合核心标准的评估报告，而这份报告将会作为各医疗机构年度卫生检查工作的一部分。

依据 2008 年的《卫生与社会医疗法》，卫生署对医疗相关感染的操作规范进

---

〔1〕 National Audit Office, *The Management and Control of Hospital Acquired Infectionin Acute NHS Trusts in England* , London: The Stationery Office, 2000. Online. Available at http://www.nao.org.uk/publications/nao_reports/9900230.pdf.

〔2〕 Department of Health, *Detailed Guide to Governance Including Risk Managementand Assurance: Statement on Internal Control and Other Statutory Governance Assuranceand Audit Details* . Online. Available HTTP http://www.dh.gov.uk/PolicyAndGuidance/OrganisationPolicy/Governance/fs/en.

〔3〕 Details on the registration process can be found at http://www.cqc.org.uk/guidanceforprofessionals/registration.cfm .

〔4〕 http://www.dh.gov.uk/prod_consum_dh/groups/dh_digitalassets/documents/digitalasset/dh_110435.pdf 该版本将会在 2010 年 4 月 1 日生效。

行了修订并予以公布，修订后的法例为《国民保健服务防治医疗相关感染操作章程及相关指导》(《卫生法》)。[1]修订版法例确立了评判国民保健服务医院（以及国民保健服务血液和移植协会）合规情况的 10 项标准。医疗质量委员会在非公开检查中利用这 10 项标准来评估各医院是否符合医疗相关感染防治的相关规范。

当医院未能遵守相关规定时，委员会有权采取相应的执法措施。其可能会增加医院申请注册的条件，如完善消毒流程或停止使用某项设备。看护所如果不能达到注册条件的就会构成违规。其他可以采取的执法措施包括发警告通知，增
123 加、改变或移除某项条件，提起公诉，进行经济处罚或注销其资格。[2]

下议院的第三份报告指出，卫生署已经成功改造了医院的清洁情况。有关其他可预防的医疗相关感染，则没有发现数据上的显著减少。公共账目委员会建议了一系列措施，包括监测患者在医院内及出院后的活动及其反应，以及在死亡证明上记录医疗相关感染的感染情况。[3]

操作性难题

电子病历

通常由于纸质病历的流动性较弱，相关诊疗信息无法在各医疗服务区之间有效传递。而这又可能会导致二级护理中医疗过失的发生。电子病历的引入似乎能为记录缺漏这一长期存在的问题提供一个完美的解决方式。为了实现效率最大化，诸如用户效率、方便使用以及数据输入速度等因素可能都是电子病历系统的必要考虑成分。美国的相关经验说明电子病历在使用的过程中也会伴随着预期以外的固有风险。其中一些错误就是由于一线医护人员走捷径（如“剪切粘贴”的便利）产生的。因为剪切粘贴的指令可以将某一天的条目用作第二天的模板，

---

〔1〕 http：//www. cqc. org. uk/guidanceforprofessionals/healthcare/allhealthcarestaff/managingrisk/healthcare – associatedinfec/hcaiinspectionprogramme. cfm .

〔2〕 House of Commons Public Accounts Committee, *Reducing Healthcare Associated Infection in Hospitals in England*: *Fifty – second Report of Session* 2008 – 09: *Report*, *Together with Formal Minutes*, *Oral and Written Evidence* , 10 November 2009. Online. Available at http：//www. publications. parliament. uk/pa/cm200809/cmselect/cmpubacc/812/812. pdf .

〔3〕 R. E. Hirschtick, “A Piece of My Mind. Copy – and – Paste”, *Journal of the American Medical Association* 295, 2006, pp. 2335 ~ 2336.

所以这样的操作在医疗机构中十分常见，并且会导致条目记录错误或不准确。[1] 引入电子病历却不对操作人员进行充分培训，这将导致患者因病历记载错误遭受新型的意外损害。[2]

正如2007年发布的下议院卫生委员会报告所反映的那样，电子病历的引入在本国（英国）被证明是饱受争议的。[3] 有关使用电子病历的争议通常围绕患者同意、保密性、黑客入侵盗取敏感私人信息的潜在风险以及成本的问题。对于患者信息保密性的问题，可以通过设置门槛并控制患者健康记录系统的进入情况来解决，如使用基于芯片和识别码技术研发的智能卡。[4] 国民保健服务关爱健康组织研发了一个信息系统，对患者信息的存储及获取进行了优化，并由此创造性地推动了患者安全保护的发展。[5]

医疗仪表盘

医疗电算化以及信息技术的不断渗透应当能在保障医疗服务安全性方面发挥关键的作用。其实际应用需要经历一个持续改良的过程，而且需要对所有的使用 124
者进行有效培训。电子技术应当能优化信息沟通，便于为决策的作出提供必要信息，并借此推动患者安全保护的进步。诸如自动化的诊断与开药辅助系统等创新性技术，辅之以计算机技术及采用条形码的身份识别技术，应当能为医疗质量的提高以及人为错误的减少创造更多的机会。[6] 然而，电子系统显然不是万能的。在开药和配药的问题上，计算机化也许能减少某些特定类型错误的产生，却会增加其他错误发生的可能性。[7]

达兹勋爵在他的《下阶段回顾与卫生信息学评论》中提出了医疗仪表盘的概念。具体而言，医疗仪表盘是一种提高医疗质量的工具，它能够在一线医护人员作出诊疗决定时为其提供所需的相关信息。[8] “医疗仪表盘”通过快捷访问的设计使得信息更便于获取，从而提高决策质量。这一新举措已在英国所有的战

---

〔1〕 R. Wachter, *Understanding Patient Safety* , New York: McGraw Hill, 2008.

〔2〕 http: //www. connectingforhealth. nhs. uk/ .

〔3〕 Online. Available at http: //www. publications. parliament. uk/pa/cm200607/cmselect/cmhealth/422/422. pdf .

〔4〕 http: //www. nhscarerecords. nhs. uk/security .

〔5〕 Department of Health, "*Coding for Success: Simple Technology for Safer Patient Care*", London: Department of Health, 2007. Online Available HTTP http: //www. dh. gov. uk/prod_ consum_ dh/groups/dh_ digitalassets/@ dh/@ en/documents/digitalasset/dh_ 066098. pdf .

〔6〕 R. L. Howard and A. J. Avery, "Medicines Management", in B. Hurwitz and A. Sheikh, *Health Care Errors and Patient Safety* , Oxford: Wiley - Blackwell, 2009, pp. 150 ~ 165.

〔7〕 http: //www. connectingforhealth. nhs. uk/systemsandservices/clindash/overview .

〔8〕 S. Boseley, "40, 000 Drug Errors Logged in a Year", *Guardian* , 11 August 2006.

略卫生局进行试点，目前共设有24个仪表盘。各卫生局为措施的具体执行建立起了必要的技术基础及后续的组织框架，以此作为“工具箱”的一部分并准备在全国推广使用。

药物安全

用药错误在各类患者安全事故中占比较大，在2005年7月~2006年7月间，英国国民保健服务各看护所就报告了超过四万类的用药错误。[1]诸如抗凝血剂、糖皮质激素剂和降血糖药物等药物组大大增加了不良事件发生的可能性。基于证据原则、专家意见和医学专著形成的专门性用药指引可以提高医院开药的安全性和准确性。[2]准确开药、配药及其后续监测是安全护理的基本方面。

患者出院后发生的不良事件通常与新配的药方、剂量改变或用药频率改变有关。对于那些曾经被告知药物潜在副作用的患者，他们遭遇这些不良事件的可能性要小得多。[3]正因此，为患者（尤其是那些服用高风险药物的患者）安排相应的教育课程，应当是解决这一问题的优先选择。在布拉德福德大学附属医院，护士在配药环节经常被扰乱或因其他事情分心，当中便存在一定的安全风险。为了解决这一问题，医院采取了两种策略：其一，要求护士在配药时穿上彩色的围裙，以此作为对他人的视觉提示；其二，设班次指定某一护士负责监督。但这两种方式都不是非常奏效。

尽管有些人认为护士在配药过程中就不应当因其他事情分心，但其他人并不
125 十分认同这一规则背后的逻辑。许多人质疑，这一举措无法提高安全性，因为它只能用来提高工作效率，但工作效率的提高却削弱了这项举措保障患者安全的效果。一种更为有效的措施应当是在视觉提示之余，要求护士向干扰自己的人作出简短有力的解释。尤其对于那些干扰主要来自非护理人员的医院，这种措施会更加奏效。[4]

外科护理执业者

为了实现主要的政策目标，包括适应社会日益变化的医疗需求，国民保健服务不得不持续性地做出一些变革。政府目标的提出、国民保健服务章程的引入以

---

〔1〕 National Institute for Health and Clinical Excellence, *Reviewing and Grading the Evidence* , London: National Institute for Health and Clinical Excellence, 2006.

〔2〕 A. J. Forster, H. J. Murff, J. F. Peterson, T. K. Ghandi and D. W. Bates, "AdverseDrug Events Occurring Following Hospital Discharge", *Journal of Internal Medicine* 20: 4, 2005, pp. 317 ~323.

〔3〕 http: //www. saferhealthcare. org. uk/IHI/Topics/ManagingChange/SafetyStories/DontDistractMe. htm .

〔4〕 Nursing and Midwifery Council, *The Code: Standards of Conduct, Performance and Ethics for Nurses and Midwives* , 2008. Online. Available at http: //www. nmc - uk. org/aDisplayDocument. aspx? DocumentID =5982 .

及欧洲工作时间指引的实施，都意味着需要设法增加能够提供安全的外科护理服务和支持的人员数量。跨越临床与非临床界限的新职业的出现，可能会成为满足上述需求的一种方式。政客们以及那些希望拓展个人业务的非医院护理人员都在力推这种变通方式。

这种引入新职业并扩大传统医护人员职能范围的方式也受到诸如《专业医疗实践的范围》[1]、《作出改变》[2]、《国民保健服务计划》[3]和《医疗服务人才：增加国民保健服务的人力储备》[4]等报告的推荐。这些报告都强调非医院人员这一职业的良态发展能够带来一定的好处。其中一个很好的例子便是外科护理人员（SCP），即协助实施外科手术以及提供非外科护理服务的非医院人员。

外科护理人员指“非医院执业者，其作为外科团队后备成员参与临床实践，在外科顾问医师的指导和监督下进行外科手术、手术前和手术后的护理”。[5]目前，外科护理人员事实上都持有初级医疗从业资格证，如护理资格或手术部门从业者资格。

尽管这种新职业的潜在优势将逐渐显现，但其在发展的过程中也需要考虑患者安全这一重点问题。尤其需要注意的是，这种职业现在仍没有被纳入任何监管框架或培训教育体系当中。

为了消除这一顾虑，2001 年外科实践助理全国协会设立，旨在与英国皇家外科学院合作，确立针对外科护理人员教育和培训的全国性标准。该组织也为这些执业者确立了统一的职业标准，不考虑他们原来的职业状况。而且，外科护理人员受民法及刑法上相关责任规范的约束，同时其作为雇员和医疗团队成员也需要承担相应的责任。

---

〔1〕 Nursing and Midwifery Council, *The Code: Standards of Conduct, Performance and Ethics for Nurses and Midwives* , 2008. Online. Available at http: //www. nmc - uk. org/aDisplayDocument. aspx? DocumentID = 5982 .

〔2〕 Department of Health, "Making a Difference Strengthening the Nursing, Midwifery and Health Visiting Contribution to Health and Healthcare", 1999. Online. Available at http: //www. dh. gov. uk/prod_ consum_ dh/groups/dh_ digitalassets/@ dh/@ en/documents/digitalasset/dh_ 4074704. pdf .

〔3〕 Department of Health, *The NHS Plan. A Plan for Investment, a Plan for Reform* , 2000. Online. Available at http: //www. dh. gov. uk/prod_ consum_ dh/groups/dh_ digitalassets/@ dh/@ en/documents/digitalasset/dh_ 4055783. pdf .

〔4〕 Department of Health, *A Health Service of All the Talents: Developing the NHS Workforce – Consultation Document on the Review of Workforce Planning* , 2000. Online. Available at http: //www. dh. gov. uk/prod_ consum_ dh/groups/dh_ digitalassets/@ dh/@ en/documents/digitalasset/dh_ 4080258. pdf

〔5〕 Department of Health. Online. Available at http: //www. dh. gov. uk/en/Healthcare/Secondarycare/NHSfoundationtrust/index. htm .

外科护理人员最初试点时采用的名称是“外科助手”。人们后来觉得这一称
126 谓并不合适，因为它贬低了外科护理人员中那些本来就饶有资格且富于经验的职业者的地位。外科护理人员的职责包括协助完成手术前、手术中以及手术后的护理工作。显然，这与术前消毒清洁者（ASP）、围术期外科执业者（PSP）的职能是重叠的，尽管术前消毒清洁者和围术期外科执业者都不直接实施手术。外科医生对外科助理的出现表示强烈反对，他们为当中潜在的患者安全问题感到忧虑，并呼吁尽快明确针对其培训和教育的全国性标准。

新型看护所的地位

新型看护所的出现是政府推动公共服务分散化以及建立患者导向型国民保健服务计划的一部分。[1]截至2010年3月，已建立的国民保健服务新型看护所就有129家。[2]根据2003年《卫生与社会医疗（社区卫生及其标准）法》的相关规定，这些机构有着特定的自由与职责，享有较高程度的自治，同时需要对地方承担一定的责任。

国民保健服务新型看护所独立于卫生战略管理局运作，但需要接受监察官（直接向国会汇报的独立监管者）的评估。监察官的职责是依据“争取自治”原则授权一般的看护所成为新型看护所，具体来说就是只有管理到位、财务状况良好的组织才能获得此地位。监察官作出授权以后还要保证这些机构能够继续满足该运营许可所必需的条件。新型看护所向医疗质量委员会申请注册，必须达到一定的安全和质量标准。如果达不到这些标准的，医疗机构可能会被取消新型看护所的资格，或者被附加其他的注册条件。尽管监察官在患者安全管理当中的角色并不明确，但他的本职就是要保障医疗质量及监督医院管理，这意味着其应充当把关者的角色。然而，最近在斯塔福德郡中部看护所，监察官授权评估程序中的显著缺漏导致了悲剧的发生，这引起了人们对监察官角色定位的质疑。医疗委员会的相关调查发现，看护所忙于追逐新型看护所的资格，以至于无暇顾及自己保障患者安全的职责。

新型看护所在财务上享有较大的自由裁量权，能够根据地方的需要和重点决定财务资源的配置。卫生署声称，这种经济独立性将推动相关措施的出台以应对诸如长期的人员不足等挑战。如果人员不足是导致患者受损害的根本原因，那么，这些机构是否会被起诉就有待察看了。以往法院不愿意对国民保健服务作出

---

〔1〕 http：//www. monitor－nhsft. gov. uk/ .

〔2〕 T. A. Brennan， “The Institute of Medicine Report on Medical Errors——Could ItDo Harm?”，*New England Journal of Medicine* 342，2000，pp. 1123～1125.

不利判决，通常是考虑到公共政策以及医疗服务提供方缺乏对财务的直接控制权。但如今这种情况可能不复存在。对于资源的优先配置问题，如果其损害了患者的利益，法院也可能倾向于采取干预性的立场。

二级护理机构的责任 127

侵权

纠正医疗过失的法律途径大部分落脚于个人责任，因为在有关侵权责任的案件中，被侵权人的胜诉通常意味着某一个人将遭受谴责。然而，这类事件几乎不涉及对被起诉方的道德谴责。布伦南认为，“任何试图阻止医疗致损的努力都因诉讼制度本身的保密性和静默性而变得复杂化。”[1]显然，在二级护理中的确有部分医疗事故受到了道德谴责，但绝大部分并非如此，这也反映了人为错误与制度错误之间复杂的相互作用。而在试图寻找答案的过程中，人们可能疏于从制度错误以及根本原因分析等更宽泛的层面进行考虑，但为了避免同样的悲剧再次发生，这些宽泛层面的因素都应该得到重视。在二级护理机构加强患者安全保护方面，减少人为错误潜在风险的方式也许比施加刑事或民事责任要来得有效。

然而，制度手段不应当被奉为万能之策。制度手段可能存在弱化个人责任的风险，而且可能降低责任程度。

受损患者提起的赔偿之诉大部分以过失为诉由，这需要法院认定被告对原告负有注意义务，且被告违反了该义务进而引起了法律上的损害。因此，在侵权责任的框架内，显然不是所有的损害都能获得充分的法律救济，尤其当不存在过失时，损害是无法获得赔偿的。在侵权责任中，过失不一定意味着或等同于任何道德责任，相反它表示被告因无法提供充分的护理服务（在特定情况下被合理期待的）而需要弥补损害的状态。这种法律解释既没有反映公众有关过失的普遍观念以及道德责任，也没有反映所认定的过失是应受惩罚的。例如，一名高级医生只因为一时疏忽而被成功诉以过失，本应完美无瑕的职业生涯就这样被落下污迹。将这名医生的行为描述为过失似乎不尽合适。

我们可以将医疗过失相应的侵权责任制度与严格责任制度相比较，后者指损害发生即引起赔偿责任，不论当中存在何种过错。许多资深分析师提供详细的分析报告，论证为什么受害者通过追究侵权责任索赔的方式不能完全适用于医疗

〔1〕 *Bull v. Devon Area Health Authority* [1993] 4 Med LR 117.

领域。

最后，制度的变革必须由那些有一定影响力的人推动，他们能够发挥作用，
128 并且做出改变进而使二级护理体系更加安全。至今为止，没有任何的管理人或首席执行官成为侵权之诉的被告，即使根本原因分析的结果已经指向行政决策或战略决策的错误。这样的做法会在多大程度上维持原有的谴责性文化而且不产生任何积极影响，以及事实上这能否促进责任文化发生必要改变，都是存在争议的。此外，医院管理人并不对监管机构负责，而被诉以过失的医疗执业者可能还要面临来自监管机构的处罚。

尽管存在替代责任与政府豁免，但涉事医生很可能面临毁誉的风险。而且，甚至在看护所（或者通常是看护所医疗过失方案）需要承担赔偿责任的情况下，看护所很可能对作为雇员的医生提起违约之诉。其后果对于涉事个人而言也许是灾难性的。而在责任可作区分的情形中，通常医疗机构的失误才是患者遭遇不良事件的根本原因。

替代责任

针对医院或其雇员提起的诉讼通常依据的是替代责任原则。替代责任是连带责任的一种形式，即医院作为雇主应当为其雇员的侵权行为承担责任。尽管存在这样的雇主责任，但对自身过失保有个人责任的雇员仍可能成为诉讼的被告。替代责任基于雇佣关系而产生。要求找出那个有错之人是以侵权为基础的传统追责制度的核心，而且有利于维持谴责性文化。如果错误的发生是源于护理路径和传送系统的瑕疵，那么，要确定某一具体的责任人也许就不大可能了，如患者是因为感染医疗相关感染疾病（诸如耐甲氧西林金黄色葡萄球菌）而受损害。

为患者提供安全的、达到合理标准的医疗服务是国民保健服务看护所一项直接的、不可委托的主要职责。看护所的直接责任可能延伸至无法提供具备一定技能的员工或安全的工作环境。尽管不要求确定具体的责任人，但对因果关系的证明仍然是必要的。根本原因分析通常会反映这样一个现象——患者遭受的损害是由某一个个体在不安全的工作体制下行为而导致的。

某一机构或国民保健服务医疗服务提供方可能会因机构过失而被提起主要责任之诉。好几个这样的诉讼都以原告胜诉告终，如 *Bull v. Devon*〔1〕（呼叫医生提供紧急助产服务的制度不够完善）及 Robertson v. *Nottingham Health Authority*。〔2〕

〔1〕 *Robertson v. Nottingham Health Authority* [1997] 8 Med LR 1.

〔2〕 Farraj v. King's Healthcare NHS Trust (KCH) [2009] *EWCA Civ* 1203.

更近的一个案件是 *Farraj v. King' s Healthcare NHS Trust* (*KCH*)[1],其在判
决中认定医院对其患者不可委托的医疗责任可以通过委托具备一定资质的独立承
包人代为执行任务的方式而被免除。这一判决对于患者安全以及二级护理服务都 129
极其重要，因为许多专业服务，诸如化验服务和放射报告分析，都是外包的。

单位杀人罪

《单位杀人惩治法》(Corporate Manslaughter and Corporate Homicide Act)(2007) 在2008年4月正式实施，该法与国民保健服务医疗机构有一定的关系。在该法实施以前，如果某一单位严重违反了对受害者应承担的注意义务，那么，可以重大过失杀人罪这一普通法上的犯罪对该单位提起公诉。为了认定某一单位具有“直接意图”，就必须证明代表该单位行为及决策的高层人员犯有此罪。

根据该法第1（1）节，单位杀人罪（corporate manslaughter，在苏格兰则被称为 corporate homicide）的成立需要认定单位运作的过程中存在重大过失。责任的认定依据的是单位运行中的重大过失，而非一个或多个个体的犯意。这种犯罪模式大致如此：一个单位，如国民保健服务看护所，对某个个人的安全负有合理注意义务，但该单位的管理或组织模式存在不足（相当于违反了上述义务）并导致该个人死亡。第4（C)节所称“高级管理人”指那些在管理单位的全部或部分工作中拥有重大决策权的人。该法创设了一种新型杀人罪，其主体只能是单位而不能是个人。

该法对于二级护理的患者安全问题有着深远意义。[2]应当在董事会层面提高相关的法律意识，并且在各医院内部强化患者安全保护文化。高级管理人的行为很有可能要接受更进一步的审查，而这在诉讼中将构成案件认定的重要部分。

该法第8（3）节允许陪审员考虑单位的态度、政策、制度或者可行的实践，其中包括对受审看护所安全文化的分析。看护所必须证明自己有着积极透明的患者安全保护文化以及顺畅的沟通渠道。理论上，该法可以适用于所有引起患者死亡的情形，包括但不限于医院感染暴发、人员不足以及服务不到位。

在 *R v. Southampton University Hospitals NHS T rust*[3]一案中，法院并不反对让医院承担单位责任。该案涉及一个31岁的男人，他到南安普敦综合医院接受一项常规手术，随后染上致命性的葡萄球菌中毒性休克综合征，但两名高级住院

---

〔1〕 Unreported, 11 April 2006 Crown Court, Winchester.

〔2〕 J. Samanta and A. Samanta, “The Corporate Manslaughter Act 2007 - ACatalyst for Patient Safety?”, *Health Care Risk Report* 13, 2007, pp. 19 ~21.

〔3〕 *R. v. Southampton University Hospital NHS Trust* [2006] EWCA Crim 2971.

医师竟然都没有发现。这两名医师被判处重大过失杀人罪，而看护所则因违反
130 《卫生与安全法》而被刑事指控（当时《单位杀人惩治法》尚未实施）。对看护所的指控最后变更为在本案中管理不到位且对医生监督不力，看护所对此表示认罪并被判处 100 000 英镑的罚金（后来在上诉阶段降低至 40 000 英镑）。[1]

不再局限于个人责任，承认制度性失效并朝着组织责任的方向发展，也许是一个长期结果，尽管该法并未针对个人的保护作出专门的规定。住院期间死亡的患者家属可以要求让死者接受检查，以确定当中是否涉及新型的单位犯罪。在这种情况下，法医更可能将案件移交警方。最近卫生署公布的备忘录中[2]鼓励国民保健服务看护所在发生意外死亡或重大伤害事故时与警方、卫生安全局保持密切联系。希望这一举措能引导看护所建立更为有效的管理制度，从而加强二级护理的患者安全保护。

结语

各种政府行动、独立的慈善活动以及世界卫生运动，都注意到了加强二级护理中患者安全保护的必要性。相关的进展断断续续，医院护理对患者而言仍然存在潜在风险。在改善患者安全的大潮中，大部分的组织显然都抱着同一目标——推动患者安全保护的进程。这种关注度的增加无疑是有利于推动这一进程的，但这也可能是一把双刃剑。如果各个组织和团体都在行动，甚至可能在重复同样的事情，那么就会导致时间和资源的浪费。尽管出现了各种政府行动，但似乎新的联合政府将无可避免地对患者安全保护的方向和进程作出巨大改变。卫生署的《解放国民保健服务》是一个关于 arms - length bodies 审查的报告，也是对白皮书《公平与卓越：解放国民保健服务 arms - lengarms - length bodies》[3]进行审查，以确保他们的成本效益以及行为适用性。报告中提出的建议还包括废除国家患者安全机构，基于多个组织都在发起提高医疗质量和安全性的行动。如果白皮书上升为法律，那么，国家患者安全机构改善医疗质量的功能将得到巩固，而新的国民保健服务委员会也将组织旨在提高医疗质量与安全性的主流行动并扩大其

---

〔1〕“Memorandum of Understanding: Investigating Patient Safety Incidents Involving Unexpected Death or Serious Untoward Harm”, February 2006. Online. Available at http: //www. dh. gov. uk/ .

〔2〕Published 26 July 2010. Online. Available at: http: //www. dh. gov. uk/en/Publicationsandstatistics/Publications/PublicationsPolicyAndGuidance/DH_ 117691.

〔3〕Published 26 July 2010. Online. Available at: http: //www. dh. gov. uk/en/Publicationsandstatistics/Publications/PublicationsPolicyAndGuidance/DH_ 117691.

潜在的影响。这种不确定性以及资源的紧缺，都意味着与患者保护相关的慈善组织（诸如医疗事故诉讼援助组织（AvMA））将极受欢迎。在二级护理领域，强化安全保护的行动正在显著增加，但如何更好地推进良性的发展仍然是一大挑战。伴随着不可避免的财政限制，一个实在的风险是除非这些问题得到重视，否则，医疗质量和患者安全将遭受损害。

9.
心理康复治疗中的患者安全问题

伊娃·松丁与詹姆斯·休斯顿与杰米·墨菲

136

导语

精神失常这一疾患普遍存在，全球有超过 10% 的成年人在其一生中的某个时段都患有至少一种可诊断的精神疾病。[1]然而，正如欧盟一项调查所显示，并非所有出现心理健康问题的人都能接受社会心理健康服务提供者的治疗与护理。"对于欧洲大多数的精神紊乱病例，治疗缺口（需要但未能获得心理健康护理的个人所占的比例）是很大的。"[2]事实上，根据西欧的有关研究，对于严重的精神疾病（诸如精神分裂症和非情感性精神病），治疗缺口为 17.8%；而对于诸如泛化性焦虑症和抑郁症等诊断病例，治疗缺口则更为巨大（分别为 62.3% 和 45.4%）。一方面，我们应当尽全力去缩小这一治疗缺口；而另一方面，保证正在接受治疗的个人获得安全的医疗服务也极为重要。本文将重点关注在英格兰和威尔士的国民保健服务体系（NHS）中，那些接受心理康复治疗的个人是否获得安全与高质的服务。

在心理康复治疗与在一般保健治疗中的患者安全问题区别何在？

那些接受保健治疗的患者通常心理上比较脆弱，尤其是在诊断明确以及治疗计划无可置疑的情况下。然而，并不是所有的患者都如此脆弱。在严重精神紊乱的人群中，常见的心理问题包括深度的多疑、恐惧和对他人的不信任。而且，患

---

〔1〕 World Health Organization（2001）*World Health Report* 2001——*Mental Health*: *New Understanding*, *New Hope*, Geneva, WHO. Online. Available HTTP http: // www. who. int/whr/2001/en/.

〔2〕 World Health Organization Europe（2005）*Facing the Challenges*, *Building Solutions. Report from the WHO European Ministerial Conference*, Geneva, WHO. p. 46. Online. Available HTTP http: //www. euro. who. int/document/E87301. pdf.

有心理疾病的人通常生活混乱无条理，他们可能会错过约诊，丢失处方和药物以及忘记医生的指示。那些接受医疗服务的人也许会向医务人员提出某些似乎不合理或不恰当的要求。因此，接受心理康复治疗的人也同样面临着存在于一般保健治疗体系中的患者安全问题（例如，弄错药物或其剂量，使用错误的医疗器械，137
或者诊断错误）。此外，心理康复治疗体系中存在一些独特的风险因素。这或许是因为这些因素在患有精神疾病的医疗服务使用者中更为常见，又或许是因为它们在其他的医疗体系中并不常见（例如，使用限制自由或隔离的方式，处理暴力和过激的行为，性虐，自杀以及直接自残的行为）。

这意味着接受心理治疗服务的人作为一个极度脆弱的群体，通常需要护工及医护人员帮助其处理这些风险问题。这一论断也得到了最早关注心理健康领域患者安全问题的一项调查研究的支持。这项调查由全国病患安全机构[1]（其主要负责收集英格兰和威尔士地区的患者安全报告）主持进行。该调查报告显示，在心理保健服务中心上报的不良事件中，最为常见的是意外、逃匿或潜逃、攻击他人和自残。这些患者安全问题归结起来，反映了心理治疗体系中的风险因素都呈现这样一种特征，即其与患者人数、医疗配置有关。正由于心理治疗体系的风险因素包含如此特征，因此，本文将先探究如下几个问题：

第一，在英格兰和威尔士，国民保健服务在提供服务时通常采取某些措施和程序以确保患者安全，那么，这些措施成效如何？本章将以最近的相关报道为例，阐述心理健康护理服务在确保患者安全方面的一些值得借鉴的做法。本章也将探讨在英格兰和威尔士，心理健康护理人员会在多大程度上对影响患者安全的风险事件进行报告。

第二，我们对于患者在接受心理康复治疗时所面临的安全问题了解多少？从倾听患者的体验中可以获得有关医疗质量的重要信息，而对医疗现状进一步的理解则有利于加强患者安全保护和减少伤害。患者是我们获知康复治疗体系内部医患交流情况的重要信息来源，同时也是我们获知他们是否受到尊重的唯一信息来源。本章将总结和讨论与患者在心理康复治疗中心所经历的安全问题及医疗质量相关的报告。

---

〔1〕 National Patient Safety Agency (2006) *With Safety in Mind: Mental Health Services and Patient Safety*, Patient Safety Observatory Report 2. Online. Available HTTP http: //www. nrls. npsa. nhs. uk/resources/clinical - specialty/mental - health/? entryid45 = 59801&p = 2 .

心理康复治疗服务中确保患者安全的做法

心理康复治疗中的“患者安全7步走”体系

世界范围内的许多倡议性行动都证明了患者安全问题是可以逐步改善的。迄今为止，唯一已转化为一套完整医疗体系的行动当数国民保健服务的“患者安全7步走”体系，这一框架为国民保健服务的所有医疗单位提供了指导：

138 第一步，形成一种安全文化：营造开放和中立的文化氛围。当医护人员对于制定有关患者安全的原则和程序，以及完成事故报告抱有积极参与的态度时，他们也更可能会以系统的、中立的方式去实际完成这些事情。

优秀做法实例：

> 当位于南埃塞克斯的罗奇福德医院（有100个床位）重建时，其目标是创立新的心理康复设施以降低患者伤害自己或他人的风险。由于强化安全性被认为与提高治疗水平同等重要，因此，某些细节上的决定，如设置反捆绑的门把手、感应器、不易碎的镜子，都是经过审慎考量后才做出的。

第二步，领导和支持你的员工：引起全组织对患者安全的明确和高度重视。要形成关注安全的文化，不仅依赖于强烈的目的意识和领导意识，还依赖于这个组织善于倾听本医疗队伍所有成员意见的能力。

优秀做法实例：

> 苏塞克斯合伙国民保健服务基金会创立了“报告与学习公报”。公报刊载了关于某些重要问题的报告，如基金会内交流和讨论的安全隐患和危险事件。同时，公报还宣传了与解决被报告事件相关的培训工作。例如，若在某一事件中，有关患者安全的必要信息未能在不同的医护队伍之间及时传递，那么，在该事件发生后，公报将公布以机构间协作与沟通为目标的培训计划。

第三步，整合你的风险管理计划：形成风险管理以及识别和评估隐患的机制和程序。患者安全作为风险管理的关键要素，应当与员工安全、投诉、诉讼和理赔以及财务和环境风险相结合。

优秀做法实例：

> 为回应“关于心理疾病患者自杀和杀人行为的国家保密调查”，北威尔士NHS基金会创设了一套“积极的风险管理”框架，要求医疗机构、接受治疗者以及护工之间通力合作。这一框架致力于帮助医护人员在保证接受治疗者的

自由、自决权与降低接受治疗者及其家庭、公众所面临的风险之间寻求平衡。

第四步，推进事故报告制度：方便医护人员对本地区或全国范围内的事故进行报告。需要报告的事故类型包括如下三种： 139

- 已经发生的事故；
- 已经被阻止的（险些发生的）事故；
- 可能发生的事故。

优秀做法实例：

曾经，康沃尔合伙国民保健服务基金会下属的一家医院在事故报告方面的实际做法与基金会的相关政策是不相符的。在事故报告应何时提交的问题上是存在争议的。为了解决这一问题，这家医院的负责人组织了一场健康安全息工日的活动，企图影响医院内部的事故报告传统；确认事故报告相关培训的需要；在如何防止患者滑倒、绊倒和跌落方面对员工进行培训。息工日过后，员工们报告称发现了新的、严重的风险因素。例如，报告中强调了与病房地板相关的高发事故，因而便有建议提出要在病房安装新型功能化地板。

第五步，让患者和公众参与进来并注重与他们的交流：开拓与患者公开交流、倾听患者意见的渠道。

优秀做法实例：

在诺福克和韦弗尼心理健康国民保健服务基金会发生了一起患者自杀事件后，一项根本原因分析显示，医院未能及时向死者的家属和护工提供充分信息，使他们得以察觉可能与自杀倾向及行为有关的触发点和警示信号。

基金会内部编写了一本名为《信息及指导：致与自杀倾向者接触的人》的小册子，并将这本小册子的内容融入当前的自杀防范工作之中。这一举措在基金会内部得到普及，同时也获得了当地法医的认同。而且基金会还为接受治疗者及其家属、心理康复治疗从业者以及志愿组织的成员举办了相关讲座。

第六步，学习并交流与患者安全相关的课程：鼓励医护人员利用根本原因分析法去了解事故是如何发生、为何发生的。

优秀做法实例：

北斯塔福德郡联合护理中心是一家大型的心理康复治疗智障的基金会，拥 140
有6000多名员工，工作地点也较为分散。此前，每个月以纸质形式提交的事故报告达1000多项。健康护理团队和IT专家便研发了一个电子系统。这个新型的报告系统有利于迅速报告患者安全事故，也有利于发现改善医疗环境的方法。

第七步，采取措施以阻止伤害发生：在实践、程序或制度改变的过程中加入课程学习。

优秀做法实例：

为了处理患者失踪的问题，隶属于大曼彻斯特西部梅多布鲁克社区的NHS心理康复基金会的莱利医院确立了“受保护时间”。在“受保护时间”期间，护士全程陪护医院的患者，并引导他们参与治疗活动。“受保护时间”定期进行，这段时间内不鼓励探访者进入医院。

心理康复治疗人员对于患者安全事件的报告

每年，在英格兰和威尔士约有100万人被转送心理康复中心，其中将近160 000人需要住院治疗。据相关报告，2009年英格兰的心理治疗机构发生了38 688起医疗事故，威尔士则发生12 314起。在英格兰，所有已报告的事故中有1/3（32%）属于意外，21%为破坏性或攻击性行为，17%为自残行为，11%为入院或转院或出院时发生的事故，7%为用药事故。此外，英格兰心理治疗机构的医疗报告还反映了在发生上述自残（包括自杀）、意外、破坏性或攻击性行为及用药失误等恶性事件后，有1282人死亡，另有913人遭受严重伤害或永久性损伤。威尔士也出现了类似情况。

在心理疾患领域，许多用药失误可能会导致十分严重的后果。例如，对于那些需要服用精神病药物（抗抑郁剂、镇静剂、兴奋剂或镇静剂）的患者，如果在其用药时不加以看护，则有时可能会导致严重的、难以发现的副作用。英国一项研究[1]（以12家心理康复基金会为调查对象）显示，每个月这些基金会所上报的用药失误事故就达579起。为减少此类事故的发生，药剂师被要求及时发现及纠正这些失误。[2]

这些数据反映了心理康复治疗机构承诺会对患者安全事故进行及时报告，另一项积极的举措是治疗机构还会将这些患者安全事故报告提交国民保健服务。[3]然而，可能存在事故漏报的问题。为了说明这一点，一项研究显示，983名护士

〔1〕 Paton, C. and Gill - Banham, S. (2003) “Prescribing Errors in Psychiatry”, *Psychiatric Bulletin* 27, pp. 208 ~210.

〔2〕 Stubbs, J., Haw, C. and Cahill, C. (2004) “Auditing Prescribing Errors in a Psychiatric Hospital: Are Pharmacists' interventions Effective?”, *Hospital Pharmacist* 11, pp. 203 ~206.

〔3〕 O'Dowd, A. (2008) “Only a Minority of Serious Patient Safety Incidents Are Reported, MPs Hear”, *British Medical Journal* 337, p. 2384.

中只有不到一半（45.6%）的人反映所有的用药失误都能得到报告。[1]这些护士 141
解释说，不报告事故是因为担心同事或管理层的反应，难以辨清医生的字迹以及本身工作中的疲惫。

正如我们所见，国民保健服务内部的心理康复治疗机构与其他医疗机构所报告的患者安全事故在某种程度上有质的区别。心理康复治疗机构所报告的事故中，有些也许是可预防的，如与用药相关的失误，而其他则可能是难以预料的。例如，我们无法根据任何因素来预测患者可能实施自残行为。[2]因此，由于许多因素都可能导致患者的自残行为，心理康复治疗人员可能无法阻止这类自残行为的发生，即使他们能意识到患者存在自残的倾向。

患者视角下的患者安全问题

从患者的角度去理解患者安全问题，有利于更深入地探究该问题的成因，由此促使医疗水平的提高。多年来，对这一重要问题的讨论未曾间断。例如，2002年，文森特和库尔特[3]指出，患者可以为提高医疗安全作出巨大贡献。尤其是，患者在实现确诊、选择医疗服务提供方、参与治疗决策、报告用药失误和其他恶性事件方面都可以起到一定的辅助作用。此处一个比较复杂的问题是，患者的经历中可能包含与医疗质量、安全相关的各种问题，而且这些问题难以转换为诸如“用药失误”或“恶性事件”等临床术语。[4]因此，在患者眼中，那些可能导致用药失误或恶性事件的治疗及护理问题可能只是一种安全风险。

例如，一项有关癌症门诊患者的研究发现，5 名患者中就有 1 名表示自己有过不安全的接受治疗经历。[5]然而，研究者对调查数据的分析表明，这些患者的

---

〔1〕 Mayo, A. M. and Duncan, D. (2004) “Nurse Perceptions of Medication Errors: What We Need to Know for Patient Safety”, *Journal of Nursing Care Quality* 19, pp. 209 ~ 217.

〔2〕 House, A., Owens, D. and Patchett, L. (1999) “Deliberate Self – harm”, *Quality in Health Care* 8, pp. 137 ~ 143.

〔3〕 Vincent, C. A. and Coulter, A. (2002) “Patient Safety: What about the Patient?”, *Quality and Safety in Health Care* 11, pp. 76 ~ 80.

〔4〕 Gilburt, H., Rose, D. and Slade, M. (2008) “The Importance of Relationships in Mental Health Care: A Qualitative Study of Service Users’ Experiences of Psychiatric Hospital Admission in the UK”, BMC Health Services Research 8, p. 92.

〔5〕 Weingart, S. N., Price, J., Duncombe, D., Connor, M., Sommer, K., Conley, K., Bierer, B. E. and Reid, Ponte P. (2007) “Patient – reported Safety and Quality of Care in Outpatient Oncology”, *Joint Commission Journal on Quality and PatientSafety* 33, pp. 83 ~ 94.

反映中只有31%可以归为险遭意外、用药失误或损害。剩余的人（将近70%）则可以归为医疗质量问题（长时间的等候、与临床医生沟通不畅或对医疗环境和设施的不满）。由此反映了医疗质量与患者安全、患者体验之间的何种关系？吉尔伯特认为患者与专业人士在何种变量和目的更为重要的问题上持有迥然不同的观点，因此，大部分的研究都“难以充分代表用户的观点”。[1]

迄今为止，无论在国际上还是在英格兰和威尔士，都鲜有研究是关于患者对医疗安全的态度。[2]这种研究的缺乏在心理康复领域尤为严重。英国有关这一领
142 域的研究主要采用定性法或调查法。[3]为了总结目前已掌握的患者对于安全及心理康复服务安全问题相关影响因素的态度，我们将先探究4项大型调查，这几项调查征询了心理康复服务中心的患者及医护人员对自身安全体验以及医疗质量的意见。对上述调查数据加以归纳总结后，将以定性研究结论作补充，这些结论可以进一步阐明和支撑调查发现。

四项调查：患者对心理康复服务的安全及治疗质量的意见

这四项调查都是在2004~2009年期间进行的。以下为各调查的简短总结，其中也阐述了调查中的一些细节。

第一，最近的一项研究为2009年医疗质量委员会(CQC)[4]关于急性住院患者心理康复的相关研究。医疗质量委员会从超过7500名患者处收集了有关治疗及护理体验的报告，这些患者曾在英格兰64家国民保健服务基金会中接受过住院治疗。

第二，“全国暴力行为普查”从265家心理康复及智障治疗机构[5]（位于英格兰和威尔士）的患者、医护人员和探访者处收集了大量数据。这项普查向参加者发放了6500份匿名问卷，征询了他们对医院实施规则以有

---

〔1〕 Gilburt et al. “The Importance of Relationships”, p. 94.

〔2〕 Brickell, T. A., Nicholls, T. L., Procyshyn, R. M., McLean, C., Dempster, R. J., Lavoie, J. A. A., Sahlstrom, K. J., Tomita, T. M. and Wang, E. (2009) *Patient safety in mental health*, Edmonton, Alberta: Canadian Patient Safety Institute and Ontario Hospital Association. Online. Available HTTP http: //www. patientsafetyinstitute. ca/English/research/commissionedResearch/mentalHealthAndPatientSafety/Documents/Mental per cent20Health per cent20Paper. pdf.

〔3〕 Quirk, A. and Lelliott, P. (2001) “What Do We Know about Life on Acute Psychiatric Wards in the UK? A Review of the Research Evidence”, *Social Science& Medicine* 53, pp. 1565~1574.

〔4〕 Care Quality Commission (2009) “Supporting Briefi ng Note: Issues Highlighted by 2009 Survey of Mental Health Acute Inpatient Services”. Online. Available HTTP http: //www. cqc. org. uk/_ db/_ documents/2009_ survey_ of_ mental_ health_ acute_ inpatient_ services_ Briefi ng_ note_ 200909230047. pdf.

〔5〕 Healthcare Commission (2005) *National Audit of Violence* (2003~2005). *FinalReport*, London: Healthcare Commission. Online. Available HTTP http: //www. wales. nhs. uk/documents/FinalReport – violence. pdf.

效防止和管理暴力行为应达到何种程度的意见。

第三，急症诊疗 2004：由英格兰全国心理健康协会（NIMHE）主持的英格兰成人精神病治疗医院全国性调查，[1]该调查向 303 家心理康复医院的管理人发放问卷并收集相关数据，问卷内容主要关于人员管理、医疗环境和当地政策及实践等多方面的问题。

第四，由心理康复慈善机构撰写的“医院监护”报告，访问了 335 名正在接受或近期接受过心理康复住院服务的患者，并对其相关经历进行了总结。[2]

四项调查：患者对可能导致安全问题的因素有何看法

医疗质量委员会的调查（医疗质量委员会，2009）显示，参与调查的患者中只有不到一半（45%）的人表示他们通常能在住院时感觉到安全；16% 的人更是完全感觉不到安全。这一发现与心理康复慈善机构的研究（2004）相近，在后者中，将近 1/3（27%）的受访者表示他们在住院期间几乎感觉不到安全。

关于这种住院时普遍缺乏安全感的潜在原因，这四项调查所获得的数据又能给我们什么启示呢？为了对此做进一步研究，我们将对这四项调查所报告的显著恶性事件进行比较和讨论。在讨论调查结论的过程中，我们将涉及与安全以及医疗质量有关的问题。之所以探讨这两方面的内容，是因为患者可能不会去区分安 143
全和医疗质量；相反地，这两方面的内容可能都包含在患者的同一体验当中。英国卫生署的如下声明似乎正反映了这一观点：

> 设计标准低、空间少、基础设施缺乏和舒适度不足，这都是目前我们为住院患者提供的服务中普遍存在的问题。这些问题促使并强化了**接受治疗服务者的消极体验**，**即认为住院治疗不安全**、不舒适和无法达到治疗目的。（卫生署，2002 年[3]，着重号为作者加）

为了简要阐述患者对于引发安全问题的因素的相关体验，我们将从调查结论中抽出四项基础因素：环境；过度拥挤；参加激励性和有意义的活动以及暴力行

〔1〕 Garcia, I., Kennet, C., Quarishi, M. and Duncan, G. (2005) *Acute Care 2004: A National Survey of Adult Psychiatric Wards in England*, London: Sainsbury Centre for Mental Health. Online. Available HTTP http://www.scmh.org.uk/pdfs/Acute_care_2004.pdf.

〔2〕 Mind (2004) *Ward Watch: Mind's Campaign to Improve Hospital Conditions for Mental Health Patients*. Online. Available HTTP http://www.mind.org.uk/assets/0000/0353/ward_watch_report.pdf (accessed 21 August 2009).

〔3〕 Department of Health (2002) *Mental Health Policy Implementation Guide: Adult Acute Inpatient Care Provision*, London: Department of Health. Online. Available HTTP www.dh.gov.uk.

为；隔离、拘禁和用药。

环境安全

全国暴力普查发现，许多医院都未达到基本的安全标准（卫生保健委员会，2005）。例如，经常有投诉称日间噪音严重过度，超过一半的医院都报告称他们无法为患者和医护人员提供充分安静的环境。这一调查发现与急症诊疗 2004 的调查结果是相一致的，后者显示只有不到一半的医院能为患者的住院生活及接待亲友提供充分安静的场所。

心理康复慈善机构调查报告（2004）的相关数据显示，受访者，无论男女，都对男女混住的安排感到十分不满。此外，未能享用区分性别的洗浴设施的受访者当中，有 37% 的人几乎感觉不到住院的安全，而这一比例略高于那些能享用这类设施的人（37% 比 23%）。能享用区分性别的日常设施的受访者中，一直或大部分时间都能感觉到安全的比例要高于那些无法享用这类设施的人（53% 比 40%）。

去年医疗质量委员会的调查显示，每十个受访者中就有一个在最近的住院治疗中曾被安排与异性患者同一病房。这一比例已经低于心理康复慈善机构调查（2004）所统计的比例，后者表示将近四分之一（23%）的受访者被安排到男女混住的病房。这一比例的下降源于卫生署的一个指令——要求国民保健服务机构尽可能地取消男女混住。

144 过度拥挤

全国暴力普查发现，许多心理康复服务机构都面临着患者数量激增的问题，其中，部分患者既有心理疾患又有物质使用障碍。心理康复慈善机构的调查结论中也反映了类似的情况。

无聊与暴力

无聊与暴力之间的联系是显而易见的，暴力与攻击性行为、焦虑之间的联系也如此。[1]

医疗质量委员会的近期调查显示，医院普遍疏于给患者组织活动；超过 1/3（35%）的患者认为平常几乎无事可做，超过一半（54%）的人还表示周末及晚上也是这样。这些反馈也印证了全国暴力普查和急症诊疗 2004 的调查结果。而且，上述 3 项调查都显示，住院患者无事可做与经常性暴力事件有一定联系。全国暴力普查的受访者中，大部分都抱怨过医院极少组织活动：

---

〔1〕 Daffern, M. and Howells, K. (2002) "Psychiatric Inpatient Aggression: A Review of Structural and Functional Assessment Approaches", *Aggression and Violent Behavior* 7, pp. 477 ~ 497.

“我感到极其无聊。唯一的选择可能就是看电视或者睡觉。”

——（患者）

“晚上和周末的时间在你面前显得尤为的长，没有组织任何活动或提供任何项目，这种无聊的周末从周五午饭就开始，一直持续到周一下午2：30。”

——（患者）

“在这里，除了看点书几乎无事可做。画室有很多油料却连一支画笔都没有。我发现无聊给了我过多的思考时间，这完全无益于减轻我的抑郁。”

——（患者）

医疗质量委员会的调查显示，相当一部分受访者希望获得谈心疗法（咨询、认知行为疗法和焦虑管理）；但是，这些受访者中只有不到一半的人获得过接受这种心理干预的机会。在急症诊疗 2004 中，医院管理人报告了类似的情况。尽管在诸如认知行为疗法等治疗方案上投入了大量的支持，但能够将这类心理干预作为常规治疗工具的医院也就不到 20%。因此，缺乏心理干预与许多医院本身的条件有关。在这些医院中，护士和职业医师占据了医疗投入的绝大部分，只有少部分（1/4）的医院将心理专家纳入到医疗投入当中。

暴力行为 145

在全国暴力普查中，将近一半（45%）的受访者表示经历过使他们烦恼和痛苦的暴力事件；1/3（34%）表示他们曾经感受到威胁或不安全；将近 1/5（18%）表示他们的确在医院内遭受过伤害。在心理康复慈善机构的调查中，大部分的女性受访者表示她们在精神病院中感觉到不安全；超过一半的女性（51%）表示她们在住院期间曾经遭受过言语或肢体威胁；每 5 名女性中就有一名（20%）声称自己曾经受到过肢体攻击。

根据参与调查的患者的意见，医院内的暴力行为主要源于空间的缺乏和医护人员的不足：

“没有医护人员陪同你外出，所以你只能被限制在一个嘈杂、闷热、不快的环境中。”

——（患者）

“医院里没有足够的医护人员，换句话说，过多的患者和不足的医护人员。这使得医护人员不可能满足所有患者的需求，由此，这些患者就变得具有攻击性。”

——（患者）

可能导致医院暴力的另一个因素是医院将患有不同疾病、处在不同病症阶段的患者安排在一起：

“重症患者和康复阶段的患者被安排在同一病房内，这给了他们很多在无人监护的情况下相互交流的空间。”

——（医护人员）

好几个受访者明确道出了住院患者普遍存在的酗酒和吸毒行为与暴力事件之间的联系。受访者认为吸烟与医院的暴力及攻击性行为之间也有一定的联系。

“他们想要吸烟或手头没烟的时候却没办法出去吸烟。”

——（患者）

普查还反映了病床的不合理使用，这也得到急症诊疗2004的确认。调查发现，有4.2%的急症专用病床仅被用于戒毒目的。

隔离、拘禁和用药

隔离指将某一个人与他人相间离；拘禁指亲自控制某一个人或采用某种器具
146 束缚该个人从而限制其行动。心理康复服务机构可能会在某一特定的短时间内使
用这两种方式，以遏制那些可能将自己或他人置于危险中的严重问题行为。

在急症诊疗2004的调查中，将近1/3（28%）的医院管理人称自己所在的医院会使用隔离手段；然而许多医院管理人（25%）却并不了解自己所在的医院是否在使用和记录隔离措施方面有相关规定。参与全国暴力普查的患者和医护人员一致认为，隔离和用药都被用于控制患者的破坏性行为，当医护人员缺乏或相关培训缺乏时，这些手段尤为必要。

“用药通常是唯一可行的选择。医院里极度缺乏有经验的医护人员。医护人员本身的水平不足以处理我们所面对的这些攻击性行为。”

——（医护人员）

“我曾经多次遇到过暴力事件和采用拘禁措施的情况。我向医院要求提供相关培训，但医院方面出于费用的考虑拒绝了我的要求。我认为医护人员现在承受着巨大的压力，而且没有获得充分的培训。”

——（医护人员）

“由于缺乏针对处理暴力事件的培训，医护人员经常觉得无从下手。”

——（医护人员）

在全国暴力普查中，只有少部分的医护人员表示不会立马使用用药、隔离或拘禁这样的手段，而大约1/3的患者则认为这些手段用得太快。

> “我儿子经常被劝说不要使用暴力。我们大部分家庭成员都能这样做，我们也没有接受过任何培训。16岁的时候，我儿子感到很恐惧；通常他需要的是安慰而不是拘禁。”
>
> ——（探访者）

定性研究：患者对心理康复服务的安全及治疗质量的意见

在吉尔伯特及其同事的面谈式研究中，[1]19名曾在心理康复服务机构接受
过住院治疗的患者表示其经历过与调查研究结果相一致的情况，即住院期间缺乏
安全感。在该项研究中，除了3名参与者，其他人都表示自己在医院的环境中缺
乏安全感。安全感的缺失与恐惧有关，而恐惧感则与暴力行为密切相关。这种暴 147
力行为可能是患者自己实施的，也可能是其他患者或医护人员实施的。在该项研
究中，另一个能使人联想到调查数据的结果是好几名女性在男女混住的医院里感
觉到不安全。

然而，在吉尔伯特的研究中，[2]男性也称自己曾遭遇过其他男性的攻击；换句话说，无论男女，当他们处于男性患者居多的医院时，他们都会有一种脆弱感。研究者对31名分别处于单一性别和混合性别的中级隔离病房的女性患者进行研究，结果发现处于这两种治疗单元的女性都声称自己受到过其他患者的威胁和肢体暴力。[3]因此，研究者推断单一性别的心理康复治疗病房可能无法解决女性的安全问题。

正如我们所见，大多数的研究——调查研究和定性研究——都认为患者存在伤害自己、伤害其他患者或医护人员的风险。然而，其他研究者发现，有时患者本身是在积极推动住院环境的安全化。为此，他们避免陷入存在潜在危险的境地，避免接触其他患者，提醒其他患者注意自己行为的不定性，以及寻求医护人员的帮助。[4]这些研究结果都清晰地表明，让患者充分参与到推动医疗安全的行动中去是很有必要的。

---

〔1〕 Gilburt et al. “The Importance of Relationships”.

〔2〕 Gilburt et al. “The Importance of Relationships”.

〔3〕 Mezey, G., Hassell, Y. and Bartlett, A. (2005) “Safety of Women in Mixed - sexand Single - sex Medium Secure Units: Staff and Patient Perceptions”, *BritishJournal of Psychiatry* 187, pp. 579 ~ 582.

〔4〕 Quirk, A., Lelliott, P. and Seale, C. (2005) “Risk Management by Patients onPsychiatric Wards in London: An Ethnographic Study”, *Health, Risk and Society*7, pp. 85 ~ 91.

结语

本文表明了许多国民保健服务心理康复治疗基金会和机构已经形成了提交患者安全事故报告的习惯。这意味着基金会建立起了一种重视患者安全的医疗文化，借此国民保健服务可以继续学习和进一步防止事故的发生。此外，通过鼓励英格兰和威尔士各心理康复治疗机构的所有医护人员之间交流良好的实践经验，可以形成一种更为开放的氛围，反过来，这可能会成为患者安全文化继续繁荣和发展的基石。

从患者的视角看，患者希望了解对自身有影响的医疗失误也许是显而易见的。但是，他们是否也想参与到提高患者安全水平的行动中去？回顾本文关于患者对自身安全及医疗质量的体验的研究，我们可以看到，患者对于患者安全的内涵有着区别于官方观点的理解。因此，可能患者本身也愿意参与到解决患者安全问题的行动中去，至于其参与的程度则取决于他们能否在有关患者安全的官方语言及术语中发现自身体会。其他可能推动患者积极参与的因素包括患者的年龄和种族，患者病症的性质、严重程度和治疗情况，关于自身易受伤害性的评估以及挑战医护人员的自信。

另一个重要问题是：当失误或医疗损害发生时，患者会怎么样？迄今为止，
148 几乎没有相关的研究是关于理解患者如何面对医疗失误的。然而，有些研究表明，经历了恶性医疗事故的患者很可能会遭受来自事故本身和事故处理方式的双重伤害。因此，如果当失误或医疗损害发生时，医护人员不能及时应对，那么，患者就很有可能遭到严重伤害。[1]至今，仍然没有相关研究证明接受心理治疗的患者经历恶性事故后所受到的心理创伤。本文中，另外需要强调的问题是，为什么患者会声称自己在接受心理治疗的过程中需承受巨大的痛苦和恐惧（心理康复慈善机构，2004）？有关医疗质量的问题，诸如侮辱、种族主义和歧视，是如何影响心理康复治疗机构中的患者安全问题的？[2]

---

〔1〕 Vincent et al. “Patient Safety：What about the Patient?”

〔2〕 Department of Health (2005) “Delivering Race Equality in Mental Health Care：An Action Plan for Reform Inside and Outside Services” . Online. Available HTTP http：//www. dh. gov. uk/prod_ consum_ dh/groups/dh_ digitalassets/@ dh/@ en/documents/digitalasset/dh_ 4100775. pdf.

10.

规范欧盟病患安全：是实事求是的抱负还是遥不可及的目标?

珍·V.麦克黑尔

导语 150

近年来，病患安全在国内和国外都已成为广泛关注的话题。在英国，一个由首席医务人员担任要职的专家团体——“一个有记忆的组织”，在2000年的一则报告中强调病患安全是如何变为一个严峻的问题的。[1]数据表明仅欧盟本身的病患在接受医疗时就有8%到12%的患者遭受不良反应。[2]因此，欧盟变得越来越重视病患安全问题也就无足为奇了。

欧盟委员会在《共赴健康：欧盟战略方针2008—2013》[3]白皮书中规范了病患安全所属领域。这份内容丰富的文件明确了欧盟对健康上的所有政策的承诺。欧盟最近已通过将病患安全问题在议会和理事会的交流委员会上提出而实现承诺。[4]这次的交流会强调了欧盟委员会在一系列问题上的关注，包括提高感染病如耐甲氧西林金黄色葡萄球菌感染的医疗。2008年，欧盟委员会对病患安全问题进行调查，调查显示，在参与调查的185名受访者中，约20%正遭受着与医疗相关的不良事件。欧盟委员会在其2008年的交流会上陈述，他们的目的在于“一个综合的方法，通过将所有影响病患安全的因素整合起来，将病患安全问题

---

〔1〕 Department of Health Expert Group, *An Organization without a Memory*: “*Reportof an Expert Group on Learning from Adverse Events in the NHS*”, London, Departmentof Health, 2008.

〔2〕 “Communication from the Commission to the European Parliament and Councilon Patient Safety Including the Prevention and Control of Healthcare Associated Infections”, COM (2008) 837 final, para. 3. 1.

〔3〕 Of 23 October 2007.

〔4〕 “Communication from the Commission to the European Parliament and Council on Patient Safety ···” COM (2008) 837 final.

置于高质量的医疗体系之核心位置”。[1]

本文对过去、现在和未来欧盟在“病患安全”领域所扮演的角色进行探讨。提供了欧盟在此领域的决策背景和涉及类似由《欧盟血液安全指令》的受污染血液的丑闻的病患安全问题所驱动的规范欧盟层面的驱动因素。[2]本文分析了欧
151 盟法律的其他领域，尤其是一系列最近人员自由流动事件的影响，是如何开始导致欧盟成员国的医疗服务条款被重新评估的。本文探索了患者去其他欧盟成员国获得医疗服务的数量增加的预测是否会在未来触动欧盟层面有关病患安全问题的全面规范，并对欧盟病患安全标准和这种方式的优缺点进行研究。本文指出了病患安全问题在此领域是如何在法律和政策的发展中变得更加重要的。最后，本文对提议的方法是否会组成改革的行之有效的一揽子计划和欧盟的复杂性和多样性是否意味着最终许多这些方法都会被证明为不切实际的目标提出质疑。

投入于健康和病患安全

考虑到欧盟在健康法领域的牵涉越来越深，在关心病患安全问题上，欧盟不断深入并不会令人惊讶。[3]这一点可以在欧盟行为的不同方面得到证明。涉及公共健康的条款在欧盟法律的《马斯特里赫特条约》（以下简称《马约》）中就有规定，《马约》在《罗马条约》的基础上新增了第126条，并于1993年生效。《阿姆斯特丹条约》随即修改《马约》条款。疯牛病患病几率的升高和血液安全的争论触发了法案的修正。[4]《阿姆斯特丹条约》中实行了新的法案条款152条，将公众健康置于中心地位。《里斯本条约》新插入了168条，修改了此项条款。综上可以证明：

> 在所有欧盟的政策和活动的颁布和实施中均应确保高水平的人类健康保护。
>
> 补充国家政令的欧盟活动，应面向于提高公众健康、抵制身体和心理疾病并排除身体和心理健康的危害来源。这样的活动应通过增强对致病原因、疾病传播和疾病预防的调查，对健康信息和教育的提高和监管，以及对严重

---

〔1〕 Ibid., para 1.

〔2〕 Directive 2002/98/EC of the European Parliament and Council, 27 January2002.

〔3〕 See, generally, T. K. Hervey and J. V. McHale, *Health Law and the EU*, Cambridge: Cambridge University Press, 2004.

〔4〕 Case C－180/96－R *UK v. Commission* [1996] ECR I－3903.

> 威胁健康的疾病提早预防和对抗的方法，抵抗主要的健康风险。
>
> 欧盟应在减少与药物方面相关的健康损害方面为成员国的活动提供补助，包括信息和预防的帮助。

然而，条约中缺乏健康政策的强制措施。相反，条约言明虽然鼓励政策可以行之有效，但这并不等同于跨国法律的和谐状态（第168条第5款）。但是，现实的情况却是法律规章和如政策文件一样的软法可能随时间发展向成员国层面法
律措施整合的方向发展。[1]除此之外，欧盟资助的研究可能促进欧盟此领域的科 152
学家相互交流，信息交流的结果可以导致关于是什么组成了关于特定问题的“最优方法”的预期的改变。如果成员国本身决定对病患健康问题进行立法，这可能也会影响到他们的看法。病患安全通过健康本身被牢牢的置于欧盟的议程之上而被保护。就国内市场而言，条款亦有能力约束。《里斯本条约》修订的第114条第3款提到，欧盟委员会必须将高水平的保护作为基础，这涉及有关“健康、安全、环境保护和消费者保护”的立法建议。欧盟随后确认其致力于在所有的公共政策和活动中将健康的目的变为主流。[2]

欧盟通过公共健康计划促进病患安全问题。有几个计划与人体免疫缺陷病毒和获得性免疫缺陷综合征相关。举例来讲，欧盟理事会指令91/317/EEC和成员国的卫生部长采用了“欧洲抵制艾滋计划1991～1993”的框架的行动计划。[3]这个计划的范围涉及培训、查找和信息供给。除此之外，也给出了确保血液安全的方法。“欧洲抵制艾滋计划1996～2000”接踵而至。这个计划致力于减少艾滋病的死亡率，同时控制传播范围，[4]并促进国家政策和非政府组织的相互合作。首先，监视并监测传染疾病。其次，关注传播的抵制。再次，着重于信息、教育和培训。最后，提供对患有艾滋病人群的支持，同时抵制因此产生的歧视。

传染病不受国界的限制并且这反映在欧盟层面采取的措施上。受到传染病在病患安全方面的不利影响，欧盟建立了欧洲疾病防治中心。[5]建立的这个组织的

〔1〕 Hervey and McHale, *Health Law and the EU*.

〔2〕 Decision No. 1350/2007/EC of the European Parliament and of the Council of 23 October 2007.

〔3〕 OJ 1991 L 175/26.

〔4〕 Decision 647/96/EC of the European Parliament and Council, OJ 1996 L 95/16.

〔5〕 http://www.ecdc.europa.eu/en/healthtopics/Pages/Healthcare-associated_Infections_%28HCAI%29.aspx.

使命是“鉴定、评估并交流当前的、最新的由传染疾病产生的危害人民健康的威胁”。[1]这个组织所扮演的角色包括对科学数据的收集和评估并进行发布，同时也提供科学的建议、帮助和培训。它承担着向成员国、欧盟委员会、成员国的机构和相关的从事公众健康领域的国际组织提供“时效信息”的任务。[2]这包括交换信息、相关的专业知识和最优做法。欧洲疾病防治中心操纵着监控网络，同时它也有在紧急情况下运营“预警系统”援助欧盟的任务。[3]

153 病患安全问题在欧盟药物法规和医疗器械法规中起根本性作用。[4]因此，从条约条款到诸如欧洲疾病防治中心的特殊机构的建立，欧盟越来越关注总体健康状况，尤其是病患安全。现在，我们继续思考欧盟已经开始影响或者有可能相当大的影响病患安全问题的两个方面，其一，血液、组织和细胞的利用的质量和安全标准的规定；其二，自由流动领域。

规范血液、组织和细胞（利用）安全

以152条款（现168条款）为法律基础，欧盟就病患安全问题颁布了一系列指令。首先，欧盟颁布了《血液安全指令》。其次，欧盟开始关注涉及人体器官和组织的质量和安全问题。随之颁布了《欧盟组织与细胞指令》。[5]此领域指令的特点是全新模式的协调指令。他们提供了标准和框架，留下一些问题给成员国自己决定，而不是试图全权规定。

这些指令的背景由主要的国际病患安全丑闻而来。在20世纪80年代中期就有关于血液安全的争论的报道。在法国，据报道，有4000人接受了带有艾滋病病毒的血液。[6]同样的，1993年，德国报道称血友病患者通过血液制品感染了艾滋病病毒。[7]由于个别成员国会进口血液和血液制品，血液安全有其独特的国际影响。一些研究表明，在有偿捐献血液时，人们有更大的概率不说出他们携带

---

〔1〕 Regulation (EC) No. 851/2004 of the European Parliament and of the Council of 21 April 2004 establishing a European Centre for disease prevention and control, OJ L 142, 8. 2. 2003, Article 3.

〔2〕 Ibid.

〔3〕 Ibid., p. 30.

〔4〕 See, further, Hervey and McHale, *Health Law and the EU*, ch. 8.

〔5〕 (2004), Directive 2004/23/EC.

〔6〕 See, further, A. M. Farrell "Is the Gift Still Good: Examining the Politics and Regulation of Blood Safety in the European Union", *Medical Law Review* 14: 2, 2006, p. 155.

〔7〕 J. Abraham and G. Lewis, *Regulating Medicines in Europe: Competition, Expertise and Public Health*, London, Routledge, 2000.

艾滋病病毒的事实。[1]由此，《条约》第152条随即采纳了该研究成果。根据这些已知的关于血液安全性的关注，欧盟决定在此领域进行特别规定。《血液安全指令》涉及人体血液和成分血的收集和测试，[2]同时也涉及输血用血的加工、贮藏和分配问题。[3]只有拥有许可、授权或者批准的公司才可以收集和测试人体血液。[4]公司必须指派一个“负责人”来确保血液和成分血的收集和测试符合成员国法律的要求。[5]这个负责人在必要时会给有关部门提供例如选派、批准和许可的过程的证明。[6]指令规定了有关检验与质量控制的要求，[7]包括记录保存和可追溯性。[8]这样做是由于血液和成分血可以由血液接受者溯及捐献者。指令还要求建立与收集、测试、加工、储存和配送血液和成分血液有关的严重不良事件
(即被定义为事故和失误的事件）有关的宣告程序。[9] 154

《血液安全指令》旨在确保可以获得捐助者的信息。[10]血液捐助者要求提供身份信息、健康历史和签名。[11]该指令要求，在献血前，捐助者要接受信息采集并接受健康从业人员的检查。[12]该指令没有排除拥有比其本身更为严格的标准的个别成员国。这给国内层面对病患安全实行更为严格的制度留下余地。该指令也规定

> 成员国应该采取必要措施来鼓励自愿、无偿的血液捐献，以确保血液和

---

[1] P. J. Hagen, *Blood Transfusion in Europe: A "White Paper"*, Strasbourg, Council of Europe, 1993.

[2] Directive 2002/98/EC, Article 2 of the European Parliament and Council of 27th January 2003 setting standards of quality and safety for the collection, testing, processing and storage and distribution of human blood and blood componentsand amending Directive 2001/83/EC.

[3] Article 2 (3) and see also Commission Directive 2004/33/EC of 22 March 2004 implementing Directive 2002/98/EC of the European Parliament and Councilas regards certain technical requirements for blood and blood components. Commission Directive 2005/61/EC of 30 September 2005 Implementing Directive 2002/98/EC of the European Parliament and Council as regards trace ability requirements and modifications of serious adverse reaction events; and Commission Directive 2005/62/EC of 30 September 2005 Implementing Directive 2002/98/EC of the European Parliament and Council as regards common standards and specifically relating to a quality system for blood establishments.

[4] Directive 2002/98/EC, Article 5.

[5] Ibid., Article 9 (1).

[6] Ibid.

[7] Ibid., Article 8.

[8] Ibid., Articles 13 and 14.

[9] Ibid., Article 2 (3).

[10] Ibid., Article 17.

[11] Ibid., Article 29 (3).

[12] Ibid., Article 19.

成分血尽可能的来自于这种捐献活动。[1]

这联结了更广泛的欧盟层面的关注者，并且超过了对人体材料大众化的关注（扩展到本文范围之外的研究）。[2]

欧盟随后颁布了2004/23/《欧盟委员会第C号指令》，对捐献、采集、测试、加工、保存、贮藏和分配人体组织和细胞（这里指《组织和细胞指令》[3]）的质量和安全作出规定。从此指令的字面意思上就可以看出，这项指令涉及组织和细胞的质量和安全问题。与《血液安全指令》相同，此指令关注组织和细胞的采集、捐献、测试、保存和贮藏问题。《组织和细胞指令》本身有广阔的应用范围，包括外周造血干细胞、脐带血干细胞、骨髓干细胞、生殖细胞（精子和卵子）、胎儿的组织和细胞、成体干细胞和胚胎干细胞。[4]排除在该指令之外的是血液、血液产品、“器官和部分器官（如果它们被当做完整的器官用在同一个人身上）”。[5]除此之外，该指令也排除了用于自体移植（例如，材料即指令本身规制的各类组织和细胞，从人身上移除后又移植在同一人身上）的材料。[6]由于《血液安全指令》，成员国也被要求确保接受组织的人必须有“适宜的训练和经验”。[7]除此之外，那些保存、加工、储存或者分配这些材料的组织必须有来自于“专门机关”的认可。[8]成员国必须建立这样一个机关来规范、监察、控制并维持这些被认可的团体的登记注册。[9]被认可的团体也要为专门机关提供年度基本信息。除此之外，也要求成员国建立一系列程序，这些程序涉及通告并记录不良事件

---

〔1〕 Ibid. , Article 20.

〔2〕 See, generally, e. g. , N. Duxbury “Do Markets Degrade?”, *Modern Law Review* 55, 1996, p. 33. R. Titmus, *The Gift Relationship: From Human Blood to Social Policy* , London: Allen and Unwin, 1970; S. Wilkinson, *Bodies for Sale: Ethics and Exploitationin the Human Body Trade* , London: Routledge, 2003.

〔3〕 Directive 2004/23/EC of the European Parliament and of the Council of 31 March 2004 on setting standards of quality and safety for the donation, procurement, testing, processing, preservation, storage and distribution of humantissue and cells. Commission Directive 2006/17/EC of the European Parliamentand of the Council as regards certain technical requirements for the donation, procurement and testing of human tissues and cells. Commission Directive2006/86/EC of the European Parliament and of the Council as regards trace ability requirements, notification of serious adverse reactions and events and certain technical requirements for the coding, processing, preservation, storage anddistribution of human tissue and cells.

〔4〕 Preamble, Article 7.

〔5〕 Directive 2004/23/EC, Article 2 (2).

〔6〕 Ibid

〔7〕 Ibid. , Article 5.

〔8〕 Ibid. , Article 6.

〔9〕 Ibid. , Article 10.

和不良反应[1]。重要的是，要求成员国采取必要措施来设立组织和细胞的质量与安 155
全机制。[2]此外，进一步的保障措施要求，在特定情形下（如致病原因未知），病人的身体材料被排除在外。为了血液安全，强调捐赠的自愿性和无偿性十分重要。实施这些措施的一个挑战就是确保成员国遵循指令的条款。欧盟委员会的报告指出，最近这种遵从变得有些松散。[3]

自由流动和病患安全

在过去的几年间，当事人越来越多地运用欧盟法律中的自由流动权来维护医疗的请求权。《欧共体条约》第56条规定，

> 涉及共同体内部成员国定居的国民不得禁止共同体内部的服务自由流动。

第57条规定，

> 为报酬而正常提供的务应被认为是本条约所谓之“劳务”。
> “劳务”尤其应包括：(4) 自由职业活动。

《条约》中的权利已经与《条约》第22条（涉及社会安全的条款）相结合，使欧盟公民试图在其他成员国获得医疗并请求报销医疗费用成为可能。在《条约》规定的报销范围内，成员国有一定的自由裁量权。第22条规定，

> 授权不得拒绝，如果某一治疗为某人居住地所在之成员国立法规定的福利，且如果考虑此人当下的身体状况及疾病的可能成因，其在该成员国内无法在通常所需时间内获得该治疗。

随着时间的变化，人们对拒绝国家社会保险体系偿付其他成员国的医疗费用
提出挑战。在KOBLL，卢森堡社会保险计划拒绝偿付在德国接受牙齿正畸手术 156
的治疗费用被判违反自由流动原则且不合情理。[4]尽管如此，欧洲法院指出，成

---

[1] Ibid., Article 11.

[2] Ibid., Article 16.

[3] Communication from the Commission to the Council, the European Parliament, the European Economic and Social Committee and the Committee of the Regions on the application of Directive 2004/23/EC on setting standards of quality and safety for the donation, procurement, testing, processing, preservation, storage and distribution of human tissues and cells, COM/2009/0708 final.

[4] Case C-157/99 Judgement of 21 July 2001; and see also Case C-368/98 *Vanbraekel* [2001] ECR-I-5363.

员国可以施加不同形式的限制，如在一些情形下可以提前批准，如若不然可能会造成国民医疗体系的不稳定。然而，法院就院外护理和院内护理处理上的不同给予了区分：前者并不需要“提前批准”，反之，涉及医院护理的则持支持态度。[1]随后，在众所周知的瓦特案中，诉讼当事人声称条约条款可以扩大至英国国民健康保险对治疗费用的偿付，此案中偿付了髋部手术的费用，并且避免了国民健康保险等待 12 个月的标准。[2]

这些自由流动的案件引发了相当大的关注。[3]最明显的就是对个体成员国的资源分配政策会被个人寻找其他的候补名单和寻找国外医疗所破坏。但是，本文中与此问题更相关的是对因各个成员国给出的标准有差别而衍生出的问题的展望，是诉讼可能造成的结果。[4]此外，在东道成员国内部后续医疗不可避免地来临之时，如果其他成员国发生一些事故，则东道成员国很有可能留下来处理结果。

有意思的是，早在 2001 年，尼斯就暗示这种自由流动的案件会引起欧盟类似医疗服务“统一化”的发展。[5]从欧盟最近的提案来看，似乎在逐渐地向这个方向发展。随着自由流动案件数量的增加，欧盟发布了一条被提议的指令，这条指令与跨边界医疗的病人权利有关。[6]这个指令于 2010 年 6 月 8 日被欧盟理事会同意通过。[7]这是一份内容涵盖广泛的文件，是对自由流动案件的回应。其中一些条款在病患安全问题上尤其关注。提案提出使用所有欧盟系统的一般规定，介绍了指令草案第 13 条规定下的“合作的义务”。提案陈述，“意识到跨界医疗的潜在国内市场，要求在不同成员国的国家、地区和地方层面的提供者、用

---

〔1〕 Case C－385/99 *Muller－Faure and van Riet* [2003] ECR I－I－4509.

〔2〕 Case C－372/04 *R (on the application of Watts) v. Bedford Primary Care Trust*, *Secretary of State for Health* [2006] ECR I－4325; and see further on this case A. du Bois－Pedain, "Seeking Healthcare Elsewhere", *Cambridge Law Journal* (2007) 66; G. Davies "The Effect of Mrs Watts Trip to France on the National HealthService", *Kings Law Journal* 18, 2007, p. 160. J. V. McHale "The Right to Medical Treatment in EU Law", *Medical Law Review* 15, 2007, p. 99.

〔3〕 See, further, C. Newdick, "Citizenship, Free Movement and Healthcare: Cementing Individual Rights by Coroding Social Solidarity", *Common Market Law Review* 43, 2006, p. 1661.

〔4〕 J. V. McHale and M. Bell, "Traveller's Checks", *Health Service Journal* 60, 2002, p. 39.

〔5〕 H. Nys, "Comparative Health Law and the Harmonization of Patients' Rights inEurope", *European Journal of Health Law* 8, 2001, p. 317.

〔6〕 "Proposal for a Directive of the European Parliament and of the Council on the Application of Patients' Rights in Cross－border Healthcare", COM (2008) 414.

〔7〕 Council of the European Union, "Council Agrees on New Rules for Patients' Rights in Cross－border Healthcare", Luxembourg, 8 June 2010.

户和监督部门相互合作，从而来确保安全、高质量并且有效的跨界医疗。"[1]此
项规定的目的在于明确成员国在遵守医疗的一般规定下的责任。关于跨界医疗病
人信息的取得和这些信息的国家联络点将会有适应性条款。[2]这也被连接到其他
的方法，如委员会和理事会在病患安全和医疗服务的质量方面的建议（在本文前 157
言页和结论部分页）。提案规定无论何时提供医疗，保证以下几个方面对病人十
分重要：

- 明确的信息确保病人对其医疗有知情选择权，
- 提供确认医疗的质量和安全的机制，
- 不同专业人员和组织之间的连续护理
- 和确保由医疗产生损害之时进行适当地救济和补偿机制。[3]

该规定的目的在于确保与护理的质量和安全相关的成员国的义务的明晰。

提案也包括了跨国界医疗的法律框架，明确了此领域的判例法。指令将建立合作的框架，涵盖医疗技术评估、数据收集、质量和安全方面。指令提出新的"欧洲参考网络"。该网络将致力于促使各成员国中的专业医疗中心自愿加入其中。进而为研究、评估和信息传播等提供焦点。（小规模）试验项目已获得资助来检测该网络所设想的理念。此外，欧盟最近为卫生技术评估的试点网络——EUnetHTA 提供支持。[4]委员会也注意到了信息和交流技术提高医疗的质量、安全和效率的潜在性。[5]

草案中也有对电子健康的建议。对于这些技术（包括不同类型的技术和程式）的应用，有人建议，欧盟需要协调推进这些技术的应用。[6]

被提议的指令表明医疗记录的转移可能对推进患者的护理是必须的，也阐明了这样的策略使数据的可获得性与对人们数据的保护之间存在紧张关系的问题，个人数据保护在欧盟法律中有相关规定，欧洲议会和理事会于 1995 年 10 月 24 日《欧盟委员会第 95/46 号指令》，以保护个人数据的处理和对应数据的自由流

---

[1] "Proposal for a Directive of the European Parliament and of the Council on the Application of Patients' Rights in Cross – border Healthcare", COM (2008) 414, para. 8. 1.

[2] "Proposal for a Directive of the European Parliament and of the Council on the Application of Patients' Rights in Cross – border Healthcare", COM (2008) 414, para. 7. 5.

[3] Ibid., para 4.

[4] Ibid., para. 2. 32.

[5] Ibid., para. 2. 3. 2.

[6] Ibid., para. 8. 4.

动。在草案指令之后，委员会颁布了一项跨境电子健康系统的互通建议。[1]其致力于推进在病人于其他成员国接受治疗时，病患信息的可获得性，但是，信息安全的问题不可避免地受到个人和成员国的根本关注。

158 指令中更进一步的建议是应有机制适当地为损害提供赔偿，但这些机制的具体步骤还要成员国自己来完善。[2]考虑到成员国之间申诉和民事诉讼过程的迥异，这是不可避免的。在英国，对于草案中建议的反应是批判性的。英国医学总会陈述说，如果病人的权益受到损害，就必须要有有效的系统来引导着监管和救济。[3]英国政府官员道恩·普里马罗洛也对此条款提出批评，并指出，“我们的观点是第5条在申诉、诉讼和过错如何组合在一起不够明确”。[4]然而，草案中的这项条款也引起了在这些问题上转移信息是否会在长期上导致欧盟在诉讼进程和民事救济上更大趋同性的问题。

指令中对权利语言的运用也十分有趣。至今没有已生效的关于病患安全的欧盟文件，但是，未来将会有（规定诞生）。当然，对那些成为签署国的成员国来说，与后里斯本协议相关的是在欧盟协议以及欧洲基本权利宪章之下的新的强制执行力。[5]这是一份直到最近都是简单的“软法”状态的文件，但是现在被那些成员国——波兰和英国——保留实施，这两个国家运用了他们退出的权利。这是一个内容丰富的文件，文件的条款从第1条的尊严权，到支持治疗的第3条，再到健康护理权利的第35条。这份文件不会给欧盟不具有能力的领域带来挑战——它没有独立的权利修改欧盟法。但是它极强的存在感可以证明其在重塑关于是否在成员国内部健康护理有基本的权利和安全的系统的争论的影响力。

被提议的《患者权利指令》包含了大量的提案。它们的影响可能是使成员国内部长期健康护理服务患者的运输变得越来越一致。然而，在实践中，虽然这可能是目的，但是确保其变成现实，我们在结论部分可以看到（页码P163），这是充满了相当多实际困难的事情。

---

〔1〕 Commission recommendation C (2008) 3282 of 2 July 2008 on cross – border interoperability of electronic health record systems.

〔2〕 Ibid., para. 8.6 (16).

〔3〕 House of Lords, "*Healthcare across EU Borders: A Safe Framework*", London: The Stationery Office, 2009.

〔4〕 Ibid., para. 144.

〔5〕 J. V. McHale, "Fundamental Rights in the EU", in E. Mossialos *et al.*, *Health Systems Governance in the EU: The Role of EU Law and Policy*, Cambridge: Cambridge University Press, 2010.

推进“患者安全”政策

2008年的欧盟委员会的交流会（前文提到），不仅强调了对患者安全的关注，也强调了欧盟介入的可能性。交流会突出了不同的欧盟国家在患者安全问题上参与的立场不同的事实。可以看出，欧盟在关于收集信息、在成员国中传播 159
“最优方法”和及时在具体项目结束之时推进势头上扮演着重要角色。交流会也建议成员国应首先：

(1) 支持总体上患者安全国家政策和项目的建立和发展。

(2) 通过告知和授权将患者纳入患者安全政策进程。应告知患者安全的级别以及在出现问题时如何获得投诉和救济系统的相关信息。

(3) 建立并改进全面的免责报告和学习系统，以便于不良事件的范围、类型和原因可以被找到，确保可以高效地引导资源开发可以在欧盟层面分享的解决方案和干预政策。这种对不良事件的报告应该是有助益的而不是惩罚性和抑制性的态度，确保将患者安全涵盖于作为保健提供者的医疗工作者的教育和培训中。

(4) 确保患者安全植入到作为护理提供者的健康护理工人的教育和培训中。[1]

委员会本身也忙于患者安全的普通“定义、术语和指示”的发展。[2]它也推进了与患者安全有关的信息的共享、“最优方法”和欧盟研究项目的推进。除此之外，委员会考虑到成员国就患者安全问题在未来如何最佳地合作的问题。

除此之外，2009年，欧盟发布了针对病患安全的《委员会建议》，包括传染病健康护理的防治和控制，并于2009年6月9日被成员国所采用。[3]在这个建议中，欧委会表明，

> 应通过将病人纳入患者安全的程序来告知和授权病人。应该告知他们患者安全标准、最优方法或适当的安全方法以及他们如何获得并理解诉讼和救济系统的有关信息。[4]

---

[1] “Communication from the Commission to the European Parliament and Councilon Patient Safety including the Prevention and Control of Health - care Associated Infections.” COM (2008) 837 final, para. 6.

[2] Ibid., para. 7.

[3] Council of the European Union, Brussels, 5 June 2009.

[4] Ibid., 5 June 2009, para. 9.

建议也规定成员国应该建立与不良事件相关的报告和学习系统。除此之外，有趣的是，委员会建议“患者安全应该植入到作为护理提供者的健康护理工人的教育和培训中”。[1]建议表明收集相关信息建立病患安全项目的需要，同时也需
160 要横跨成员国的共同语言和指标。[2]建议也表明在健康体系内，国家政策需要合并传染病的健康护理的控制和预防。[3]此外，它强调了将传染病的控制和防治长期置于健康护理体系的战略重点的需求。[4]对于这些传染病，同时也需要检测系统，即在制度、区域和国家层面上建立或加强检测系统。[5]建议也表明应鼓励健康护理专业人员从事信息控制工作。建议倡议成员国与信息技术联手来减少不良事件的发生。[6]尽管如此，建议遵从成员国本身对健康服务和医疗护理的组织和运送负有责任的原则。

一个患者安全和质量护理工作小组在卫生部和医疗护理部的协助之下建立起来。它最近遇到的一个问题是，在此领域欧盟的工作与其他主动权的接口问题。尤其有两项进展值得注意，一个是来自经合组织，另一个来自于世界卫生组织。[7]世界卫生组织令欧盟出于其在病患安全上的决心来建立一个高质量的项目，这个项目，首先，发展全球规范和标准。[8]其次，设计基于证明的政策。最后，该项目将支持欧盟尼泊尔计划的工作。在世界各地的参与中心对患者安全的国际分类法的产品中，也有着国际合作。经合组织也有一个正在进行的“健康护理质量指标计划”。这从2002年起开始运作到现在已经包括37个国家了。它引导了2002年和2007年《医疗一瞥》的出版。该书中话题涉及患者安全、防治、初级护理和心理健康。

这些进展和项目突出了若想被高效地解决，患者安全问题的数量不能简单地通过单一的管辖甚至欧盟的反映来发现。患者的流动性和跨境疾病传染的简单性阐明了欧盟的挑战之一是高效地与国际接洽以便发展此领域的政策和法律。

---

〔1〕 Ibid., para. 10.

〔2〕 Ibid., para. 11.

〔3〕 Ibid., para. 13.

〔4〕 Ibid., para. 14.

〔5〕 Ibid., para. 15.

〔6〕 Ibid., para. 17.

〔7〕 World Health Alliance for Patient Safety Forward Programme 2008 ~ 2009, WHO.

〔8〕 WHA 55. 18.

结语

欧盟与一系列可以推进患者安全发展的区域建立了友好关系。在其他领域，欧盟对成员国层面健康法和健康政策上的影响似乎有所增加。但是，该影响的深度仍有待观察。这里一个主要的挑战就是成员国健康护理指令的多样性。尽管在文中，发展突出了似乎欧盟作为一个整体仍有许多工作要做。2010 年 4 月，一个 161
欧洲民意调查出版了一项调查，记录了横跨欧盟的关注者的调查结果，调查了再伤害可以从医院传染的传染病上发生或者从误诊、漏诊或延迟诊断上发生。[1]调查表明，超过四分之一的受访者或者其家庭成员遭受过某些形式的不良健康事件。调查也表明，这些通常都不会被报道出来。此外，大约 29% 的受访者并不清楚他们成员国的患者安全责任中心在哪里。在健康护理质量的认知上，不同成员国的回应有巨大的差别。例如，在比利时有 97% 的受访者认为健康护理很好，在奥地利有 95%。相反的是，在希腊，只有 25% 的受访者认为健康护理的质量不错或非常好，波兰仅有 30%。调查显示，“很明显对于怎样减少国家间调查到的不一致的反映尚待改善”。[2]这突出了欧盟在此领域的主要挑战。在成员国，健康护理条款类型并不是简单的公平竞争环境。成员国之间为健康护理提供的资金水平有很大不同，并且这种情况在短期和中期内将继续保持。同样的，在成员国之间，初级治疗与医院护理的设施本质上是不同的。所以，健康护理专业人员的供应和为这些健康护理专业人士提供的培训也是不同的。这些不同点随着近年欧盟成员国的扩展而增加。因此，在达到所提议的目标的过程中，这些是最难以调节的。在这里，患者权利的陈述和现状接口变得更为复杂。在欧盟扩张过程中，高效运营所提出的（目标）变得不切实际，这是一种危险。这并不是说搞好关系并改善病患安全的愿望是错误的，远非如此。不如说，这意味着我们需要对所要达到的目标更现实，至少在短期之内是这样。

患者安全在欧洲，如在其他地方一样，是一个多层面的问题。它导致了健康护理标准的问题和这些可以如何并且应该如何制定的问题。它突出了患者安全和标准并不是边界的拥护者这一事实。这表明了欧盟进一步的患者流动性的挑战，无论患者是寻找医疗或是索赔或者在成员国的私营部门进行整形手术，那里的健

---

〔1〕 Eurobarometer, “*Patient Safety and Quality of Health Care*”, Brussels, European Commission, April 2010.

〔2〕 Ibid., p. 67.

康护理基础设施并不发达并且存在不符合安全标准的危险。像欧盟健康白皮书中表明的，欧盟着眼于健康护理更“全面的今天”，并且只有全面的方法才能高效地解决患者安全这一多层面的问题。这些言辞很受欢迎，但是考虑到欧盟健康护理标准、质量和运输模式的方法的多样性，总的来说，我们距离将这些方法变为清晰的法律和政策还有很远的距离。

11.

德国患者安全与临床风险管理

马克·施陶林

导语：德国的医疗保健

组织与管理

与英国一样，德国的医疗保险制度奉行的原则是按需治疗，在提供医疗服务时，几乎是免费的。19 世纪 80 年代，俾斯麦进行社会改革，为工人们建立起法定医疗保险基金（Gesetzliche Krankenkassen）。该基金经费部分来自于雇主，部分从雇员工资中扣缴。[1]随后几年，该体系覆盖范围逐渐扩大到社会其他团体。如今，几乎每个公民都有医疗保险：约 90% 的人口是法定基金的成员，而其余的——以允许退出公共保险计划的高收入公民为典型——往往会购买私人保险。

在这种方式下，德国政府，特别是与提供集中化国民医疗服务的英国政府相比，与医疗保健保持着距离。政府提供了基本法定框架，[2]但将该体系具体的指令和运营留给了该领域核心的非国家行为体。因此，对于与提供必要医疗保健的医生和医院签订合同的保险基金会而言，筹集治疗经费仍是一个问题。提供初级医疗保健的医生，不管是独立行医还是有合伙行医的，都在按服务收费的基础上获得保险基金的补偿。就医院而言，既可以是公共机构（由给定区域直辖市或其他公共机构运行），也可以是私人机构。而私人机构当中，有些是慈善机构，包括由不同宗教团体运营的医院，而另一些则是以盈利为目的的企业。[3]

促使德国医疗服务体系分权下放的一个更重要的因素是德国政治体系的联邦特性。因此，涉及医院问题的法律适用由各州（*Länder*）而非联邦政府（*Bund*）

---

〔1〕 *Krankenversicherungsgesetz* , 1883.

〔2〕 该内容包含在《社会安全法》（the Sozialgesetzbuch）第五卷中。

〔3〕 E. Deutsch and A. Spickhoff, *Medizinrecht* , 5th edn, Berlin, Springer, 2003, pp. 26 ~ 27.

166 决定。医生，不管是在初级保健还是在医院，都受制于一个双重控制体系。首先，他们必须获得联邦政府的批准（许可）授权；其次，他们必须要加入他们行医所在的特定州的相关地区医生协会（Landesarztekammer，以下简称“州医生协会”），并遵守其专业规则。[1]

在确保患者安全方面，这些监管机构有重要的预防功能。在联邦政府层面（Bundesarzteordnung），认可机关若发现医生在行医时“不值得”或“不可靠”，可将其免职，这包括医生对患者造成威胁的情况。[2]同样，若医生未能遵守州医疗委员会的规则，就必须到专业裁判所答辩。这里所说的规则，统称为 Standesrecht（以下简称“医生行业准则”），包括持续开展专业培训和发展的职责，以确保医生们了解他们领域的新动态并参与州医疗委员会发起的质量保证计划。[3]其他基于医生准则并对患者安全有影响的医生职责包括：认真记录各项治疗，以及汇报医药产品的不良副作用。[4]

患者安全问题

近年来，尤其是在过去的 10 年中，德国越来越重视患者安全问题。与其他地方一样，在德国，多得令人无法接受的可避免医疗伤害显然在不断发生，尤其是在医院护理方面。2007 年，由一个负责监控医疗发展的专家委员会提供（基于 184 项研究编制）的统计数据表明，德国医院可预防不良事件（vermeidbare unerwünschte Ereignisse）的年发生率为 2% ~4%，可预防不良事件（PAE）相关的死亡率为 0.1%。考虑到在德国每年大约有 1700 万人住院治疗，约相当于 100 万可预防不良事件和17 000可预防死亡人数。[5]

在特定案例中，只要发生医疗损害，就有可能产生各种法律后果。这包括州医疗委员会或联邦认可权威的专业制裁，某些情况下也可能是刑事责任。[6]然而，主要的问责机制实际上是以医生或医院的民法责任体现的，即给予遭受损害

---

〔1〕 Ibid., pp. 15 ~17.

〔2〕 § 5 II 1 Bundesärzteordnung; Deutsch and Spickhoff, *Medizinrecht*, p. 16.

〔3〕 见 *Musterberufsordnung für Ärzte*（MBO）的 § 4 和 § 5，标准化的医生职业准则，州医疗委员会的规则基于此制定。

〔4〕 § 6 and § 10 I MBO.

〔5〕 *Sachverständigenrat zur Begutachtung der Entwicklung im Gesundheitswesen*, 2007 Report: *Cooperation and Responsibility*, para. 107. Online. Available HTTP http: // www. svr - gesundheit. de/Gutachten/Gutacht07/KF2007 - engl. pdf.

〔6〕 对医生提起刑事诉讼比在英国更频繁，部分归因于对“忽视身体伤害”的冒犯：§229 *Strafgesetzbuch*（刑法典）。据估计，每年大约会展开三千起调查，即使大部分因为缺乏证据或公共利益而中断。see K. Ulsenheimer in A. Laufs (ed.), *Die Entwicklung der deutschen Arzthaftungsrecht*, Berlin, Springer, 1997, pp. 27 ff.

的患者或其家属（若患者死亡）以赔偿。事实上，在德国，患者因医疗过失提起诉讼的案例似乎比英国高出几倍：尽管很难得到可靠的统计数据，据一位著名的评论员估计，医生说谎等行为每年大约在 20 000 和 35 000 起之间。[1]

在处理此类索赔时，特殊的“仲裁委员会”为民事法庭的作用做了补充，旨在促进庭外和解。我们须更详细地了解这些民法机制的运作方式，然后再了解 167
它们对改善患者安全的贡献程度。

医疗损害的后果

民法赔偿

从总体框架上看，同时也就许多细则而言，德国和英国在对医生和医院为医疗损害承担责任的要求方面有很多相似之处。[2]诚然，在德国，患者通常会根据合同法而非侵权责任法提出索赔。然而，这种差异（源于德国未将对价作为合同成立的必要条件）并不重要。这是因为医疗合同被归为劳务合同，劳务合同并没有规定要达到某个特定的结果（也不保证医疗伤害不会发生），而只是规定了谨慎行医的义务。

因此，为获得医疗伤害赔偿，患者有必要证明这是由于医生或医院治疗疏忽造成的。《德国民法典》（Burgerliches Gesetzbuch）第 276 条规定，在交易中应尽的注意未尽到时，属过失行为（*die im Verkehr erforderliche Sorgfalt*），这种方法（适用于医生）同英国法律中的“合理医生（reasonable doctor）”标准有诸多相似之处。此外，法院已经同意，在决定一名医生是否存在过失时，必须在初审时以其他医生的意见证据为指导，来判定他或她的行为是否有正当理由。[3]尽管如此，在该背景下，德国法院制订了相对“病患友好型”的医疗过失法，并在大量的案例中允许责任研究和伤害赔偿。这是通过多方面取得的成就。

第一，法院采取积极的方法来识别过失实例。比起英国同行，他们更愿意批判性看待医学专家所接受的做法，并且有时发现他们的做法失当。联邦最高法院（Bundesgerichtshof）在 1964 年的一起医疗过失案中写道：“如果某个操作未能根据医学科学的规则和经验，尽一切必要努力避免患者受到身体伤害，那么，即使

---

〔1〕 C. Katzenmeier, *Arzthaftung*, Tübingen, Mohr Siebeck, 2002, pp. 39 ~ 42.

〔2〕 M. Stauch, *The Law of Medical Negligence in England and Germany*, Oxford: Hart, 2008, pp. 25 ff.

〔3〕 Ibid., p. 43.

它符合规范也不足以否定过失”。[1]此外，针对伤害源于治疗环境中的风险而非患者病情中的内在风险的案例，法院建立了一种“完全可掌控风险”原则（voll beherrschbare Risiken）。根据该原则，医生或医院最初就有责任表明他们采取了一切合理的预防措施来避免风险，从而证明其行为的合理性。若未能做到这一点，他们会被定为有医疗过失行为。[2]

168 德国法院在处理医疗损害索赔时偏向索赔者的第二种方式是：通过制订许多特殊证据规则，以减少患者可能面临的证据问题。这包括正式的假定（在医生或医院在诊断和治疗过程中未进行充分记录的案例中），假设未文档化的测试或治疗措施被省略了，并允许在此基础上直接寻找过失证据。[3]法院在处理医疗过失案例中，采取的另一个引人注目的手段就是完全撤销“重大”过失案中的因果关系证明。根据这一点，一旦患者证明医生或医院犯了一个特别严重的治疗错误，并造成了远不可忽略的损害风险，反驳该错误造成损害将会是辩方的责任——通常是一项不可能完成的任务。结果是，在许多患者可能遭受损害的案例中（远算不上过失），患者都获得了赔偿。[4]

第三，德国有关治疗风险披露的严格的规则值得一提。在德国，法院采用了一种高度主观的方法对待患者同意接受治疗时必须获知的信息：必须透露任何有可能影响到特定患者决定的事情，包括完全可以忽略的风险。[5]此外，在任何披露不够彻底的案例中（由于未提及风险），治疗相当于非法行为。其所造成的结果是，当这种风险成为现实并造成损害时，患者通常立即有权获得补偿。他无需证明，如果知道风险，实际上他会拒绝治疗。[6]

仲裁委员会的工作

如上所述，特殊“仲裁委员会”的工作强化了法院在这方面的作用。20世纪80年代中期，这些仲裁委员会是由州医疗委员会（Landesarztekammer）发起的，以应对当时猖獗的医疗不当现象。医患之间的不信任越来越严重，包括患者由于缺乏信息感到沮丧，向警方举报医生，对医生非法导致患者身体伤害进行刑事调查。法院建立仲裁委员会，就是为了缓和这种紧张关系并展现公开性；他们

---

〔1〕 *Bundesgerichtshof*, 13 October 1964, *Neue juristische Wochenschrift* 1965, 345 (346).

〔2〕 Stauch, *The Law of Medical Negligence in England and Germany*, pp. 45 ~ 46.

〔3〕 Ibid., pp. 68 ~ 70.

〔4〕 Ibid., pp. 87 ff.

〔5〕 Ibid., pp. 107 ff.

〔6〕 Ibid., p. 125.

尤其希望能帮助患者提出理由充足的索赔，同时鼓励他们放弃不正当的索赔。[1]自那以后，12 个类似的附属于州医疗委员会的仲裁委员会在德国各地建立。它们的一般职责是在正式诉讼过程之外提供一份专家鉴定报告（Gutachten），写明是否存在造成损害的错误治疗。患者诉讼仍然免费，由州医疗委员会资助，资金来自相关医院部门。通常，索赔由专家小组评估，小组成员为三到五名，其中一 169
位具有专业法律资格，而其他人则为医生（其中一名来自相关专业）。[2]大多数委员会被称为专家鉴定委员会（Gutachterkommissionen），只发布一份报告，而其他委员会被称为调解机构（Schlichtungsstellen），也会在适当案例中寻求在适当情况下调解与和解。

仲裁委员会因中立性和高效率赢得良好口碑，申请率逐年稳步增长。发表在州医疗委员会的伞形组织——德国联邦医生协会（*Bundesärztekammer*）网站上的统计数据显示，2008 年有近 11 000 份新申请。[3]董事会确定在其调查的案例中，平均约有四分之一的损害是由医学过失造成的，在约 70% 的案例中，医生的责任保险承保人会着手解决。相反，若没有发现错误，大部分患者会放弃他们的索赔。此外，董事会促进索赔的解决，被认为对患者安全产生积极影响的报告会被传至州医疗委员会，用于继续开展专业培训项目。[4]

民法赔偿规则的评估

总体而言，相较于英国，德国民众对医疗过失领域的民法运作方式的满意度要高很多。人们普遍感到民法在适当案例中的提供赔偿方面执行效果良好；[5]此外，在德国，整个民事诉讼制度的运行，加上免费仲裁委员会的可用性，使得诉诸司法的途径达到合理化水平。[6]这种满意度体现在受伤患者缺乏兴趣用其他选择取代现行的医疗损害赔偿方法，如无过错保险方案。虽然在 20 世纪 70 年代，同英国一样，德国提出了朝该方向前进的举措，然而，如今人们达成的共识是，

---

〔1〕 I. Weizel, *Gutachterkommissionen und Schlichtungsstellen* , Hamburg：Kovac, 1999, pp. 13 ff.

〔2〕 Ibid.

〔3〕 *Bundesärztekammer*, *Statistische Erhebung der Gutachterkommissionen und Schlichtungsstellen* (2008). Online. Available HTTP http：//www. bundesaerztekammer. de/downloads/Statistische _ Erhebung _ 2008 _ edg. pdf.

〔4〕 C. Meurer, *Außergerichtliche Streitbelegung in Arzthaftungssachen* , Berlin, Springer, 2008, p. 145.

〔5〕 这里视为“适当的”内容与英国不同；对有限医疗资源的关注对德国法律的影响较小，从而使德国法律能够在一定程度上参与社会风险转移：see Stauch, *The Law of Medical Negligence in England and Germany* , pp. 159 ~ 160.

〔6〕 相关法律成本通常在德国更低。其中一个原因可能是患者的律师从法庭得到更多的帮助，所以比在英国需要更少的专业技能。

这一计划将难以进行公平设计且成本高昂。[1]事实上，就在1990年德国统一时，前德意志共和国实施的部分无过错方案（为医疗损害受害者提供额外支持）走向终点。[2]

同样重要的是，与英国相比，[3]人们似乎没有那么担心德国的民法运行会促使医生掩盖事故或进行秘密和解而对患者安全产生负面影响。其中一个原因可能是德国采用的是审讯式诉讼模式，在该模式下，法院在查明案件中的独立事实上扮演着积极的角色（在中立、法院指定的医学专家的帮助下）。[4]其次，正如我们前面看到的，仲裁委员会体系显示出自我审查的倾向。这在一定程度上缓解了人们的顾虑。

170 但这并不是说德国没有掩盖医疗事故行为的发生：在19世纪80年代那起著名的*Barmbek/Bernbeck*丑闻中（与英国布里斯托尔皇家医院丑闻性质类似），汉堡医院一位著名整形外科医生不顾未达标准的医疗条件和患者过度损害程度继续手术。尽管如此，汉堡州议会设立的后续调查委员会并没有认定民事诉讼制度为影响因素；相反，遭受指责的是医院里严重的等级制度与联合领导。[5]

事实上，评论家已经提出了德国医疗过失民法对患者安全产生积极影响的若干途径。[6]首先，如前所述，法院以批判性态度对待被认可的医疗实践的专家证词，并且当（在法院看来）医疗实践带有对患者不正当的风险时，该实践可被定为过失。在此类案例中，过失的发现能促使医学界改善该实践。谨慎记录治疗过程是医生的附属职责，它也能产生同样效果。最初，治疗记录是由法院规定的（受到程序性制裁的支撑，非文档化的程序会被认为并未执行）。结果，如前所述，医疗记录成了医生的职业准则。[7]

然而，与患者相关的德国医疗过失法最显著的影响可能体现在医院的组织水平或机构责任上。尤其是，如在前面探讨的，法庭已经形成了“完全可掌控风

---

〔1〕 Katzenmeier, *Arzthaftung*, pp. 266 ff; Stauch, *The Law of Medical Negligence in England and Germany*, pp. 144 ff.

〔2〕 Katzenmeier, *Arzthaftung* , pp. 229～230.

〔3〕 See *Final Report*: *Learning from Bristol*: *The Report of the Public Inquiry into Children's Heart Surgery at the Bristol Royal Infirmary* 1984～1995 , Command Paper, CM 5207, at p. 33.

〔4〕 Stauch, *The Law of Medical Negligence in England and Germany* , pp. 64 ff.

〔5〕 B. Beyerle, *Rechtsfragen medizinischer Qualitätskontrolle* , Heidelberg: Müller, 2004, p. 11.

〔6〕 See D. Hart, "Patientensicherheit, Risikomanagement, Arzneimittelbehandlung und Arzthaftungsrecht" (2007) 25 *Medizinrecht* 383, at pp. 389 ff.

〔7〕 See *Final Report*: *Learning from Bristol*: *The Report of the Public Inquiry into Children's Heart Surgery at the Bristol Royal Infirmary* 1984～1995 , Command Paper, CM 5207, at p. 33.

险”准则，一旦患者的损害能与治疗环境中的某一个风险因素而非其疾病本身固有的风险相联系起来，那么该准则就会发挥效力。判例法中常常采用该方法，包括以下原因导致的患者损害：医疗团队之间的协调问题，医院人员配备决定（录用经验不足或非专业人员），设备故障和药用污染。[1]在所有这些案例中，医院需要表明已经采取所有可能的风险预防措施，来否定过失推断。从法律上看，这样做为医院参与到精心策划的风险管理战略中、提高第二阶段计划的质量和病区物理环境的根本安全提供了强有力的激励。[2]

尽管如此，即使考虑到最后这一点，民法在改善患者安全这方面做得显然还不够。其中一个问题是民法的运行有赖于患者“汇报”安全问题（通过提起法律诉讼），然而，只有一小部分问题能通过该方式确定。在某些案例中，患者（即使受到损害）认为诉讼划不来（可能是出于成本或取证困难等方面的考虑），因此，未遂事故被排除在外。在其他案例中，患者可能只是没意识到他们所遭受
的损害是可以避免的。[3]当人们开始意识到德国医院每年医疗伤害的真实数目有 171
多大时，他们也对解决患者安全问题的其他机制产生了浓烈的兴趣。这将从以下角度考虑。

患者安全和临床风险管理的发展

公法的背景和医生准则

在过去20年里，患者安全运动在德国变得愈加重要，而这并非仅因为医疗损害相关的民事责任顾虑。相反，我们能确定该运动的两个主要推动力。其一，患者安全运动已经发展为国家医疗质量保证（*Qualitätssicherung*）引入医疗保健体系更广泛运动的一部分，这在医疗规定的法定框架的改革上可以反映出来。其二，医疗行业本身发挥的作用有巨大的意义，其与质量保证相关的重要职责已被写入医生准则，旨在改进患者安全的由行业引领的新机制也在形成。

首先看一下国家方面的质量保证倡议，此类倡议兴起于20世纪80年代末，

---

〔1〕 Stauch, *The Law of Medical Negligence in England and Germany*, pp. 74 ff.

〔2〕 Hart, “Patientensicherheit, Risikomanagement, Arzneimittelbehandlung und Arzthaftungsrecht”, at p. 391; B. – R. Kern, “Organisationsverschulden in der Judikatur”, in D. Berg and K. Ulsenheimer (eds), *Patientensicherheit, Arzthaftung, Praxis – und Krankenhausorganisation*, Berlin, Springer, 2006, pp. 59 ff.

〔3〕 这看上去似乎与用药错误特别符合，在实证中组成了可预防不良事件的很大一部分，但很少被提起诉讼：Hart, “Patientensicherheit, Risikomanagement, Arzneimittelbehandlung und Arzthaftungsrecht”, at p. 392.

旨在改善医疗保健服务的成本效益和融资。这在 1989 年，更显著的在 2000 年的《社会保障法》（*Sozialgesetzbuch*）第五卷中的一系列改革中有所体现〔1〕:公开投保的患者获得医疗保健服务时需缴纳质量保证税。在该背景下，《社会保障法》第五卷中第一百三十五章要求医院与主要诊疗所引入内部质量管理，并编制详细介绍他们在这方面的举措与成就的定期报告。此外，他们有义务参加医疗保健购买方（公共和私人健康保险基金）的外部质量审查，比较不同的医院和做法的治疗和健康结果。〔2〕另一项义务是要遵循源于联邦委员会 *Gemeinsames Bundesausschuss*（G－BA）颁布的法规（ *Richtlinien* ），该法规旨在对治疗方法和相关临床处置进行标准化。在制定这些法规的过程中，G－BA 充分利用了循证医学就相关治疗方法的有效性与成本效益的研究结果。〔3〕

医疗保健的质量保证与患者安全问题并不完全相同；正如前面指出的，前者涉及经济层面，一定程度上旨在淘汰成本效益低的治疗方法，即使这些方法不一定会对患者造成损害（甚至可能给他们带去好处）。〔4〕而且，质量保证可能扩展至与患者的安全无直接关联的医疗体验，例如，医生为讨论治疗中不可避免的风险所花的时间及其副作用。尽管如此，患者安全被纳入质量保证这个更广泛的领域中有一定的意义：患者遭受损害显然既不是良好的定性结果，也不是对资源的有效利用。

172 质量保证的方法有着显而易见的共同点，尤其体现在依赖于大规模的体系性研究以评估医疗保健的结构、过程和结果的质量。〔5〕这样往往能直接识别患者安全中的缺陷：2000 年由医院管理中心（*Zentrum für Krankenhaus－Management*）委托开展的一项质量保证调查显示，医务人员之间以及医务人员和行政人员之间严重缺乏交流会给患者带来协调失误引发的风险；另一项研究表明，术后院内感染水平很高，并且通过有效的医疗管理能实现潜在的成本节约。〔6〕此外，根据《社会保障法》第五卷第 135 条，医疗保险基金开展的质量审查充当着通用预警体系的角色，这是因为它能显示某个医院（或该院内部部门）的患者治疗结果

〔1〕 后一项改革在 2000 年 *the GKV－Gesundheitsreformgesetz* 开始实施。

〔2〕 依据 § 137 I SGB，没有履行这些职责将会导致经济处罚。

〔3〕 G－BA 由医药职业、公共保险基金和医院协会的代表组成，在此项工作中受到健康质量与经济研究所（IDWiG）的帮助。

〔4〕 Deutsch and Spickhoff, *Medizinrecht* , p. 294.

〔5〕 Ibid. , p. 296.

〔6〕 H. Kastenholz and B. Both, "Qualitätssicherung der medizinischen Versorgung aus Sicht des Bundesministeriums für Gesundheit" (2002) 45 *Bundesgesundheitsblatt* 215, at p. 217.

何时同其他地方的医院在统计上产生差异，并寻找原因。[1]

正如本书第171页指出的，德国医疗保健的质量保证和患者安全改进的其他主要动力来自于医学界本身。[2]就质量保证而论，自20世纪70年代开始，业内专家组已参与到临床最佳操作指导：推荐性质（*Leitlinien*；*Empfehlungen*）的传播中来。20世纪80年代，关键的医疗保健专业人士开始提出更为具体的患者安全问题；1988年，医生有义务参与州医疗委员会的质量保证计划，该义务被纳入到医生准则中。[3]对该行业来说，显而易见的一点是，从制定有效的风险管理策略所需的医疗和技术知识方面来看，该行业有解决患者安全问题的独特条件。此外，该做法是公认的医学伦理义务，符合希波克拉底格言“首要之务便是起码不造成伤害”（Primum non nocere）。[4]

在随后几年里，医疗行业的患者安全运动呈现稳步发展的势头。这从各个行业牵头的以患者安全为具体职责的机构如雨后春笋般涌现中可见一斑。同样的，1995年，德国医学协会与德国公共医疗保险医生协会（*Kassenärztliche Bundesvereinigung*）建立了医学质量中心（*Ärztliches Zentrum für Qualität in der Medizin*）；2005年，该中心开创的患者安全论坛（*ForumPatientensicherheit*）在该领域进行进一步研究，并开发了关键事件报告体系（CIRS）。[5]2005年的另一重大进展是德国患者安全联盟（*Aktionsbündnis Patientensicherheit*）的形成。该慈善协会的成员包括医生、专业机构、医疗保健机构、保险公司和患者组织。[6]

现行安全举措

患者安全的核心是收集事故信息、体系分析以及降低复发率战略的制定和传
播。[7]就信息收集和分析而言，患者安全论坛（*Frum Patientensicherheit*）与德国 173
患者中心联盟已经采取措施开发关键事件报告体系。目前，德国有两个该类型的

---

〔1〕 K. Goerke, “Qualitätssicherung nach SGB V”, in Berg and Ulsenheimer, *Patientensicherheit*, *Arzthaftung*, *Praxis – und Krankenhausorganisation*, p. 20.

〔2〕 Hart, “Patientensicherheit, Risikomanagement, Arzneimittelbehandlung und Arzthaftungsrecht”, at p. 385.

〔3〕 R. Ratzel and H. – D. Lippert, *Kommentar zur Musterberufsordnung der deutschen Ärzte* (MBO), 4th edn, Berlin, Springer, 2006, p. 65.

〔4〕 Hart, “Patientensicherheit, Risikomanagement, Arzneimittelbehandlung und Arzthaftungsrecht”, at p. 385.

〔5〕 有关ÄZQ和它的*Forum Patientensicherheit*的相关信息（英语）可以在中心网站找到，网址是thttp：//www . forum – patientensicherheit. de/english.

〔6〕 如果想进一步了解the Coalition's website，网址是http：//www. german – coalition – for – patientsafety. org/ .

〔7〕 Hart, “Patientensicherheit, Risikomanagement, Arzneimittelbehandlung und Arzthaftungsrecht”, at p. 383.

重要体系，使得医疗保健专业人士能在网上匿名登记未遂事故：主要面向医院健康专业人士的医疗事故报告及学习系统 - cirsmedical. de,，以及针对初级治疗医生的网站 jeder - fehler - zaehlt. de（“任何过错都会产生后果”）。[1]

此外，在可预防不良事件分析方面，德国患者中心联盟和患者安全论坛（*Patientensicherheit*）积极地进行相关数据的评估。每年，该联盟活动报告开篇就是对世界各国医疗事故研究的冗长分析。[2]另一个德国该类事故的重要信息源来自于附属于州医疗委员会的仲裁委员会的记录。这些记录涵盖了患者质疑发生医疗过失的一大部分案例研究。多数仲裁委员会发布常规案例研究，使该地区的医生关注它们处理的特殊案例。另外，自 2006 年以来，委员会处理的所有案例的数据已被送到汉诺威的北德调解机构（*Norddeutschen Schlichtungsstelle*）用于体系性的整理和分析。[3]

德国患者安全联盟在预防未来不良事件方面也起了至关重要的作用，最好地体现在该联盟不断努力改变医学专业人员之间的文化，使他们更倾向于承认错误，吸取教训。2008 年，该联盟出版了一本名为《吸取教训》（*Aus Fehlern lernen*）[4]的小册子，吸引了全国媒体的关注。在这本小册子中，许多医生，包括最赫赫有名的，坦诚地交流他们在职业生涯中所犯的错误，以及那些错误对患者造成的后果。一个正在进行的项目是：建立一个基于波恩大学的特殊的患者安全研究所，将体系和根本原因分析应用于医疗损害背景中，从而开展进一步研究。[5]

在其工作过程中，德国患者安全联盟也成立了专门工作组，制定事故或伤害具体来源的风险管理策略：这些包括患者身份识别差错、“错误部位”手术和用药差错。小组起草的临床协议随后在联盟的网站上可供下载。[6]联盟也参与了“术时保持手部清洁”（*Aktion 'Saubere Hände'*）项目，该项目由联邦医疗部主办，旨在减少医院感染的数量。2008 年，患者安全联盟同医学质量中心一起，被指定为首要技术机构，负责德国世界医疗组织的“High 5s”患者安全项目的

---

〔1〕 如果想进一步查看该体系的网页，分别浏览以下两个网址：http：//www. cirsmedical. de/ 和 http：//www. jeder - fehler - zaehlt. de/.

〔2〕 See, for 2008, the Coalition's Report, *Agenda Patientensicherheit* 2008 , pp. 3 ~ 80. Online. Available HTTP http：//www. aktionsbuendnis - patientensicherheit. de/apsside/Agenda_ 2008. pdf .

〔3〕 Meurer, *Außergerichtliche Streitbelegung in Arzthaftungssachen* , pp. 142 ff.

〔4〕 See http：//www. aktionsbuendnis - patientensicherheit. de/apsside/Aus_ Fehlern_ lernen_ 0. pdf .

〔5〕 See the Coalition's Report, *Agenda Patientensicherheit* 2008 , pp. 110 ~ 111.

〔6〕 See, e. g. , for "wrong - site" surgery, http：//www. german - coalition - for - patientsafety. org/apsside/07 - 07 - 25 - EV_ Handlungsempfehlungen. pdf .

实施。[1]

结论 174

在德国，尤其是在过去几年里，患者安全文化的发展与英国有显著的相似之处。事实上，英德两个国家的努力均可被视为具备综合医疗保健体系的发达国家为降低医疗保健中可预防的损害所展开的一项国际运动的一部分，而资源问题是该运动的一个驱动因素。然而，德国的经验有其特色。与英国不同的是，管辖医疗损害责任的德国民事法律并没有被认定为对患者有负面影响：其补偿功能受到普遍肯定，也被认为对医疗保健的安全操作产生了积极影响。似乎也没有人担心相关法律会阻碍医生承认错误，吸取教训。事实上，医学界已表现出明显的意愿，积极主动地在这方面进行批判性的自我检查。如前所述，30 多年前，州医疗委员会设立了仲裁委员会，为患者提供来自其他医生的免费医疗报告，了解他们是否是医疗过失的受害者。今天，该行业在推动患者安全的行动上继续发挥主导作用，而国家仍在幕后充当监督角色。

患者安全运动，是否成功减少了德国医疗的可预防不良事件，终归难以评估。一方面，德国医学协会质量保证委员会的主席最近表示，德国在该领域的活动现状堪称“典范”。[2]但另一方面，导致诉讼和汇报至仲裁委员会的医疗损害事故数量似乎居高不下。其中一个难点是可预防不良后果这个概念的流动性。医学和风险管理的发展使得那些原本被视为不可避免的事件被归为可预防事件。但总体来看，护理的组织与协调得到改进，至少减少了“明显可避免”事故的数量。

---

〔1〕 See http：//www. forum – patientensicherheit. de/high5s .

〔2〕 55 “Jonitz：Deutschland bei Patientensicherheit vorbildlich”, *Pressemitteilung der Bundesärztekammer* , Berlin, 17 November 2009. Online. Available HTTP http：// www. forum – patientensicherheit. de/aktuelles/news2009 – 11 – 17 .

12.
加拿大的患者安全与法律

琼·M.吉尔莫

177 ## 导语

对患者安全的倡议日益成为健康政策和医疗保健的前沿。该倡议在 1999 年由美国医学研究院发布的影响深远的报告《人非圣贤，孰能无过》引发。[1]该报告不仅强调可避免的患者伤害的频繁性和严重性，而且强调需要处理系统因素扮演的角色，以提升医疗保健的安全和质量。该报告洞察了医疗错误的起源，同时很快频繁出现在其他国家的政策文本中，并重构了关于如何使医疗保健更加安全的争论。然而，这一理念如何融入法理的范围以及可达到的最佳效果仍不清晰。诉讼仍是处理由于缺乏医疗保健造成损害的事件的最主要手段，在过错责任法中，权利和义务均是以过错为前提的。由于法律在各方关注的塑造环境以制定有关医疗保健的规定、评估风险和应对不良事件上扮演着重要角色，法律与患者安全之间存在功能障碍。

美国医学研究院报告发布迄今已超过十几年。极端错误和普遍的患者伤害的新闻依然充斥许多国家的头条，这动摇了有关医疗保健的设想，突显了改革的必要性。作为回应，人们采取了许多促进患者安全的举措。但在绝大部分情形中，法律改革依然滞后。这影响了患者安全倡导者建议的采纳，因为在多种情况下，法律制约解决方案的实施——人们的行为由根本的法律制度所规范。

加拿大对患者伤害程度和系统因素扮演的角色的共同关注稍晚于其他地区。加拿大于 2004 年出版的一份关于发生在急症处理医院的不良事件和患者伤害的

---

〔1〕 Linda T. Kohn, Janet M. Corrigan, and Molla S. Donaldson (eds.), *To Err Is Human: Building a Safer Health System*, Washington, D. C. National Academy Press, 2000.

报告（《加拿不良事件研究》，the Canadian Adverse Events Study）指出发生率为7.5%。[1]专家评论者认为这其中的36.9%是高度可预防的。[2]绝大多数(64.4%）伤害的程度在极小到中度之间，六个月内即可恢复。然而，5.2%的不 178
良事件造成了终生残疾，15.9%的不良事件造成死亡。从这些数据推算，笔者估计，2000年，在加拿大类似医院全年有大约250万起入院治疗的情形下，大约有185 000起涉及不良事件，其中70 000起可能避免，并且9250起至23 750起的伤亡本可避免。[3]加拿大健康信息研究所指出这使不良事件成为加拿大死亡的主要原因之一。[4]

本文评估了加拿大法律体系和患者安全举措之间的关系。文章聚焦于法律对提供医疗保健的管理和损害责任，进而确定法律体系是否反映了（我们对错误如何发生的理解）进展及需以什么来避免和减少伤害。虽然不同国家的医疗保健系统、社会、政治、经济和法律环境均有显著差异，但是对比分析可以提供重要视角，为医疗和法律的政策发展提供有益信息。笔者开篇点明加拿大语境，介绍了其中的法律体制、对医疗服务的监管、过失赔偿的民事诉讼程序。随后，笔者回顾了在加拿大对患者安全敏感的兴起，并反思了患者伤害造成的持续影响，尽管许多举措有意削减。其后的部分分析了患者安全提倡者给出的建议在多大程度上影响了法律。最终，笔者思考了取得的进展和存在的问题。

加拿大的法律和医疗保健体系

宪法管辖权

加拿大是联邦制国家，宪法管辖权在联邦、省或领地政府之间进行划分。虽然“医疗”问题不是排他性授权给某一级政府的单独事项，省和领地在其管辖区内对于医疗保健的诸多方面均有管辖权，还有对司法和侵权的管理。[5]联邦政

---

〔1〕 Ross Baker *et al.*，“The Canadian Adverse Event Study：The Incidence ofAdverse Events among Hospital Patients in Canada，”（2004）170：11 *CanadianMedical Association Journal* 1678.

〔2〕 Ibid.，p. 1679. 不良事件被定义为“导致出院时残疾、死亡或延长住院时间的非故意的伤害或并发症，且由医疗护理管理所导致【包括个体医院员工和董事会系统和护理过程】而不是病人潜在的病症”。

〔3〕 Ibid.，at pp. 1683～1684.

〔4〕 Canadian Institute for Health Information（CIHI），*Health Care in Canada in* 2004，Ottawa，CIHI，2005，pp. 42－43. Online. AvailableHTTPhttp：//www. cihi. ca/cihiweb/dispPage. jsp? cw_ page＝PG_ 263_ E&cw_ topic＝263&cw_ rel＝AR_ 43_ E.

〔5〕 The Constitution Act，1982，being Schedule B to the Canada Act 1982（U. K.），1982，c. 11.

府只在有限的方面对医疗保健有管辖权，[1]但是它主要的作用是通过经费权间接影响医疗系统和政策。[2]在评估发展和提高患者安全的法律改革时，必须考虑到加拿大联邦制度和管辖权的分立的实际情况。

除了魁北克省（大陆法系）之外，加拿大其他九个省和三个领地区都属于普通法系管理，本章中关于不合格的医疗保健的民事责任均限于普通法系。[3]然而，对于规范改革的讨论取自全国各地的事例。

179 加拿大医疗保健体系

加拿大拥有公费资助的全民医疗保险体系。根据由联邦立法所规定的特定条件和情形，各省和领地负责发展和管理公共医疗保险计划。各项计划必须遵守联邦立法的规定以便于有资格参与联邦政府的转移支付来促进各省满足公费医疗服务的成本。[4]省级公共医疗保险计划的覆盖主要关注医生服务和医院护理。[5]各司法管辖区还确保了额外服务如家庭护理、门诊处方药物或者非医生（牙医、理疗师、按摩师等）服务。非医生、非住院服务的覆盖范围有限，且各地有所不同。[6]覆盖范围还要遵守其他要求，如经济情况、年龄限制或其他条件。

加拿大约有70%的医疗服务是公共支出，另外30%的费用是私人支出，由私人保险或者个人支出。[7]

加拿大多数医疗服务由独立执业者或者受雇于医疗机构如医院、私人诊所或公司的专业从业医生提供。[8]大多数医生都是独立执业者，即使他们仅仅在医院或主要在医院执业，也几乎没有人成为雇员，取而代之的是，医院授予其特免权。其他在医院工作的如护士和理疗师，通常为医院的雇员。大部分医院是公立

---

〔1〕 Peter Hogg, *Constitutional Law of Canada* , Toronto, Thomson Carswell, 2007, looseleaf.

〔2〕 Canada Health Act, R. S. C. 1985, c. C–6. 虽然公共医疗保险不是省的责任，但联邦政府强制要求所有的省公共医疗保险计划必须满足五项标准——普遍性、可及性、综合性、移植性和公共管理——以及禁止医生收取额外费用与医院收取用户费。省必须遵守以便于取得援助公共资助的医疗服务成本的联邦现金转移支付的资格。

〔3〕 Regarding the law in Quebec, see Lara Khoury, *Uncertain Causation in MedicalLiability* , Cowansville, Quebec, Yvon Blais, 2006.

〔4〕 Canada Health Act, R. S. C. 1985, c. C–6.

〔5〕 Ibid. , s. 2.

〔6〕 *Auton v. British Columbia* , [2004] 3 S. C. R. 657.

〔7〕 Canadian Institute for Health Information (CIHI), *Health Care in Canada* 2008 , Ottawa, CIHI, 2008. Online. Available HTTP http: //www. cihi. ca/cihiweb/dispPage. jsp? cw_ page = PG_ 1472_ E&cw_ topic = 1472&cw_ rel = AR_ 43_ E .

〔8〕 W. Lahey, "Medicare and the Law: Contours of an Evolving Relationship," inJocelyn Downie, Timothy Caulfieldand Colleen M. Flood (eds.), *CanadianHealth Law and Policy* , 3rd edn. , Markham, Lexis Nexis Canada, 2007, p. 1.

的，但尽管其严重的依赖于政府资金并且受其广泛控制，公立医院却并不被认为是政府本身的一部分。[1]公立医院通常是非营利机构，一般由宗教团体、世俗机构、市政当局或政府所有。[2]其他类型的私立医疗保健主体包括疗养院和诊所；这些主体有营利性和非营利性之分。[3]

虽然政府并不直接向病人提供医疗，但其对于医疗保健负有重要责任。政府资助已投保的医疗保健保险服务，可通过公共医疗保险计划对支付医疗服务提供者为病人提供的医疗服务投保服务、还可将基金转移至公立医院和其他组织，如诊所等，以弥补其提供投保服务产生的成本。虽然各省和领地都将大部分与医疗从业者有关的责任赋予自我监管的从业人员，但是政府仍对医疗服务和服务提供者的质量加以规范。[4]他们也负有广泛监管的责任，对于“系统监管或者管理工作……建立系统的总体目标，为管理和评估系统的成功……为确保系统不同部分之间的协调性和连续性，通过公共基金或者其他方式以保证可合理获得医疗保健服务”。[5]除了
对于医疗系统的政府的实践和法定权利的范围，追究政府“不足”民事责任的努 180
力（例如不适当地资助医疗服务，或者未能保护医疗工作者免受传染病感染）均告失败。法院一般认为在此种情形下政府不负私法上可通过民事诉讼执行的对个人的注意义务。[6]

医疗保健和法律责任

绝大多数针对医疗执业者、医院和医院雇员的诉讼都以主张过失索赔，即医疗服务的提供者或机构不合格或有缺陷的行为给患者造成损害应给予损害赔偿。[7]过失的法律责任以发现过错为依据。虽然法院必定认为事件的发生有多种原因，[8]但大部分过失诉讼倾向于关注某一事件的有关人士中直接引起诉讼的一方，即使

---

〔1〕 *Stoffman v. Vancouver General Hospital*，[1990] 3 S. C. R. 483；*Eldridge v. BritishColumbia*，[1997] 3 S. C. R. 624.

〔2〕 *Hospitals*：*Provincial and Territorial Legislation*，cited in CCH Canadian Ltd.，*Canadian Health Facilities Law Guide*，North York：CCH Canadian Ltd.，1996～1997，looseleaf，pp. 512～520.

〔3〕 Lahey，“Medicare and the Law.”

〔4〕 Joan M. Gilmour，Merrijoy Kelner，and Beverly Wellman，“Opening the Door to Complementary and Alternative Medicine：Self Regulation in Ontario”（2002）24 *Law & Policy* 149.

〔5〕 Lahey，“Medicare and the Law，” p. 15.

〔6〕 *Mitchell Estate v. Ontario*（2004），71 O. R.（3d）571（Sup. Ct.）；Abarquez v. Ontario（2009），95 O. R.（3d）414（C. A.）；but see*Taylor v. Canada*（*Minister of Health*）（2007），285 D. L. R.（4th）296（On. Sup. Ct.）.

〔7〕 Justice Ellen I. Picard and Gerald B. Robertson，*Legal Liability of Doctors and Hospitals in Canada*，4th edn.，Toronto，Carswell，2007 [Picard and Robertson].

〔8〕 *Athey . v Leonati*，[1996] 3 S. C. R. 458，paras 17，25.

案件中包含数名被告。通常他们不对原告的损害做更为详尽的、系统化的起因分析。[1]

过失责任法的基本原则在加拿大、英国及其他普通法国家非常相似——原告必须证明被告负有注意义务，违反注意义务标准且该等违反对原告造成了损害，依法应予以赔偿。然而，一些加拿大实体法和程序法及实践的特征是与众不同的。为突出法律环境的不同会影响患者安全措施，笔者从以下四个方面进行评论：医院责任、有限特免权、民事诉讼程序以及责任保险安排。

医院责任

医院对其病人负有注意义务，并且直接对自己的过失负责（如监督员工能力或者建立安全经营医院所需的系统），并且对其负有法律责任的人员，如雇员的过错，承担转承责任。然而，与许多其他国家不同，加拿大医院通常对独立执业者的过失不承担责任，尤其是对其未雇佣的医生。[2]患者安全运动对系统因素造成医疗错误和患者损害，尤其是强加在制度决策“钝端”的约束塑造执业医师和患者的“尖端”上的决策方式的深刻理解，为将医院的责任扩大到非雇佣医生的过失的争论提供了强大的推动力。[3]扩大医院的责任也将会更加准确地反映
181 医疗保健组织和提供服务的变化。在多数情况下，不可能将医生的服务孤立于制度环境和其他由医疗保健队伍提供的治疗之外进行评估。主张医院不对非雇佣医生的疏忽承担责任的辩解愈发勉强。[4]在一些案件中，法院已经在认定责任时考虑提供医疗保健具有演进性的特质。[5]除此之外，涉及该方面的法律经年未有改变。

---

〔1〕 J. M. Gilmour, “Duty of Care and Standard of Care,” in Commission of Inquiry on Hormone Receptor Testing, *Looking Forward…Policy Papers* , vol. 2, St John's, Government of Newfoundland and Labrador, 2009, p. 35.

〔2〕 *Yepremian v. Scarborough General Hospital* (1980), 28 O. R. (2d) 494 (C. A.); Picardand Robertson, *Legal Liability of Doctors and Hospitals in Canada* .

〔3〕 Joan Gilmour, *Patient Safety*, *Medical Error and Tort Law*: *An International Comparison* , 2006. Online. Available HTTP www. osgoode. yorku. ca/faculty/Gilmour_ Joan_ M. html , pp. 30, 59 ~61.

〔4〕 G. H. L. Fridman, *Introduction to the Canadian Law of Torts* , 2nd edn. , Markham, Lexis Nexis Butterworths, 2003, p. 336; Philip Osborne, *The Law of Torts* , 3rd edn. , Toronto, Irwing Law, 2007, p. 324; Gilmour, *Patient Safety*, *Medical Error and Tort Law* ; and Picard and Robertson, *Legal Liability of Doctors and Hospitals in Canada* .

〔5〕 See, e. g. *LaChambre v. Nair* , [1989] 2 W. W. R. 749 (Sask. Q. B.) (defendant hospitalliable for failing to ensure properly coordinated care between specialties); *Milne v. St. Joseph's Health Centre* , [2009] O. J. No. 4004 (Sup. Ct.) (nurse liable for harm caused by her poor communication with other members of health careteam) .

有限特免权

长期以来，医院采取正式和非正式程序来考核医疗安全和质量。由于考虑到保密性对于鼓励披露至关重要，绝大多数省和领地均借助有限特免权立法至少屏蔽了一些质量保证（Quality Assurance）程序使其免于在诉讼中披露。[1]患者安全倡导者认为这些信息是精确分析造成伤害的因素的关键，并且是开发有效策略防止或减少其再次发生的关键。我们应认识到如果公开披露会有消极影响的危险（如“责备和羞辱”），医疗保健提供者就不愿披露，他们还会辩称促使医疗保健更加安全的公共利益使不在质量保证的“安全港湾”之外的披露具有正当性。作为回应，对质量保证活动的法律保护持续扩大。该法律保护已逐渐扩展至需向地方卫生机关及国家卫生部报告的信息，并适用于多种类型的法律诉讼中。[2]对该信息加以保护的性质、范围和可取得性因司法管辖区的不同而有所差异。在别处，对于不可获得的事实信息患者一般仍可获得。[3]否则，作为质量保证流程的一部分而被披露的信息也被保护起来。[4]如果法律保护不适用，那么，在民事诉讼程序中披露信息可以被受普通法特权保护为理由而阻却。不同案件的判决迥异。[5]虽然这些法律可以增加错误和伤害的披露，也能影响实现正义（的方式），因为限制有关患者怎样受到伤害、为何受到伤害的信息会使患者在诉讼中证明有权获得赔偿变得更加艰难。

诉讼程序

据估计，在加拿大由医疗服务过失引起的可行索赔只有不到10%得到赔款。[6]如前文所述，《加拿大不良事件研究》（the Canadian Adverse Event Study）认为，大约5.2%可避免的不良事件的结果是终生残疾，15.9%的结果是死亡。[7]但并非所有的不良事件都由过失所致，仅部分如此。由过失所导致的不良事件的数量必然远远大于人们对疏忽提起诉讼或者获得赔偿的数量。2008年，加拿大只有88起针对医生的诉讼开庭，其中，原告胜诉的只有13起；余下的75 182

---

〔1〕 Gilmour, *Patient Safety, Medical Error and Tort Law*, p. 63.

〔2〕 See, e. g., Regional Health Services Act, S. S. 2002, c. R-8. 2, s. 58; Evidence Act, S. S. 2006, c. E-11. 2, s. 10.

〔3〕 See, e. g., Quality of Care Information Protection Act, 2004, S. O. 2004, c. 3, Sch. B.

〔4〕 Commission of Inquiry on Hormone Receptor Testing, *Investigation and Findings*, vol. 1 (M. Cameron, Commissioner), St John's: Government of Newfoundlandand Labrador, 2009, p. 358.

〔5〕 Picard and Robertson, *Legal Liability of Doctors and Hospitals in Canada*.

〔6〕 R. S. Prichard, *Liability and Compensation in Health Care*, Toronto, University of Toronto Press, 1990, p. 17.

〔7〕 Baker *et al.*, "The Canadian Adverse Event Study."

起均是被告医生胜诉并被判不承担责任。[1]这些数字与前几个年度的结果一致。一些诉讼在开庭之前就和解，但整体而言并不多。

如何进入司法系统存在问题的原因很多。患者、医疗保健提供者和机构之间的信息不对称意味着病人无法保证自己知悉或有机会获取和评估其是否为医疗过失受害者的信息。诉讼十分漫长，尽管有事后分成律师收费的可能性，余下的费用仍十分昂贵。在不良事件案件中，因果关系尤其难以证明。[2]几乎不变的是，甚至是否可提起诉讼都要求专家意见，增加了是否起诉的成本。虽然加拿大每个省和领地都有相应的法律援助体系，但医疗不当行为引发的民事诉讼一般得不到法律援助。最后，按前文所述，开庭审理的大多数不良事件都以败诉告终。按照英国的规定，费用是“依事件而定”，即败诉方需要支付胜诉方的费用——一个令原告惴惴不安的前景，尤其是考虑到极低的胜诉可能性。加拿大医疗保护协会（Canadian Medical Protective Association）是医生之间的互助保护组织，为大约95%的加拿大医生规定责任范围，报告称，在过去十年，针对该协会超过75 000名会员执业不当行为的诉讼呈下降趋势。[3]

责任保险

虽然绝大多数医生是独立执业者，但他们大多由于提供给病人的服务以收费服务为基础从省公共医疗保险计划获得薪酬。公共保险服务的费用由省医疗协会和政府商议而定。此等费用意在支付医生服务的薪酬以及杂费，包括责任保险的费用（一般支付给加拿大医疗保护协会）。因此，责任保险费用的增长不能简单地通过收取更多的保险服务费用以摊派给患者。认识到这一点，并且想要确保在患者已经疏忽地被损伤和损害时，医疗服务的持续连接和补偿的有效性，各省政府与医疗协会经谈判达成了协议，由政府支付医生购买责任险的费用。省政府和医疗协会谈判了一些协定，政府依照给内科医生保险责任的出资。对于这些协定，各省之间各不相同，但是政府出资总额和个体内科医生支付费用的比例是不

〔1〕 The Canadian Medical Protective Association, “The CMPA Annual Report2008,” 2008, p. 9. Online. Available HTTP http: //www. cmpa - acpm. ca/cmpapd04/docs/about_ cmpa/annual_ report/2008/com_ executive_ report - e. cfm [CMPA Annual Report 2008].

〔2〕 Joan M. Gilmour, “The Multiple Meanings of Causation in the Supreme Court of Canada's Medical Malpractice Jurisprudence,” in Jocelyn Downie and Elaine Gibson (eds.), *Health Law at the Supreme Court of Canada*, Toronto, Irwin Law, 2007, p. 111.

〔3〕 Canadian Medical Protective Association, “The CMPA Annual Report 2008,” pp. 9 ~ 10.

变的。[1]

医院保险安排类似于更传统的保险合同。500 多家加拿大医疗保健机构通过参与加拿大健康保险互助会（Health Insurance Reciprocal of Canada），一个会员制 183 非盈利保险互助组织，获得其责任保险。[2]医院从政府获得相当大一部分的经费，并且它们提供的大量服务是有公共保险的。因此，医院也使用政府提供的经费支付责任保险的费用。

患者安全和临床风险

与其他国家类似，患者安全敏感度的提高促使加拿大医疗政策制定者、医疗执业者和机构认识到，过错和伤害的应对措施需关注系统原因和将独立执业者从民事责任、住院流程和专业守则的“责备和羞辱”中移除。2002 年，国家患者安全指导委员会（the National Steering Committee on Patient Safety）发布报告，《建立一个更加安全的系统：在加拿大提升医疗保健患者安全的全国协调策略》（Building a Safer System：A National Integrated Strategy for Improving Patient Safety in Canadian Health Care），总结到对患者的不良事件和伴随伤害如此显著以至于“认为过去和现行的安全保证措施在控制不良事件方面仍然有效已不再合适”。[3]报告建议将减少不良事件的核心聚焦于系统分析，系统分析将会考虑到“钝端”或者系统远端所扮演的角色，即监管者、行政人员、政策制定者和技术提供者等塑造执业者工作环境的人。[4]报告提出了两条有关法律系统的建议：其一，强化对合法数据和意见的法律保护，此类数据和意见与患者安全和质量改进的讨论相关，应防止其在法律诉讼中被披露，而保留患者获取有关不良事件真实

---

〔1〕 Gilmour, *Patient Safety, Medical Error and Tort Law* , p. 34; Matt Borsellino, "CMPA Fees Drop," *Medical Post* (September 4, 2007), p. 51; Canadian MedicalProtective Association, "The CMPA Annual Report 2008"; Steve Buist, "Taxpayers Footing the Bill for Malpractice Insurance," February 7, 2009. Online. Available HTTP http://www.thespec.com/article/509183 ; Matt Borsellino, "CMPA Fees Set to Rise for Most," *Medical Post* , September 8, 2009, p. 7; MattBorsellino, "Out - of - pocket CMPA Fees All Over the Map," *Medical Post* , January 12, 2010, p. 37.

〔2〕 Commission of Inquiry on Hormone Receptor Testing, *Investigation and Findings*, vol. 1, p. 365.

〔3〕 The National Steering Committee on Patient Safety, *Building a Safer System: A National Integrated Strategy for Improving Patient Safety in Canadian Health Care* , September 2002, p. 16. Online. Available HTTP http://www.patientsafetyinstitute.ca/English/toolsResources/patientSafetyPublications/Pages/NationalPublications.aspx.

〔4〕 Ibid. , p. 19.

信息的能力；其二，报告提议对侵权法和医疗保险体系给患者安全的影响作进一步考虑，着眼于此，制定建议来促进患者安全文化发展。[1]

委员会也促成了加拿大患者安全协会（Canadian Patient Safety Institute）的设立。对此，政府的回应十分迅速：2003 年，联邦政府成立了该协会并在五年内安排了五千万元用于支持患者安全活动，其中包括每年支付给协会的八百万元。协会是独立的非盈利公司，以与医疗专业人士及组织、监管机构和政府合作建立更安全的医疗保健系统为使命。它扮演着督促和咨询的角色，并且无权要求采取何种行动。自成立以来，它建立了根本原因分析框架，完善了《加拿大披露准则》，促使对不良事件中的病人披露信息，资助研究，并常以合伙人的身份参与或资助其他项目。[2]在 2008 年，对协会的资金支持延期五年。[3]

纵观全国，政府、地方卫生局、认证机构、医院和医疗机构、自我管理的职
184 业团体、执业者及其专业协会、研究者等均采取措施提高患者安全。这些是积极的发展。然而，尽管有日益增多的回应，对病人过失和严重的伤害仍悲惨地频繁发生。过失不仅存在于无谓的手术和错误用药等个案中，还存在于损害本身是系统性的、伤害普遍的情形中。全国各地存在令人困扰的大量的检验技术医师、放射线技师和其他医师工作的大规模错误的报告。[4]笔者就其中两条具体错误展开

---

〔1〕 Ibid., p. 28; Gilmour, *Patient Safety, Medical Error and Tort Law*, p. 50.

〔2〕 Canadian Patient Safety Institute. Online. Available HTTP www. cpsi – icspa. ca.

〔3〕 Health Canada, "Health Canada Renews Funding to the Canadian Patient Safety Institute," July 2, 2008. Online. Available HTTP http://www. hc – sc. gc. ca/ahc – asc/media/nr – cp/_ 2008/2008 _ 104 – eng. php.

〔4〕 Myron Love, "Manitoba Committee Clears Pathology Lab", *Medical Post*, March 23, 2010, p. 2; Lisa Priest and Sarah Boesveld, "Ontario Launches Review of Pathology Reports", *Globe and Mail*, February 26, 2010, p. A6; The Health Quality Council of Alberta, Media Release, "Health Quality Council of Alberta Releases Findings of Follow – up Urban and Regional Emergency Department Patient Experience Report", January 25, 2010. Online. Available HTTP http://www. hqca. ca/assets/pdf/ED%20January%202010/HQCA_ urban_ and_ regional_ ED _ report_ release_ FINAL. pdf; "Eastern Health uncovers lab testing problem", February 23, 2010. Online. Available HTTP http://www. cbc. ca/canada/newfoundland – labrador/story/2010/02/23/nl – lab – cyclosporine – 230210. html; KarenHowlett, "Privileges Restored for Mastectomy MD", *Globe and Mail*, March 12, 2010, p. A11; The Canadian Press, "Work of Saskatchewan Radiologist Questioned", *CTV News*, May 21, 2009. Online. Available HTTP http://www. ctv. ca/servlet/ArticleNews/story/CTVNews/20090521/radiologist _ 090521/20090521? hub = Health; CBC News, "30, 000 Tests by N. B. Radiologist Probed", October 5, 2009. Online. Available HTTP http://www. cbc. ca/canada/newbrunswick/story/2009/10/05/nb – radiologist – review – 201. html; Jessica Leeder, "Pathologists Appeal to Ottawa for Help", *Globe and Mail*, July 1, 2008, p. A13, "Commission of Inquiry into Pathology Services at the Miramichi Regional Health Authority", *A Report with Recommendations of a Commission of Inquiry into Pathology Services at the Miramichi Regional Health Authority* (P. Creaghan, Commissioner), New Brunswick, 2008.

评论，因为它们严重地损害了公信度，以至于专门指派调查委员会认定发生了什么、为什么发生，并提出措施避免错误再次发生并提高可信度。

在纽芬兰和拉布拉多，在发现用以确定被诊断为乳腺癌的成千上万的女性可否接受抗激素治疗的实验室激素受体检测不准确，导致许多本应接受该治疗的女性被错误告知治疗对其没有帮助后，一个调查委员会被指派对此进行调查。委员会清晰地概括了不同系统因素怎样相互结合并导致这些伤害的。[1]委员会的许多建议侧重于系统性反应，以改正从个人实验室质量控制和监测到医疗机构、地方卫生局和政府的结构性改变等一系列缺陷。[2]

在安大略省，由于一名儿科法医病理学家工作失误导致双亲、家庭成员或他人在因儿童死亡的刑事指控中被误判有罪的也会导致调查委员会的启动。[3]虽然法医分析与司法体系相关，但它也与医疗系统紧密相连并依赖于此。该病理学家由于其（假设的）在儿科病理方面的经验就职于知名的儿科医院，这构成了他的信誉。与之对应，他在这一领域的声誉在误判和一些被告尽管无辜却被迫接受的辩诉交易中起到了重要作用。委员会的建议不仅强调了系统因素无处不在的影响，还强调了此类错误在医疗系统之外波及的范围。

法律改革

民事责任

显而易见，许多因医疗过错受到伤害的人未得到赔偿。虽然如此，由过失提起的诉讼仍是解决因不合格医疗保健导致损害的争议的主要手段。近年来，虽然有几个省改革了民事法律体系，但是大部分改革旨在减少判决成本，如允许法院在个人伤害案件中判决分期支付损害赔偿金；或减少进入民事法律体系的成本，如对小额诉讼采取简易程序、并扩展作出即期判决的能力。[4]除若干省强化对质 185
量保证流程语境下所收集信息的披露加以法律保护之外，没有一地将临床过失诉讼作为改革的明确目标。尽管对侵权法体系的表现有严厉的批评和改革建议，[5]

---

〔1〕 Commission of Inquiry on Hormone Receptor Testing, *Investigation and Findings* , vol. 1.

〔2〕 Ibid.

〔3〕 Commission of Inquiry into Pediatric Forensic Pathology in Ontario, *Inquiry into Pediatric Forensic Pathology in Ontario Report* (S. Goudge, Commissioner), Toronto, Ontario Ministry of the Attorney General, 2008.

〔4〕 Gilmour, *Patient Safety*, *Medical Error and Tort Law* .

〔5〕 Ibid. ; Prichard, *Liability and Compensation in Health Care* ; Robert Elgie, Timothy Caulfield and Michael Christie, "Medical Injuries and Malpractice: IsIt Time for No – Fault?" (1993) 1 *Health Law Journal* 97.

但民事诉讼体系在很大程度上还是一成不变的。相对稳定的索赔环境、广泛接受的侵权法体系、维持该体系符合利益相关者的既得利益、责任保险危机的缺乏、典型性案件的缺失、有组织的公众或医疗服务提供者对侵权法实质性变革的阻力，均意味着在不久的将来，侵权法体系几乎不会发生实质性的改变。

规范改革

旨在促进患者安全的立法活动聚焦规范改革。其结果就使得规范环境更日趋复杂和相互关联。笔者强调并评估了一些发展，这些发展扩大或减少了信息获取的途径，并且增加了问责制度。

扩展获取信息的途径

损害披露

向受不良事件影响的病人披露其遭受的损害是道德和法律上的双重要求。[1]患者安全倡导者一直强调在病人受到医疗保健伤害时坦诚的重要性。尽管披露是义务所在，但多数情况下，医院或医师都不会这样做。[2]

披露要求变得更加明确和具有强制力，例如，由职业自律组织订立的操作规范。[3]不遵守规则的医疗专业人士可能面临纪律惩戒。一些省已经将扩大的披露要求写入立法。安大略省现在要求公立医院董事会确保管理人员建立系统向病人或其代理人披露所有“严重事故”。信息披露必须包括采取的措施或者对病人处理结果的建议。此外（虽然受制于有限特免权立法），医院管理人员必须确保病人被告知医院采取的任何系统性的步骤，以避免或减少类似事故发生。[4]

一类大多数披露政策都存在的困难在于它们试图对事实（哪种事实必须向病人披露）与对发生的事实的意见（哪种政策建议可以披露）加以区分。在纽芬
186 兰和拉布拉多，调查委员会关于激素受体实验的调查，否定了只有有关不良事件

〔1〕 T. M. Bailey and Nola M. Ries, “Legal Issues in Patient Safety: The Example of Nosocomial Infection”, (2005) 8 *Healthcare Quarterly* 140, citing An Act Respecting Health Services and Social Services, R. S. Q. , c. S – 4. 2; Picard and Robertson, *Liability and Compensation in Health Care* , The parameters of the legal duty—what must be disclosed, by whom, and in what circumstances—are not entirely settled, p. 171.

〔2〕 Karen Davis *et al.* , “Mirror, Mirror on the Wall: An International Update onthe Comparative Performance of American Health Care”, May 2007. Online. Available HTTPhttp: //www. commonwealthfund. org/Content/Publications/Fund – Reports/2007/May/Mirror—Mirror – on – the – Wall—An – International – Updateon – the – Comparative – Performance – of – American – Healt. aspx .

〔3〕 See, e. g. , College of Physicians and Surgeons of Ontario, “Disclosure of Harm Policy Statement #5 – 10”, May 2010. Online. Available HTTP http: //www. cpso. on. ca/policies/policies/default. aspx? id = 1578&terms = disclosure + of + harm.

〔4〕 O. Reg. 423/07, s. 2, made under the Public Hospitals Act, R. S. O. 1990, c. P. 40.

的“事实”应被透露给病人的狭义限制。正如卡梅伦专员指出，考虑到调查的主旨,[1]

> “几乎每一份陈述，不论认为结果是积极抑或消极的陈述，都声明了一种观点。定型困难和对内部控制不够注意是其他事例。如果某人要告知病人一些不良事件为何会发生和可能必须要做的信息，就必须披露这一类信息……如果医疗体系要有任何公信力，就必须对患者解释为何会发生错误、采取何种措施保证其不再发生。”

委员会建议通过立法确保患者披露的权利，包括披露有关不良事件的相关同业审查或者质量保证报告的权利，其高于任何有关质量保证信息披露的法律保护。

致歉立法

人们越来越认识到向受害患者道歉的重要性，加之道歉可以被视为承认负有责任、并可在诉讼中被用于对抗医疗保健的提供者，从而促使了一些司法管辖区通过立法鼓励道歉。在加拿大，2006 年，不列颠哥伦比亚省成为这一方面的先驱；此后，其他省份也加以效法。[2]通常，立法规定，与任何民事案件相关的致歉（某人自行致歉或由他人代表）不构成对过错和责任的坦白和承认，且在民事或准民事司法程序中均不得使用。同样的，各省在法律保护的范畴和适用上有所不同。

在致歉立法通过之前，加拿大法律当中对此没有任何规定，因而此前在医疗过失诉讼之中致歉实际依赖于承认责任之上。然而，对于这种限制致歉的范围的看法，这种立法应在移除向受伤害患者公开的阻碍上起作用。议会立法过于超前无法在提高致歉的数量或者伤害的披露上取得成效。

报告要求

医疗机构内有关报告过失和险失事故的体系日益正规化和扩大化，且要求报告被拓展至越来越多不同类型的医疗机构、第三方，如地方卫生局和政府等。第三方报告可能被法律或政策强制施行。例如，在魁北克省，法律要求一家机构的

---

〔1〕 Commission of Inquiry on Hormone Receptor Testing, *Investigation and Findings*, vol. 1, p. 364.

〔2〕 At the time of writing seven provinces had passed apology laws, including: British Columbia (Apology Act, S. B. C. 2006, c. 19); Alberta (Alberta EvidenceAct, R. S. A. 2000, c. A–18); Nova Scotia (Apology Act, S. N. S. 2008, c. 34); Newfoundland and Labrador (Apology Act, S. N. L. 2009, c. A–10. 1); Ontario (Apology Act, 2009 S. O. 2009, ch. 3); Saskatchewan (Evidence Act, S. S. 2006, c. E–11. 2); Manitoba (Apology Act, C. C. S. M. c. A98) More will likely follow suit.

187 执行董事或董事以不记名形式向地区董事会报告所有的事故或突发事件（本质上为险失事故）。魁北克省还要求设立风险和质量管理委员会用以认定意外和事故风险、确保为受害者提供支持、建立监控系统进行因果分析并防止类似事件再次发生。[1]其他省也建立了保护区，为确保患者安全，有关不良事件的信息可在机构外共享。[2]

增加透明度的趋向明显地体现在要求从业者和机构额外的报告并扩大了患者和公众获得信息的路径的法律中。自 2005 年起，曼尼托巴省要求公众可以获得医生的执业经历信息，包括在过去十年间所受的纪律处分和医疗执业不当诉讼的判决。安大略省近来开始要求医疗从业人员向其职业监管机构报告其对职业过失和医疗执业不当的研究结果。这些信息必须张贴在组织的登记簿上，并可公开获得。[3]医院日益被要求公开信息，如特定病症的感染率。[4]对有责任分享信息以确保医疗保健的安全与质量的机构（特别是医疗机构及独立执业者的监管机构等）而言，它们分享信息的法律义务也被扩大了。[5]这些活动为采取多种方式打破医疗保健体系中信息孤岛的藩篱提供了方向，以使信息在机构、监管者和公众之间更广泛地传播。目标是很重要的，但是报告义务的增加引起了对意外后果的关心，这些意外后果由于遵守义务而产生的开支和有着广阔、重叠性需求的大量的报告体系的持续性。

减少获得信息的路径：一把双刃剑

保护质量保证信息

对质量保证信息的披露制度的保护在一些省被扩大和强化了，用以鼓励医疗体系内部对错误和伤害的披露。然而，扩张的法律特权是有成本的：①对于受到

---

〔1〕 Bailey and Ries, "Legal Issues in Patient Safety; An Act to Amend the Act Respecting Health Services and Social Services as Regards the Safe Provision of Health Services and Social Services", R. S. Q. , c. S－4. 2.

〔2〕 See, generally Gilmour, *Patient Safety*, *Medical Error and Tort Law* , pp. 63－65. 例如，萨斯喀彻温省要求医疗地区以隐名为基础向卫生部报告特定的事件的类型，向区域医疗机构相似的报告医疗设备。机构必须调查事件并且指明如何避免其再发生。它的报告被提交给部长，部长可以将它与其他的区域医疗机构和设备共享以传播学习的课程（Regional Health Services Act, S. S. 2002, c. R－8. 2, Critical Incident Regulations, R. R. S. c. R－8. 2 Reg. 3）. In Manitoba, see Regional Health Authorities Act, C. C. S. M. c. R34.

〔3〕 *Health Professions Procedural Code* , being Sch. 2 to the Regulated Health Professions Act, 1991 S. O. 1991, c. 18, s. 23 (2) 8.

〔4〕 See, e. g. , O. Reg. 965, s. 4 (1) (e), made under the Public Hospitals Act, R. S. O. 1990, c. P. 40, see also Health Protection and Promotion Act, R. S. O. 1990, c. H. 7, s. 21 (1).

〔5〕 See, e. g. , *Health Professions Procedural Code* , s. 85. 5, Public Hospitals Act, R. S. O. 1990, c. P. 40, s. 33. 由于从业人员的行为不当、不能胜任或无行为能力，安大略省医院、医疗设备和其他雇佣的医疗人员必须向其专业管理机构报告雇佣被解除或特权被限制或移除的个人。

伤害的患者，通过获得信息，他可以了解发生了什么，并且，如果需要的话，当其受到过失伤害时证明有获得法律补偿的权利；②对于公众，了解和评估提供的医疗服务；③对于政策制定者，他们要求以准确信息作为发展合理政策的基础；④对于司法体系，相关信息的保密性可以降低法庭和其他决策机构精确发现事实的可能性。

该风险在纽芬兰和拉布拉多激素受体实验调查委员会中得以突显。地方卫生管理机关——东部医疗局声称，委员会不能发表有关外部专家较早前为卫生局准 188
备的实验室服务的报告，因为该报告受法律和普通法特权所保护。委员会成功地向该主张提出了挑战。法院认为，报告既不受普通法特权保护，也不受“质量保证信息”法律特权保护。[1]正如卡梅伦主任委员在她的报告中敏锐地观察到的一样，卫生管理机关未来能否确保主张法律保护的先决条件得以满足值得质疑。她指出，虽然一些人辩解说该项证据可通过其他方式获得，但是委员会可能会很难在没有这些专家的意见和观察的情况下重建事件。[2]如果特权的主张被支持，便无法获得对关键性问题的最佳证据，严重妨碍委员会精确分析发生何事、制定解决方案的能力。这恰恰是为患者安全而奔走呼吁者想要的评估和解决问题的方法，并且这种（至少在理论上）有限特权意在改善医疗机构而非公共质疑。然而，在此情况下，地方卫生局的回应是严重不足的。鉴于这种历史情形，委员会总结到，考虑到对公开性和问责制中的公众利益，而不仅仅是保护信息披露的公众利益，应重新审视关于有限特免权的法律。

信息获取还会被制度上的政策（如医院章程）所限制。这些制度上的政策本应支持安全、优质医疗保健条款，然而，它们却被用以抵制公开性、减少透明度。例如，安大略省的一所医院章程草案可能严厉地限制医生和员工就医疗服务的缺陷公开表示担忧或者批评医院管理的能力。[3]一个将对工作安全的批评者置于危险境地的治理框架不会增强公众信心，其更可能强化公众对信息被不适当保留的关注。

增加患者安全的机构问责制度

由于医院控制了许多影响患者安全的系统因素，医院和其他医疗保健组织经

---

〔1〕 Commission of Inquiry on Hormone Receptor Testing, *Investigation and Findings*, vol. 1, p. 361; *Eastern Regional Integrated Health Authority v. Newfoundlandand Labrador* (*Commission of Inquiry on Hormone Receptor Testing*), [2008] N. J. No. 47 (S. C.).

〔2〕 Ibid

〔3〕 Province of Ontario, By – law No. 328, Hospital Prototype Corporate By – law; Karen Howlett, "Doctors Fear New Hospital Bylaws Will Keep Them Silent", *Globe and Mail*, May 12, 2010. But see Tom Blackwell, "Alberta Doctors WinRight to Free Speech", *National Post*, June 26, 2010, p. A18.

常较执业医师在实现改变时处于更具优势的地位。最近监管和认可上的改变要求，通过将“业务案例”吸引医院和管理人员的兴趣从而给其更大的特权，以加强患者安全的“业务案例”。以下是几个例子。

设置标准

政府已经开始要求医院在流程规划中明确具体地考虑患者安全。他们也越来
189 越积极地为医疗服务建立详细的患者安全准则。例如，在2010年，安大略省开始要求所有医院应用一个手术清单，涵盖手术室团队大部分的普通任务和项目。[1]

由非政府团体如“加拿大认证机构”（评估医院和其他医疗组织的私立、非营利组织）所建立的准则同样具有影响力。认证在绝大多数地区是自愿的，但是对公立医院来讲，认证是现实的要求。机构的评估现在包括明确的患者安全准则和患者安全注意事项以及构成医院治理的部分事项。[2]

报酬

为提高服务质量和安全而对健康机构、董事会和高级管理层规定越来越多的具体职责，与对医疗机构的资助和高管薪酬联系在了一起。举例来讲，近来安大略省的立法《全民优质服务法》（Excellent Care for All Act）引进了绩效薪酬的有限形式，将一部分高管薪酬与实现医疗保健组织的质量提升计划目标挂钩。[3]

回顾过去，展望未来

虽然受制于医疗保健上分立的宪法管辖权之复杂性，但是加拿大为使医疗保健更加安全所采用的方法与许多其他国家所采用的方法相似。尽管这使得在国家层面发展一套统一的模式变得愈发困难，因其需要考虑到一系列的反应、在非常大的国家适应广为不同的情况。采用的方案几乎没有被评估的。患者安全和法律

---

〔1〕 O. Reg. 965, s. 22.2, made under the Public Hospitals Act, R. S. O. 1990, c. P. 40. 安大略省最近通过了要求医疗护理机构准备年度质量提升计划的立法，计划要求覆盖以下方面：年度病人和护工满意度以及雇员和服务提供者满意度调查的结果；拥有的与病人关系有关的数据；在公立医院的案件中，它所集合的关键事件的数据以关键事件的披露为基础，依从于公立医院法案的规则，与年度业绩增长目标一致——ExcellentCare for All Act, S. O. 2010, c. 14, s. 8.

〔2〕 Accreditation Canada, 2009 *Canadian Health Accreditation Report: A Focus on Patient Safety—Using Qmentum to Enhance Quality and Strengthen Patient Safety*, Ottawa, Accreditation Canada, 2009. Online. Available HTTP http: //www. accreditation. ca/news - and - publications/publications/canadian - health - accreditation - report/.

〔3〕 Excellent Care for All Act, S. O. 2010, c. 14, s. 9.

之间的关系，即本文的主题，只是广大的患者安全谱系的一部分。在该部分，笔者回顾了已发生的变化与当下的需要。

考虑到加拿大医疗保健中可避免的不良事件的数量、发生过失的数量较提出诉讼的数量高很多，并且显而易见地，也远高于更少的实际得到任何赔偿的人的数量。[1]对许多被医疗错误伤害的人而言，有关赔偿之讼是不切实际的。侵权责任作为一种威慑的可能性，其前景是不明确的，但似乎其最好的作用只是扩散性的、间接性的。[2]按现行结构，医疗责任系统在提供赔偿或者减少伤害发生的可能性上尚不充分，需要实质性的变革。[3]

因不合格医疗保健造成患者伤害面临种种选择，从彻底修改侵权法体系到对因不合格医疗伤害的患者引入无过错赔偿，再到采取可融入现行法律的小规模改革。在加拿大，对彻底的改革的推动力很小。然而，更小的改革可能改进患者安 190
全和问责制度。笔者在先前的工作中已经就改革提出了详细的建议。在此，笔者提及一些可能性。[4]这其中包括扩大医院责任（包含对非雇佣医生的现场疏忽负责），并修改有限特免权立法以把更多的注意放在关于获取信息和问责制度的公共利益之上。除此之外，随着保险公司为医疗保健从业者、医疗机构和政策制定者提供更多的途径来获取有关伤害如何发生的信息，诉讼可更多地被当作一种学习资源。既然政府提供实质性的金融援助为医生和医院支付责任险，那么，政府应有权要求将这一信息公开以完善维护患者安全的手段。不幸的是，这种稳健的改革被采用的迹象微乎其微。

患者安全法律改革已经转而聚焦于调整规范而非侵权法改革。本文中描述的许多活动佐证了一种偏重于干预主义的情形。事例包括要求医院董事会确保向病人披露严重事故，[5]强制实施最低安全标准细则，如安大略省要求使用手术安全清单。[6]这些进步可能标志着国家与机构和医疗从业人员有关的角色转变。然而这些举措的实际情况通常都比较复杂，因为要在复杂和技术性的领域设立标准，国家必须依靠临床经验。这样就无法取代医疗权威（或者，至少在制定规则过程

---

〔1〕 Gilmour, *Patient Safety, Medical Error and Tort Law* , p. 73; Picard and Robertson, *Legal Liability of Doctors and Hospitals in Canada* .

〔2〕 D. Dewees, D. Duff, and M. Trebilcock, *Exploring the Domain of Accident Law: Taking the Facts Seriously* , New York: Oxford University Press, 1996.

〔3〕 Law Society of Upper Canada, *Listening to Ontarians: Report of the Ontario CivilLegal Needs Project* , Toronto, The Ontario Civil Legal Needs Project SteeringCommittee, May 2010.

〔4〕 Gilmour, *Patient Safety, Medical Error and Tort Law* .

〔5〕 Commission of Inquiry on Hormone Receptor Testing, *Investigation and Findings*, vol. 1.

〔6〕 Bill 46, An Act Respecting the Care Provided by Health Care Organizations.

中咨询的医疗精英）的权力和影响。因此，即使改革似乎加强了国家等级化的命令和控制管理（如要求详细的临床操作标准），却由于依赖医生建立和实施这类标准而削弱了国家的作用。

公众信任医疗保健的提供者和系统，并且在程序上确保问责制度是必要的。公众、医疗保健从业者和机构的很大一部分抵制简单的“指责系统”,[1]并且对于有关个人作为系统的对立面，何时问责是合适的有相当大的分歧。这些领域反映出公众对于由患者安全的奔走呼吁者、执业者、行业及政府所提出的改革方案是否有意采纳的最大挑战。

致谢

笔者对娜塔莎·拉扎克协助研究表示诚挚感谢。

---

〔1〕 Gilmour, *Patient Safety*, *Medical Error and Tort Law* , p. 40; R. M. Wachter, “Patient Safety at Ten: Unmistakable Progress, Troubling Gaps”, (2010) 29*Health Affairs* 165, p. 168.

13. 美国新发展——《联邦患者安全法》

龙尼·P.所罗门

导语 196

近来在美国实施的一部法律以减少医疗错误、增进患者安全为目标，为收集国内患者安全数据建立创新的结构和进程。根据这部被称为患者安全法（Patient Safety Act）的法律，[1]医疗保健提供者可自愿向联邦政府登记的患者安全组织（Patient Safety Organizations）提交有关不良事件的信息。患者安全组织是一类新建立的组织其组建必须符合一定的标准。患者安全组织完成集成数据的分析，反过来提供提高患者安全和护理质量的分析和建议的反馈。截止 2010 年 3 月 21 日，在联邦政府登记的患者安全组织共有 79 家。[2]

《患者安全法》规定联邦法律特免权和保密性。美国在该领域的第一部联邦保护法——在所有的州和所有选择参加的医疗保健提供者范围内可以适用。

《患者安全法》源于医学研究所于 1999 年发布的标志性报告《人非圣贤，孰能无过：建立更安全的医疗体系》（*To Err Is Human: Building a Safer Health System*）[3]。该报告发现，在美国，由于可以避免的医疗错误，每年有 44 000 至 98 000 的人失去生命。[4]即使只使用这个区间的最低值，医疗错误仍在为美国致

---

〔1〕 Patient Safety and Quality Improvement Act of 2005, Pub. L. No. 109-41, 119*Stat.* 424 (2005) (codifi ed at 42 *U. S. C.* §§299*b*-21 to -26 (2006)).

〔2〕 医疗保健研究与质量中心（AHRQ），美国卫生和人类服务部机构之一，管理患者安全法的规定，维持公众可以在医疗保健研究与质量中心网站 http://www.pso.ahrq.gov/listing/psolist.htm (accessed March21, 2010) 上获得患者安全组织名单。

〔3〕 下文简称为报告

〔4〕 L. T. Kohn, J. M. Corrigan, and M. S. Donaldson (eds.), *To Err Is Human: Building a Safer Health System*, *A Report of the Committee on Quality of Health Care in America*, Institute of Medicine, 1999) [hereinafter IOM Report].

死因素中排名第八，远超过交通事故、乳腺癌或者艾滋病。[1]该报告认为，这在确定医疗错误产生伤害的全部范围上“可能只是冰山一角”，并且随后的报告证实了对伤害范围的关注。例如，据美国疾病控制中心估计，170 万感染起院内每年造成约 99 000 死亡和医疗保健工业每年 60 亿的估计损失，以 2007 年的美元计价。[2]在 2008 年，美国总监察办公室发现在所选的两个县，住院就医的医疗保险受益人有 15% 住院期间经历了不良事件，且另有 15% 住院就医的医疗保险受益人经历了临时伤害事件，虽与总体比率中的更严重的不良事件没有可比性，但是可能会反映出患者护理问题和学习机会。[3]

197 该报告包含了其他重大的发现，即可以预防的事件的成本每年大约在 170 亿，并且大多数的错误由错误的体系、过程和条件所引起不是某个“害群之马”所重视。报告建议建立国家增加患者安全的知识储备、发展不良事件和未遂事故的报告体系、提高绩效标准和期望值、实现医疗保健组织安全的文化。

对该报告的反响触发了国会关于医疗错误和联邦立法如何增进患者安全的讨论。最终，在 2005 年 7 月 29 日，经过了五年的酝酿，国会通过了《患者安全和质量增进法》（the“Patient Safety Act”）。[4]《患者安全法》旨在患者安全，并减少对患者安全有负面影响的事件的发生。为达成促进目标，该法设立了名为患者安全组织的实体充当学习型组织，并鼓励医疗保健提供者向患者安全组织提交公正的患者安全信息。通过运用其专业知识评估从许多提供方收集的信息，患者安全组织发现了个人提供方和医院在数据有限的情况下无法发现的问题和趋势。为鼓励自愿报告，国会提供了联邦立法特免权和保密性。通过这种做法，该法将报告中为培养自愿报告体系，国会需要颁布法律保护收集的特定信息的保密性的发现编纂进了法律。没有这部立法，医疗保健组织和提供方可能因他们提供的信息最终可能在诉讼中被传召和使用而丧失信心。[5]

---

〔1〕 Ibid. at 1.

〔2〕 R. D. Scott, “Direct Medical Costs of Healthcare – Associated Infections in U. S. Hospitals and the Benefits of Prevention,” Atlanta, Centers for Disease Controland Prevention, 2009.

〔3〕 US Department of Health and Human Services（D 服务部）, Offi ce of InspectorGeneral（OIG）, *Adverse Events in Hospitals*：*Case Study of Incidence Among MedicareBenefi ciaries in Two Counties* , OEI – 06 – 08 – 00220, December 2008. OIG 持续研究不良事件的发生并给出报告。

〔4〕 Patient Safety and Quality Improvement Act of 2005, Pub. L. No. 109 – 41, 119*Stat.* 424（2005）（codifi ed at 42 *U. S. C.* § §299*b* – 21 to – 26（2006））.

〔5〕 虽然美国许多州为同行评审活动提供了法规保护，但是特权的范围和特权的特定要求大不相同。在许多州，如果被保护的数据在医院之外被公开，特权就不再有效，这有效地组织了数据在多个机构之间聚合和学习。同时，大多数州同行评审法规只允许在医院之间，不允许其他类型的医疗保健机构如从患者安全法活力的长期护理参与。

虽然该法在2005年即获通过，但直到美国卫生和公众服务部（United States Department of Health and Human Services）[1]发布了患者安全组织证明的条例，患者安全组织才得以运营。2008年2月12日，卫生公布《患者安全法》实施条例建议稿。[2]2008年11月21日，卫生部公布了该实施条例的定稿，并于2009年1月19日生效。[3]

患者安全法的主要条款

患者安全组织

患者安全组织资格和注册

一个患者安全组织可以是公立或者私人组织，只要其保持结构、专业知识和操作步骤以分析患者安全并对如何提升医疗安全和质量提供建议。首先，患者安全组织的使命和主要活动必须是提高患者安全和医疗保健的质量。要登记为患者 198
安全组织，一个组织必须证明其在三年的基础上满足认证的十五项需求——八项患者安全活动和七项经营活动。

以下为八项患者安全活动：

1. 致力于从事提升患者安全和医疗保健服务的质量。
2. 收集和分析患者安全工作成果。
3. 开发和传播信息（如推荐、报告和建议的最佳做法），提高患者安全。
4. 运用患者安全工作成果倡导安全文化，并为患者风险最小化提供反馈和协助。
5. 维持保护患者安全工作成果的保密性程序。
6. 采取适当的安全措施保护患者安全工作成果。
7. 采用合格使用具有职业资格的员工（劳动力包括雇员、承包商和其他个人，不论是否由患者安全组织支付工资）。
8. 运营患者安全评估系统，并为患者安全评估系统的参与者提供反馈。

---

〔1〕下文均简称为服务部。

〔2〕Patient Safety and Quality Improvement, 73 *Fed. Reg.* 8112, 8112 (February 12, 2008).

〔3〕43 CFR Part 3.

以下为七项经营活动：

1. 确保患者安全组织的使命和主要职责是从事提高患者安全和医疗保健质量的活动。

2. 采用适格的职业人员，包括被认可或注册的医学从业者。

3. 在被首次列为患者安全组织后24个月内，并且在其后连续的每24个月的期间内，与不同提供者订立至少两个在合理期限内接受和检查患者安全工作成果的两个合同。

4. 证明患者安全组织不是医疗保险公司或者医疗保险公司的一部分。

5. 满足卫生部的披露要求，如与提供者所订立合同的数目及与任何合同提供方之间超越《患者安全和质量增进法》即活动之外的任何关联。

6. 以标准化方式收集患者安全工作成果，允许对相似提供者之间就相似案件进行有效比较。

7. 运用患者安全工作成果为提供者将患者风险最小化提供直接的反馈和帮助。患者安全组织分支也必须保证其满足其他三个要求，证明在患者安全组织分支和组织之间存在防火墙。

199 患者安全组织可以创设一个分支的组织，并寻求将其登记为患者安全组织，如果是这样的话，其必须证实其满足三项额外要求，证明在部门患者安全组织和病人组织之间存在防火墙。[1]

被称为排除实体的特定组织，是被禁止成为患者安全组织的。一个医疗保险公司就是一个排除实体并且被禁止建立患者安全组织分支。认证组织和国家监管机构（如管理那些强制事件报告的组织）被禁止成为患者安全组织；然而，这些机构可以成立患者安全组织分支，倘若其满足分支非排除组织分支从于更加严格的隐私性和安全性要求。

患者安全组织登记的有效期为三年。卫生部要求一个患者安全组织在不迟于三年期限到期前的75天内重新注册。这确保了提供者事先了解患者安全组织“停业”的意图，给经营者们时间确认患者安全组织停止经营的计划以及确定另一个患者安全组织来分析他们的患者安全工作成果。除此之外，卫生部将会在其证明到期至少60天前发给患者安全组织一个“即将到期”的通知。医疗保健研

---

〔1〕 三项要求如下：①从其他母组织分离患者安全工作成果。法规禁止母组织和母组织的个人擅自获得患者安全工作成果。患者安全组织部门必须仍建立在合适的安全措施之下以维持患者安全工作成果的保密性。②要求患者安全组织部门的劳动力和立约人的成员不能擅自向母组织公开患者安全工作成果。③确保患者安全组织部门的使命不与母组织的利益相冲突。

究与质量中心[1]（Agency for Healthcare Research and Quality）将会在其网站上贴出这些通知以便于提供方们可以了解情况并能考虑是否确定另一家患者安全组织检查其患者安全工作成果。如果一家患者安全组织决定自愿放弃证明，那么，它必须遵守流程告知提交患者安全工作成果的提供方们，并解释它的患者安全工作成果将会被怎样处理。如果卫生部撤回了一家患者安全组织的证明（在给这家患者安全组织机会证明自己之后），这家患者安全组织必须“采取一切可能的方式”通知每个被收集或被分析患者安全工作成果的提供方现在的状态，并告知提供方们在患者安全组织不在名单上的30日后，患者安全工作成果和提交的任何数据将会被如何处理。在与患者安全组织的合同中，提供方们可以对患者安全工作成果的处置制订更为严厉的规定。

如果一个患者安全组织失去名单资格，就必须在90天内处置有可识别和不可识别信息的患者安全工作成果。《实施条例》规定作为患者安全工作成果而提交的数据在患者安全组织失去位列名单资格的30天之后仍持续受到保密性和特免权的保护。在提供的可许下，患者安全组织必须通过向收到信息的患者安全组织转移数据并进行数据处理；将其返回给信息提交的来源；如果无法返回，则就销毁信息。

对患者安全组织的监督

卫生部内的两个机构实施患者安全组织系统。其中，医疗保健研究与质量中心证明患者安全组织和海外患者安全组织遵守法令和规则要求。民权办公室（The Office for Civil Rights）遵守法案和条例的保密性规定，并被授权对患者安全 200
组织违反法律或者条例的行为处以民事罚款。

为评估合规性，中心每年对全部患者安全组织的5%～10%进行随机实地调研。卫生部将会与一家患者安全组织共事以纠正其缺陷，而不是采取惩罚性的方式。然而，如果一家患者安全组织不能与服务部共事以纠正其缺陷，卫生部就会要求患者安全组织纠正其缺陷。如果卫生部的强制性措施失败了，它就会启动撤回患者安全组织资格的程序。同时，卫生部可以“故意或疏忽”违反患者安全工作成果为由对患者安全组织处以罚款。若一家患者安全组织已经或将要成为患者安全组织清单中的排除实体，那么，卫生部将会按照快捷流程撤销患者安全组织证明；若患者安全组织的母组织是排除实体（如认证组织），且不能位列患者安全组织清单中，但运用对提供方们的权威要求他们采用其患者安全组织部门的

[1] 下文简称为中心。

服务，或者不能迅速响应，并导致严重的不良结果。

每当患者安全组织寻找新的清单或者重新列于名单之时，中心就会回顾以前所有的有关患者安全组织或其高管和行政人员的调查结果。中心会考虑所有反映其不服从的当前或历史活动。联邦政府可能从患者安全组织寻找其他信息以增加信心，不管实体的历史或者高管和行政人员的历史，仍可信赖其可以遵从法律和责任指令。

患者安全数据库网络

根据《患者安全法》之规定，中心正在创设患者安全数据库网络（the Network of Patient SafetyDatabases）[1]，提供“为提供者、患者安全组织和其他实体的有证据的管理资源”。患者安全组织将会通过“常用模式”在数据库网络中提交从医院获取的不良事件的信息，常用模式是中心发展的标准化信息收集模式。为支持集合和学习，服务部的医疗保健研究与质量中心为促进患者安全案例的收集和报道开发了常用模式。常用模式的广泛应用展示出了极大好处，即通过运用标准化的术语，患者安全组织和提供方们可以得到对患者安全数据有意义的集合和分析。中心为医疗保健提供方和患者安全组织开发了常用模式，其第一系列用于处理急症护理医院的患者安全报告。未来的版本将会开发其他的应用，如疗养院、门诊外科中心、医生和从业者办公室。

常用模式适用于所有患者安全关注点，包括：事件——到达患者安全事件，无论是否产生损害；险失事故或侥幸脱险——未到达病人的患者安全事件；不安
201 全的环境——增加患者安全事故发生可能性的环境。它们包括事件描述、数据类型概述、患者安全人数报告的规格和电子数据收集和报告的技术规格。

现在，一些患者安全组织应用了中心的常用模式，其他患者安全组织没有应用。服务部允许的可替代方法的范围仍有待考证。患者安全法要求患者安全组织，在实际并且合适的范围内，以标准化方式收集患者安全工作成果。[2]规则阐明患者安全组织必须满足其中之一：①证明其在收集患者安全工作成果时运用常用模式和定义；②对服务部证明且充分证明患者安全组织正应用一个可替代的模式体系和定义，允许相似提供方之间相似案件的有效比较；③提供清晰的解释向服务部充分证明为什么对这家患者安全组织来说遵守前面几项选择之一并不实际或合适。

中心计划应用来自数据库网络的患者安全组织集合数据来确定国家和地区的

---

〔1〕下文均简称为数据库网络。

〔2〕42 U. S. C. 299b－24（b）（1）（F）.

不良事件的趋势，并使这些数据可被公众获得。中心的计划包括产生两份公众报告，就如患者安全法所要求：一份报告是有关减少医疗错误和增加患者安全的有效政策，一份报告包括趋势分析结果。[1]患者安全组织数据在提交给数据库网络之前会被识别。

联邦法律特免权和保密性

《患者安全法》为以报告给一家患者安全组织为目的、在一个**患者安全评估系统**内收集患者安全工作成果提供法律特免权和保密性保护（黑体字部分在下文讨论）。特别的，法律阐明，虽然存在任何联邦、州或者当地法律的其他条款，但患者安全工作成果应该受到特免权保护并且不应该：

1. 根据联邦、州，或地区民法、刑法或者行政传票或命令，在联邦、州或区域民事或者行政惩戒性程序内对提供方进行起诉；

2. 根据联邦、州或者地区民法、刑法或行政程序的发现，在联邦、州或区域民事或者行政纪律内对提供方进行起诉；

3. 根据《美国法典》第五编第552章（又称为《信息自由法》）（the Freedorn of In formation Act）之要求披露，或其他任何类似的联邦、州或地方法律；

4. 在任何联邦、州或地区政府民事诉讼、刑事诉讼、行政规章诉讼、行政裁决诉讼中作为证据承认，包括任何对提供方的诉讼；

5. 根据州法下专业学科主体建立或特别授权的专业学科诉讼中被承认。

是否接受特权保护取决于法院和纪律主体；这不是服务部有权利干涉或强 202
制的。

除特免权外，患者安全工作成果是保密的且除法律和规则标注的被允许的目的外，任何持有信息的人均不能公开。并且，即使患者安全工作成果不受允许地被公开了，特免权和保密性保护依然存在。

特免权和保密性的例外

特免权和保密性接受的有限的例外。在以下四种情况下披露患者安全工作成果（Patient Safety Work Product）[2]不违反保密性或特免权：

（1）为在刑事诉讼中使用患者安全工作成果经法院筛选该材料并认定

---

〔1〕 DHHS, OIG. *Memorandum Report: Adverse Events in Hospitals: Public Disclosure of Information About Events*, OEI-06-09-00360, January 5, 2010, p. 9.

〔2〕 下文简称为工作成果。

其包含某一犯罪行为的证据，与案件相关且“从任何其他来源均无法合理获取”。

(2) 对一个直接对患者安全组织或者以向患者安全组织公开为目的向提供方公开的“善意”（与检举者非常相似）提供信息的雇员，要求提供“平等救济”的程度因报告而服从于不良工作行为。在法庭或行政程序中，保护令被要求保护患者安全工作成果的保密性。

(3) 若在公开前，每个提供方指明在工作成果中书面授权。披露将主体必须授权书的记录留存六年。

(4) 若工作成果满足特殊信息去识别化标准——也即，它不指向何提供者、病人或报告者。[1]

认可的公开

《患者安全法》工作成果的公开在以下情况下是被允许的。即使信息在这些情况下被公开，仍继续该保护工作成果——所以特免权仍然存在。

(1)《患者安全法》对于患者安全活动。

- 一家患者安全组织和一个提供方之间，或者代表他们从事患者安全活动的承包商之间。
- 在关联提供方之间的。
- 通过一家患者安全组织到报告给这家患者安全组织的另一家患者安全组织或者另一个提供方，或者一个提供方到一个独立的提供方，只要数据是匿名的。[2]

(2) 对服务部授权、资助、证明或者制裁的调查。

203 (3) 由一个提供方到食品和药物管理局[3]（Food and Drug Administration）或者到要求向管理局报告的主体。

(4) 自愿向授权提供方的组织公开。任何在患者安全组织认定的患者安全工者成果的提供者必须同意公开；否则，认同会被移除。授权主体可能并不进一步公开患者安全工作成果，并且不能要求提供方与任何患者安全组织的沟通。

(5) 对于提供方或患者安全组织的律师、会计师，或其他商业运营中的专业人士。

---

[1] 使工作成果为非识别性的标准在前文规则 3.212 部分。

[2] 使工作成果为隐名的标准在前文规则 3.206 (b) (4) (iv) 部分。

[3] 下文均简称为管理局。

(6) 对执法机构，若公开者“有理由相信”该患者安全成果与构成犯罪的事件有关，且公开者相信对刑事执法是必须的。

(7) 对卫生部向一家患者安全组织进行遵从性的评论和调查。

获准公开的患者安全工作成果应该继续享有卫生特免权和保密性，且这种公开不应该被认为放弃特免权和保密，特权和保密的本质应该也适应于这种工作成果公开的人的占有和控制。

《实施条例》也为公开患者安全工作成果中的疏忽或错误创造了有限的“安全港”，以便于法律保护不会丢失。这个安全港只适用于提供方与其责任方，如雇员——不适用于患者安全组织。《患者安全法》保护患者安全组织使其免于强制公开收集或研发的信息，除非这种信息是可识别的、非工作成果、无法从其他来源合理获得。

患者安全工作成果

为维持《患者安全法》的特免权和保密性，文件必须符合患者安全工作成果的定义。取得工作成果资格的文件十分广泛且包括任何可以提高患者安全、医疗保健质量或医疗保健成果的数据、报道、备忘录、分析（如根本原因分析）、书面或口头陈述。为取得患者安全工作成果资格，提供方生成文件的目的必须为向一家患者安全组织报告。为满足此项要求，提供方必须建立并运用患者安全评估体系（*patient safety evaluation system*）[1]，提供方为向患者安全组织报告收集、管理并分析信息的原理。最后，确认或构成患者安全评估体系加以评议的文件也是工作成果。

由患者安全组织为患者安全活动的进行而生成的文件也是工作成果并因此拥有保密性和特免权。《实施条例》对于“患者安全活动”的定义足够广泛以包含几乎所有一个患者安全组织可能在处理工作成果时采取的活动。

患者安全工作成果既不包括病人的医疗记录、账单和出院信息，或者任何其 204
他原始的病人或提供方记录；也不包括从患者安全评估系统中收集，或单独开发，或单独存在的信息。这些单独的信息及其副本保存，即使它们被报告给患者安全组织也不是患者安全成果。

如果，经分析，提供方确定在评估体系内收集的数据不能构成患者安全工作成果（如因为需要它需要履行外部报告义务），如果数据还未报告给患者安全组织，提供方可以从评估体系中移除信息。一旦从评估体系中删除掉了信息，它就

[1] 以下简称为评估体系。

不再是工作成果，虽然不属于患者安全工作成果的信息可以提交给患者安全组织。从评估体系中移除工作成果的原因是允许公开的。一旦信息被报告给患者安全组织，它只能被提供方以法规中提出的有限的目的所公开（详见第181页所讨论的被允许的公开）。因此，例如，对国家监管机构的强制事件报告的公开是不被允许的。一旦与患者安全组织共享，同样的报告不能被用于满足强制性报告要求。然而，这种报告的副本在交给国家机构之后仍可以向患者安全组织公开。交给机构的强制性报告借由提交副本的方式交给患者安全组织将不会成为工作成果。然而，在评估体系或患者安全组织内出现的副本和任何进一步的分析都将会成为工作成果。

在医疗事故案件中将工作成果作为证据是可能的。为了这样做，每个提供方确认的有意向被作为证据的患者安全工作成果必须被授权和允许公开。

关键定义

关联提供方（*Affiliated provider*）是一家作为独立法律提供者的母组织提供者。关联提供方是与提供方在共同共有、管理、或控制下，或被提供方拥有、管理或控制的。《实施条例》的（终稿）允许关联提供方之间的可识别的、非匿名的患者安全工作成果。

常用模式（*Common formats*）：美国卫生和人类服务部的医疗保健研究与质量中心已经发布了常用定义和报告模式，要求患者安全组织从提供方收集信息并标准化患者安全事件描述方式。中心希望患者安全组织表明在内部列表应用常用模式的意图，并且证明在列表更新时他们会应用常用模式。常用模式适用于以下患者安全的关注点：

205 • 涉及患者的事件——无论是否产生伤害；
• 未遂事故，或未到达患者的事件；
• 增加患者安全事故可能性的不安全的条件或环境。

常用模式的首次发行也提供了九种事件类型的特定信息的报告，包括跌落伤、与医疗保健有关的感染、药物治疗事故、压迫溃疡和手术事故等。患者安全组织常用模式的应用可以确保患者安全组织对比相似提供方报告的相似事件，且数据可以被集合（存在被确认者移除的情况）进而允许患者安全趋势的分析。中心已经发布了医院报告常用模式的纸质版本（网址为 https：//www. psoppc. org/web/patient-safety/paperforms）且专家会依反馈更新格式。中心将会为常用模式的电子应用提供技术上的说明。一旦常用模式处于最后阶段，中心将会每年更新。未来，中心倾向于为其他的设置发展常用模式，如长期护理组织和救护车设置。

分支组织（*Component organization*）：该定义规定了可以运营患者安全组织部门的组织类型。分支组织是一个法律主体的单位或部门。主体可以是公司、合伙组织或联邦、州、地方或部落机构或组织。一个分支组织也可以是被一个或更多独立法律母组织所拥有、管理或控制的组织。分支组织的概念特点是被他人所管理或控制。例如，一个患者安全分支组织可以是一个管控患者安全组织的专业社会团体的单位或部门。一个患者安全分支组织可以与其母组织订立合同；例如，一个由多设备系统建立的患者安全分支组织可以和此系统订立合同。分支组织的定义足够广阔以适应由运营组织或其他法律实体创立的主体。除此之外，公共机构如美国国防部、美国退伍军人事务局、印第安人卫生服务署或其他管理或交付医疗服务的州、地区和部落组织可以建立一个分支组织。若所有为确保在病人组织和患者安全分支组织之间有防火墙存在的要求都被满足，也允许一个经授权的组织建立一个患者安全分支组织。

公开（*Disclosure*）：公开披露在《患者安全法》实施条例中有专门的定义，但在条例中定义可能与许多提供方对“公开”一词的公开惯常用法有所不同。公开依《患者安全法》之定义，系指保有患者安全工作成果的某一主体或个人，无论以何种方式将患者安全工作成果发布、转移、提供途径或将其泄露给另一独立法律主体或个人。不允许的公开（如患者安全组织向另一个没有权利获得信息的提供方揭露提供方的患者安全工作成果）可能导致患者安全组织名单资格的撤 206
回和经济处罚。法规概括了有限的公开被允许的情况，如向美国食品和药品监督局公开或当促成该公开事件即为执法行动的起因时向执法机关公开之行为。在单独的法律主体之内，没有什么可以禁止患者安全工作成果的应用或共享。例如，医院可以允许医生以内部目的自行讨论患者安全工作成果，如发病率和死亡率。“公开”和“应用”的区别在 1996 年美国医疗保险携带和责任法中被特别规定。法案对“公开”一词的定义与提供方代表应用的“公开”有所不同。大多数提供方理解“公开”的意思是真实但是善意的、包括病人可能还有家庭成员在内的患者安全事件的重述。这种对“公开”的理解不受法律实施的影响。

排除实体（*Excluded entity*）：这禁止了特定类型的组织成为患者安全组织。两种团体是被排除的：第一种团体、医疗保险公司，禁止成为患者安全组织或分支患者安全组织；第二种团体，虽然禁止其创建患者安全组织，但若他们对员工和数据的分离满足非常严格的要求，他们可以通过母组织建立一个分支患者安全组织。第二种团体包括任何授权或许可医疗保健提供者的实体，或是管理医疗保健服务的海外或执行机构或法规要求的实体。

功能报告（*Functional reporting*）：一个提供者和一家患者安全组织可以设计一个灵活的报告机制允许患者安全组织获得提供方的患者安全工作成果以便于安排时相互有效且能导致合理的报告关系。这种功能报告让患者安全组织，就如通过患者安全组织和提供方的合同或合意规定的，可以获得患者安全评估系统的特定信息并进行加工和分析。这可以不要求提供方物理上传输信息给患者安全组织。应该安排建立报告的信息或患者安全组织已经获得的信息和患者安全组织运用信息的权利的范围的控制机制。

患者安全数据库网络（*Network of patient safety databases*）：《患者安全法》授权建立患者安全数据库网络，以接受来自于患者安全组织关于患者安全事件的不可辨认的数据并分析集合信息。其目标是建立一个学习体系为患者安全组织和医疗保健提供方发展质量增进政策。患者安全组织私立保护中心，一个由医疗保健研究与质量中心资助建立、支持法案的实施的组织，将会帮助患者安全组织向网络提交信息。

母组织（*Parent organization*）：这个词定义了可以建立患者安全组织部门的组织类型。一个母组织有患者安全组织部门的控制权或大部分的利润，可以管理
207 或控制部门，并有权利检查和否决部门的决定。患者安全组织部门的所有权可以与其他组织共享，作为合资企业；然而，每个母组织必须在患者安全组织部门向中心寻求位列清单时公开合同信息（母组织的名称、地址、电话号码、和网址）。

患者安全活动（*Patient safety activities*）：为获得患者安全组织资格，一个组织必须以患者安全组织或提供方执行八项活动。执行患者安全活动的责任取决于患者安全组织，而不是提供方。八项活动，正如在实施法案的最终条例所列明的，为以下几项：

1. 致力于从事提升患者安全和医疗保健服务的《患者安全法，实施条例（定稿）》质量。

2. 收集和分析患者安全工作成果。

3. 开发和传播信息（如推荐、报告和建议的最佳做法），提高患者安全。

4. 运用患者安全工作成果倡导安全文化，并为最小化患者风险提供反馈和协助。

5. 维持保护患者安全工作成果的保密性程序。

6. 采取适当的安全措施保护患者安全工作成果。

7. 雇用具有职业资格的员工（劳动者包括雇员、承包商和他人，不论是否由患者安全组织支付工资）。

8. 运营患者安全评估系统，并在患者安全评估系统的参与者提供反馈。

患者安全评估系统（*Patient safety evaluation system*）：一个患者安全评估系统是为向患者安全组织报告或患者安全组织本身报告的收集、管理和分析信息的机制。系统为公正地考虑和分析有质量的安全的信息提供受保护的环境，并且是灵活的、可扩展的以满足特定医院的需求。对于混合提供者实体，《实施条例》（终稿）允许单独患者安全评估系统的建立或在关联提供方之间共享患者安全工作成果。系统的范围或设计暂且不论，医院必须持续履行强制报告义务，如向国家报告程序报告患者安全事件。这种信息不被认为是患者安全工作成果，即使它可能是由患者安全评估系统收集的。一个提供方可能不在患者安全组织中维持其患者安全评估系统。

患者安全组织（*Patient safety organization*）：患者安全组织可以是公立或私立实体。它的使命和基本活动必须是增进患者安全和提高医疗保健的质量。为取得患者安全组织资格，组织必须证明其满足十五项证明要求——八项患者安全活动和七项经营活动。为持续其在患者安全组织名单之列，一个患者安全组织以后必须每三年重复此过程。一个患者安全组织必须在 24 个月的期限内报告其在某一个时间点拥有至少两个与不同供应者的书面合同。医疗保健研究与质量中心为患者安全组织清单和监督他们对法规和规则要求的遵从性负责。 208

患者安全工作成果（*Patient safety work product*）：由提供者和患者安全组织保有的患者安全工作成果遵从联邦法律规则的特权和保密性。通过以下任意三种方式信息会成为患者安全工作成果：①以向患者安全组织报告为目的，提供方在患者安全评估系统内集合或开发并报告给患者安全组织的信息；②由患者安全组织为实行患者安全工作活动而开发的信息；③信息构成了在患者安全评估系统范围内进行的审议或分析。患者安全工作成果的联邦保护（医疗保健研究与质量）在为向患者安全组织报告，在患者安全评估系统内收集之时开始。2005 年 7 月，医疗保健研究与质量中心在《实施条例》（终稿）的前言中阐明，收集的时期可能扩展到如法案的文章所言一样远。患者安全工作成果可以包括数据、报告、记录、备忘录、分析（如根本原因分析），书面和口头陈述——所有可以被运用和分析以提高患者安全、医疗保健质量和医疗保健产出的信息。患者安全工作成果不包括原始的病人或提供方记录，如病人的原始医疗记录、账单和出院信息。即使原始记录不是患者安全工作成果，特定的保护仍是允许的。例如，一位病人的医疗记录被认为是保密的，虽然它可能不受法律的保护。患者安全工作成果不包括患者安全评估系统收集、维持、独立开发或独立存在的信息。同时，有关于提供方所采用的，以患者安全组织的反馈为基础提高患者安全的纠正措施的事实不被认为是患者安全工作成果。

提供方（*Provider*）：依《患者安全法》及《实施条例》之规定，提供方通过提交患者安全工作成果以供患者安全组织分析并接受反馈以提高患者安全（所有均在提供特免权和保密性保护环境内）的方式，有资格与患者安全组织或患者安全部门组织共事。卫生部将提供方定义为：①国家法律认证或授权提供医疗保健服务的实体或个人；②在联邦、州、地区或部落政府之内提供医疗保健服务的机构、组织或个人，或作为这些政府之一的承包商提供医疗保健的组织或个人；③提供医疗保健服务的提供方的母组织（如第205页所定义），或联邦、州、地区或部落政府的单元。卫生部的《实施条例》（终稿）提供了大量的提供方例子的名单，但是其注明名单是不全面的。提供方可以是非营利或营利性实体。在其最终法规的前言中，卫生部阐明不能将医疗产品供应商、制药公司、医疗设备公司或医疗保险公司看作提供方。

14.

美国医疗保健中的患者安全：监管模型

巴里·R.弗罗

导语

210

医疗服务提供方造成的损害是医疗过程中一个可预测的特点，尤其是在美国等地的医院。2000 年，医学研究所（Institute of Medicine）发布了一份报告《人非圣贤，孰能无过》，直到那时，美国决策者们才开始严肃地对待患者安全。该医学研究所预测，每年约有 44 000 至 98 000 人死亡，成千上万起本可避免的损害事故发生，以及住院时间被延长。[1]该预测掀起了美国患者安全运动的浪潮。

患者安全分析始于几个基本命题。首先，患者损害大多源于质量差、不安全和无效的医疗操作。其次，我们需要更多关于医疗成效的数据，以提供更好的诊疗。再次，即使我们知道改进医疗工作的方法，医疗服务的分立性往往阻碍了有效治疗方法的应用。医院（及其医生们）尽管知道如何进行好的医疗操作，却往往继续采用不当做法。然后，从以上三点看，我们需要资助更多关于有效疗法的研究工作。最后，我们需要通过经济奖励和更严格的联邦法规来加强医疗服务的整合与协调。

迄今为止，一般策略包括：各州主动立法强制要求医院向患者披露医院不良事件和“虚惊事故”，并予以道歉；发布与相对风险有关的医院绩效数据；企业集团的适度“绩效工资”方案与初步医保支付改革；以及法律工具（从医疗服务提供方对患者的医疗质量保障到医师绩效披露侵权责任规则的改善）。由于这

〔1〕 L. T. Kohn, J. M. Corrigan, and M. S. Donaldson (eds.), Committee on Quality of Health Care in America, Institute of Medicine, *To Err Is Human: Building a Safer Health System*, Washington, D. C.: National Academy Press, 2000, pp. 26 – 27 (hereafter cited as IOM Report). Online. Available HTTP: http://www.nap.edu/books/0309068371/html/ .

一系列突然涌现的监管活动，患者安全领域正在美国迅速发展成为健康法内的一个分支。[1]

《2010 患者保护和平价医疗法案》（PPACA）承诺，要将美国医疗服务中对患者安全的监管力度提升到更高水平。《2010 患者保护和平价医疗法案》的条文覆盖面极广，旨在改善美国医疗保健制度，减少差错，并整体促进患者安全。这
211 些规定包括建立新的中心、示范项目及为广泛的质量改进项目提供奖励资金。《2010 患者保护和平价医疗法案》为美国设立了一个雄心勃勃的研究议程，并为达到目标提供了资金和其他激励措施。它要求对医疗专业人员的绩效和设施的性能进行连续的、由数据驱动的测试。此外，《2010 患者保护和平价医疗法案》推出了“示范项目”。通过这些示范项目，联邦政府能为特定形式的医疗和医疗服务体系提供资助。同时还要求对这些项目的绩效进行研究，以检验扩大它们适用范围的潜能。[2]

有效护理的基准：成果措施、最佳实践、实践指南

质量优先级与评估

质量及其评估，作为实施重大资助项目的一部分，《2010 患者保护和平价医疗法案》中的若干条文对此进行了详尽的讨论。该资助项目将重点放在疗效、最佳实践、疗效比较以及对临床医生和医院行之有效的其他方面的研究。《2010 患者保护和平价医疗法案》第 3011 条清晰描述了一项质量改进国家战略。该战略目标为：提升医疗保健服务、促进患者健康结果和人口健康。确立的重点包括：改善所有人群的健康结果、提高效率和建立以患者为中心的医疗保健，识别有快速提升潜力的领域；解决质量、效率、疗效比较信息、健康结果评估和数据整合技术；改善联邦政府支付政策，强调质量和效率；增强保健数据的使用，以提高质量、效率、透明度和成果；改进策略和最佳实践的研究和传播，从而增强患者安全，减少医疗差错、可预防住院和再住院，以及减少医疗保健相关感染。

质量评估建设由第 3013 条规定。“质量评估”的定义是“提供医疗保健服务过程中，人口健康或健康计划、服务提供方及其他临床医生的绩效和改进程度

---

〔1〕 See, generally, B. Furrow, “Regulating Patient Safety: Toward a Federal Model of Medical Error Reduction”, 12 *Widener Law Review* 1 (2005).

〔2〕 关于该立法的有效总结可以在以下网址找到：http://dpc.senate.gov/healthreformbill/healthbill53.pdf.

的衡量标准。”此类质量评估包括：健康结果与患者的功能状态；在整个医疗服务提供方、医疗保健设备和健康计划的链条上的患者护理和护理过渡的各个阶段的医疗保健管理和协调；医疗信息技术的使用；护理的安全性、有效性、以患者为中心、适当性、及时性和效率。

关于结果与结果评估的研究 212

《2010患者保护和平价医疗法案》第10303条指令规定由卫生与公众服务部（Health and Human Services，简称“HHS”）的部长负责为包括医院、医生及其他医疗服务提供方建立医疗服务疗效判定指标。这些指标将包括：两年内为急性和慢性病（包括五种流行范围最广的资源密集型的病情）制定至少十项疗效判定指标；在初级和预防护理方面，三年内为特殊人群制定十项疗效判定指标。

第6301条规定，以患者为中心的疗效研究作为开展比较临床有效性研究更大目标的一部分。该条将“比较临床有效性研究”和“研究”定义为评估和比较两种或两种以上的医学治疗、服务及第（B）款所定事项的健康结果、临床疗效、风险和益处。它们的定义是“医疗保健干预、治疗协议、护理管理和服务、程序、医疗器械、诊断工具、药品（包括药物和生物制剂）、综合医疗实践和任何其他用于个体疾病或损伤的治疗、管理和诊断或预防的策略或项目”。

以患者为中心的疗效研究所是根据第6301条创立的一个非营利机构，它并非政府机构。该研究所的创立目的是

> 通过提高证据的质量和相关性以协助患者、临床医生、购买者和决策者做出知情的医疗决策。这些证据涉及在疾病、紊乱及其他病情下，通过研究和证据合成，进行有效和适当预防、诊断、治疗、监测和管理的方式。研究和证据合成，考虑了患者亚群的差别和研究成果的传播。研究成果，与药物治疗、服务和（a）（2）（B）款所述事项的健康结果、临床有效性和适当性相关。

该研究所将开展优先项目，就临床结果、医疗实践变化及其他高质量医疗服务国家战略阐明的质量问题的证据差距进行研究。该研究所的任务是在进行或接受调查结果后不迟于90天内使其研究结果可供临床医生、患者和公众使用。该研究所的官方网站将披露其调查结果。

最佳做法研究

第10303条创立了一个新的质量改进和患者安全中心，旨在与其他联邦机构合作，“识别、开发、评估、传播并提供改进医疗保健服务质量做法的创新方法和策略，此处医疗保健服务汇集了在医疗保健质量、安全和价值方面的最佳做 213

法”。

该中心将支持：改进医疗保健服务质量的最佳做法的发展；改善成果、提高患者安全和减少医疗错误的体系再设计；识别高质量的医疗服务提供方；评估研究并迅速传播信息、付诸实践。它还支持通过合同或其他方式，对体系改进和工具开发进行研究，以促进最佳做法的采用，提高医疗保健服务的质量、安全和效率。该类支持措施可能包括：建立“质量提升网络”研究项目，以提高医疗保健的质量和效率。研究结果将通过多种媒体传播，同国家医疗信息技术协调办公室分享，并为第3012条规定的医疗信息技术推广活动以及任何相关标准、认证标准或执行规范提供信息。

成果、最佳实践和实践指南的传播

《2010患者保护和平价医疗法案》建立了广泛的示范项目和奖励来为成果和有效性方面的研究提供资助。一旦这些数据可供使用，该法案规定将数据广泛传播到其他政府机构、医疗服务提供者和公众。

质量改进和患者安全中心根据第3013条创立。该机构应“通过多种媒体和适当的形式为公众提供研究成果，以反映医疗服务提供方和消费者不断变化的需求和不同层次的健康素养”。其研究结果应同国家医疗信息技术协调办公室共享，并为第3012条规定的医疗信息技术推广活动以及任何相关标准、认证标准或执行规范提供信息。第3014条规定收集质量和资源使用标准的相关数据，以“实现绩效信息的公开报道”，并为该类数据的收集提供政府补助。

第6301条要求对疗效比较结果进行广泛传播。医疗保健研究和质量中心（Agency for Healthcare Research and Quality）的沟通与知识转移办公室，将传播以患者为中心的成果研究所和其他与比较临床疗效研究相关的机构所发表的研究成果。该办公室将开发信息工具，为医生、医疗保健提供者、患者、支付者和决策者整理和传播研究结果。该办公室将建立一个公开的资源数据库，从公有、私
214 有、非盈利以及学术资源处收集政府资助的证据和研究。它还将帮助那些重视医疗决策支持的健康信息技术的用户及时将第（a）款规定的传播研究成果纳入临床实践，并使成果更易于使用。

第6301条还规定，部长须

> 协调有关联邦医疗项目，增强比较临床疗效的研究的数据能力，包括临床注册和医疗结果研究数据网络的发展和使用。其目的是开发和维护一个全

> 面的、可互相操作的数据网络，以收集、链接并分析来自多源的结果和有效性数据，包括电子健康记录。

第3502条对质量改进技术援助和实现作了规定。质量改进和患者安全中心会为技术援助和实现提供资金或合同，使得医疗保健机构和医疗保健服务提供方获得技术支持，从而让“此类机构和提供方明白、适应和执行该中心研究所确定的模型和做法，包括质量改进网络研究项目”。

第1303条（c）《临床实践指南》，修订了《2008年患者和医疗服务提供方医疗保险改进法案》第304条（b）。该条要求卫生和福利部部长确定现有的以及新的临床实践指南。

为消费者提供绩效结果

对于试图选择最佳手术提供者的患者而言，医院的比较疗效报告很有价值。[1]因此，应谨慎提取并提交该类数据。评估并比较医疗机构或许并不容易，然而，正如许多质量措施一样，只有在受到外部要求公开此类数据的压力时，数据比较技术才能得以改进。[2]

向患者公开不良事件：退伍军人管理局和联合委员会模型

在发布不良事件报告的同时，通常会向患者及其家属透露不良结果的类别。该想法源于退伍军人管理局医院的一个项目，并被纳入退伍军人管理局体系。它 215
是宾夕法尼亚立法创建患者安全机构的模板。自2005年起，退伍军人管理局要求向患者及其代表公开不良事件，包括对患者造成或可能造成临床影响或使得改变患者护理成为必要的不良事件。[3]

联合委员会，大多数美国医院的鉴定机构，制定了信息披露标准，要求“患

---

〔1〕 M. N. Marshall *et al.*，“The Public Release of Performance Data：What Do We Expect to Gain? A Review of the Evidence”，283 *Journal of the American Medical Association* 1866（2000）.

〔2〕 Ashish K. Jha，Zhonghe Li，John Orav，and Arnold Epstein，“Care in U. S. Hospitals—The Hospital Quality Alliance Program”，353 *New England Journal of Medicine* 265，272（2005）.

〔3〕 See Department of Veterans Affairs，Veterans Health Administration，DirectiveNo. 2005 -049，“Disclosure of Adverse Events to Patients”，2005. Online. Available HTTP http：//www.sorryworks.net/pdf/VA_Link.pdf.

者（在适当的时候，他们的家庭）能了解治疗的结果，包括未预料到的结果”。[1]

宾夕法尼亚州创建了一个患者安全权威机构，规定医院向该机构报告医院所有的“严重事件”。[2]未提供报告的医院将遭到罚条，条例还为告密者提供保护，等等。[3]宾夕法尼亚还采纳了患者通知要求。[4]

联合委员会和退伍军人管理局的患者通知要求首次提出患者将获悉医疗错误。我们再次看到联邦和州两级的监管责任得到了不断发展，该责任强制要求医院收集数据并与公众分享。

《2010 患者保护和平价医疗法案》与披露

第 3015 条规定建立绩效网站，向公众提供

> 质量标准数据汇总的绩效信息。正如部长可能具体化地调整该类信息以满足医院和其他医疗保健服务提供者、医生和其他临床医生、患者、消费者、研究人员、政策制定者、各州和其他利益相关者的不同需求。

该绩效信息“应包括临床情况方面的信息，同时保证该类信息可用，且在适当的地方针对特定医疗保健提供者发布；对信息进行细分以满足不同临床情况的患者需求”。

第 10 331 条规定，医师绩效信息能通过网站信息提供给消费者。第 10 331 条创建了一个基于正在运行的“医院比较”模型的“医生比较”网站。这将允许公众就绩效指标对医生进行比较。内容将包括医生质量报告倡议下的举措和以
216 下几方面的评估：患者健康状况和患者的功能状态；护理和过渡护理的连续性和协调性，包括保健和风险调整资源使用阶段；效率；患者体验与患者、照料者和家人参与；护理的安全性、有效性和及时性。医生在发布医疗结果之前将能够对其进行评估，卫生和福利部部长被告诫确保：数据在统计学上是有效可靠的，包括风险调整机制；它“对医生的表现能有恰如其分的描述”；“以统计方式及时提供绩效反馈”；而医疗保险和医疗补助服务中心（CMS）拥有计算机和数据体系，能够支持“本条授权的有效、可靠和准确的公开报道活动”。

---

〔1〕 Joint Commission on Accreditation of Healthcare Organizations, “Revisions to Joint Commission Standards in Support of Patient Safety and Medical/Health Care Error Reduction,” RI. 1. 2. 2（2001）. Online. Available HTTP http：//www. dcha. org/JCAHORevision. htm .

〔2〕 40 Pa. Stat. Ann. § 131. 308（a）.

〔3〕 Ibid. § 131. 308（c）.

〔4〕 Ibid. § 131. 308（b）.

《2010 患者保护和平价医疗法案》还要求对医院获得感染的结果措施进行报告。第 10 303 条（b）要求部长应当“公开报告医疗保险和医疗补助服务中心（CMS）为应对医院获得性感染所采取的措施，这些措施是为了根据医院获得性感染率对医院收入进行调整”。

将结果和绩效信息公开发布在网站上是基于这样一个假设：这样做能让消费者访问网站并借助它在提供方之间做出选择。第 10 331 条还为医疗保险患者选择高质量提供方提供财政奖励。传播医疗质量方面的信息使得消费者转而选择高质量的提供方，医疗质量因此提高。此外，人们也越来越倾向于基于效率来选择提供方。[1] 面向消费者的绩效网站会提出诸如不同提供方选择可能造成的影响等有趣的问题。例如，通过消费者行为研究发现，消费者很少使用可用的比较评估，质量甚至可能会下降。[2] 另一方面，质量信息——以患者合理期待的内容呈现——或能给提供方施加新的压力保障医疗质量。绩效信息的发布能刺激质量改进。[3]

绩效工资计划

医疗差错和不良事件造成的治疗成本通常由保险公司支付，或是由患者、家庭、承包人、雇主及国家和个人的残疾和收入支持项目支付。这意味着不良结果转嫁给了其他付款人，而不是由最有能力减少或阻止危害的提供方将其内在化。因差错或因未能使用有效的方法造成的干预失败还会生成额外的成本，包括额外急症护理成本、收入损失、家庭生产减少，患者病痛增加。正如 Leape 和 Berwick 指出，

---

〔1〕 See, generally, A. Milstein and T. H. Lee, “Comparing Physicians on Effi ciency”, 357 *New England Journal of Medicine* 264（2007）.

〔2〕 R. M. Werner and D. A. Asch, “The Unintended Consequences of Publicly Reporting Quality Information,” 293 *Journal of the American Medical Association*1239（2005）. See also Mark A. Hall and Carl E. Schneider, “Patients as Consumers：Courts, Contracts, and the New Medical Marketplace,” 106 *Michigan Law Review* 643（2008）.

〔3〕 D. B. Mukamel, D. L. Weimer, and J. Zwanziger., “Quality Report Cards, Selection of Cardiac Surgeons, and Racial Disparities：A Study of the Publication of the New York State Cardiac Surgery Reports,” 41 *Inquiry* 435, 443（Winter 2004/2005）; Z. G. Turi, “The Big Chill—The Deleterious Effects of Public Reporting on Access to Health Care for the Sickest Patients,” 45 *Journal of the American College of Cardiology* 1766（2005）; J. H. Hibbard *et al.*, “DoesPublicizing Hospital Performance Stimulate Quality Improvement Efforts?” 22 *Health Affairs* 84（2003）.

217 在大多数行业，缺陷会造成钱财损失和保修索赔。不合常理的是，到了医疗保健行业，在大多数支付形式下，医疗保健专业人员能因缺陷产品获得附加费；医生和医院还可以针对患者损害所需的附加服务收费，即使是他们造成了这类损害。[1]

传统上只有侵权诉讼才将这些额外成本施加在导致患者损害的医院或提供方身上。[2]

美国的一个综合性医疗体系提供了保证。[3] 盖辛格诊所（Geisinger Clinic）是宾夕法尼亚州东北部的一个综合性医疗服务体系，该体系带有一个“保证”项目，承诺每一个进行选择性冠状动脉搭桥手术（coronary artery bypass graft surgery，简称为“CABG”）的患者都能经历四十个关键流程——不过，某些“基准”是在住院前后达成的。盖辛格诊所并不保证良好的临床结果，但对术后90天相关并发症的护理收取统一费用。

早期监管努力

“杜绝事件”[4]

“杜绝事件”的概念最先由国家质量论坛（NQF）[5] 提出，用来描述严重的医疗错误，即医疗保健中清晰可识别、可预防，给患者带来严重后果的医疗错误，表明医疗保健的安全性和可信性出现了真正的问题。杜绝事件包括：手术部位错误；术后异物残留患者体内；输血时血型错配；主要药物错投；医院获得性压迫溃疡以及可预防的术后死亡。

“杜绝事件”的发展对美国二十多个州有着重大意义。这促使医疗服务提供者向州责任部门披露清单上的不良后果，实现改进手术的目标。它不仅仅是信息披露，它还允许对错误进行体系性的记录和跟踪，用于分析不良事件模型并反馈给医院，以及（在某些州）为消费者提供医院等提供方相对绩效的信息。许多

---

〔1〕 L. L. Leape and D. M. Berwick, “Five Years After *To Err Is Human*: What Have We Learned?” 293 *Journal of the American Medical Association* 2384, 2388 (2005).

〔2〕 H. Morreim, *Holding Health Care Accountable: Law and the New Medical Marketplace*, Oxford: Oxford University Press 2001.

〔3〕 See, for example, Thomas H. Lee, “Pay for Performance, Version 2.0”, 357 *New England Journal of Medicine* 531 (2007).

〔4〕 Press Release, Centers for Medicare and Medicaid Services, Office of Public Affairs, *Eliminating Serious, Preventable, and Costly Medical Errors—Never Events* (May 18, 2006) [hereinafter CMS Press Release]. Online. Available HTTP http://www.cms.hhs.gov/apps/media/press/release.asp? Counter=1863.

〔5〕 See National Quality Forum. Online. Available HTTP http://www.qualityforum.org/projects/completed/sre/ (accessed March 5, 2009).

州已经立法要求汇报国家质量论坛清单上的事件。2003 年，明尼苏达州是首批通过法令要求对 27 项“杜绝事件”进行法定报告的州之一。该法令要求医院采取纠正措施，并同其他州共享信息。[1]其他州，包括新泽西州、康涅狄格州、伊利诺伊州，都采纳了“杜绝事件”的报告规定。

医疗保险和医疗补助服务中心认识到处理此类事件的后果会对医疗保险项目产生额外成本，采取了基于“杜绝事件”方法的不支付策略。医疗保险和医疗补助服务中心在此类事件和支付上的立场意味着朝“绩效工资”迈出了意义重大的一步。

感染 218

2008 年，医疗保险也开始对医院获得性感染进行支付调整。[2]2002 年，医疗保险和医疗补助服务中心启动了国家质量倡议，将医院按绩效进行排名。[3]位列前 10% 和 20% 的顶级医院会得到 2% 的奖金。如果医院绩效第三年跌至支付调整阈值以下，则医院收到的医疗保险报销会减少。医疗保险支付可能会减少一到两个百分点。这是《2010 患者保护和平价医疗法案》更加积极推行绩效工资计划的开端。

《2010 患者保护和平价医疗法案》协调计划

《2010 患者保护和平价医疗法案》提出了一系列协调模型来减少按服务项目付费的医疗，以降低美国医疗保健体系的分散程度，使其朝梅奥诊所（Mayo）、盖辛格诊所等体系的一体化方向发展。下面列出了几种模型。

中心

中心能资助研究、传播研究结果并为有效模型的推广创造强大动力。根据第 3021 条，医疗保险和医疗服务中心创建了一个新的医疗保健和医疗补助创新中心（CMI）。建立该中心的目的是研究、开发、测试和扩大创新的给付与医疗提供安排，以提高每个项目患者所获护理的质量并降低其成本。该中心还为某些不在医疗保险范围内的模型测试提供专项资金。由于医疗保健和医疗补助创新中心等中心能将数百万美元引入给付与医疗提供改革的研究和推广，它们的成就有望对医疗实践的未来产生影响。

---

〔1〕 Minn. Stat. Ann. § 144. 7065.

〔2〕 CMS Press Release. Online. Available HTTP http：//www. cms. gov/HospitalQualityInits/downloads/HospitalRHQDAPU200808. pdf .

〔3〕 See，generally，Centers for Medicare & Medicaid Services，*Rewarding Superior Quality Care*：*The Premier Hospital Quality Incentive Demonstration Fact Sheet* ，2004. Online. Available HTTP http：//www. allhealth. org/Briefi ngMaterials/HospitalPremierFS200602 – 175. pdf .

医疗创新区

第 3210 条（xviii）旨在创建医疗创新区，由医疗提供方群体构成，包括能为适用个体提供综合和全面的卫生保健服务的教学医院、医生和其他临床实体。

可信赖医疗组织

第 3022 条，医疗保险共享储蓄计划创建了一个项目，“推进患者群体问责制并协调 A 和 B 部分项下的项目和服务，鼓励针对基础设施和改进的护理流程的
219 投资，以获得优质高效的医疗供给”。可信赖医疗组织（Accountable care organizations，简称为“ACOs”）是由医疗服务提供方和供应商组成的团体，他们一同为按医疗服务项目收费的受益者管理和协调护理。该团体通常包括初级护理医师，专家以及可能的其他卫生专业人员（并不一定包括医院），他们愿意为患者所获护理的质量和成本承担共同责任。如果可信赖医疗组织达成某些目标，成员就能获得奖金。可信赖医疗组织的核心概念是希望当医疗保健提供方对达成成本和质量目标承担共同责任时，内部同行评审和同行压力会推动对最佳实践进行体系性的识别和执行，而这转而会导致更好的成本控制和结果。

可信赖医疗组织最可能以小型医疗计划的形式运营，建立基础设施来管理使用，确保优质的护理供给。为确定目标、成本趋势、提供方支付和激励分布模型，“可信赖医疗组织”需要复杂的金融和保险精算分析。为控制医疗保健供给的需求并提高其质量，可信赖医疗组织将需要慢性病管理、复杂病例管理和健康预防服务所需的工具、流程和报告。为控制医学上不必要的服务，可信赖医疗组织将需要预授权的工具、流程和报告、医院使用审查、高科技放射学管理、专业转诊管理和药房管理。实际上，它们看起来像是过去的最佳医疗保健组织经过改进的新一代。

基于绩效的医疗协调

第 3021 条提供了许多协调改革的可能性。这些创新的支付与医疗供给安排包括：推广能削弱或淘汰按项目付费体系的各种整合模型，例如，以患者为中心的医疗之家模型和其他“使得初级护理实践逐渐从基于按项目付费的报销转向综合性支付或基于工资支付”的模型（i）。其他模型包括直接承包医疗服务提供团体，“通过基于风险的综合性支付或基于工资支付”来推广新的供给模型（ii），并且协调“使得医疗保健提供方逐渐从基于按项目付费的报销转向综合性支付或基于工资支付”的医疗模型（iv）。第 3021 条明确规定允许对国民医疗支付改革进行试验。更好地管理各种医疗场所的治疗、努力达成质量指标能够缩小医疗服务成本的增幅，医生也能因此获得奖金。医疗协调模型的结构可能与可信赖医疗

组织不同，也可能使用不同的方法来计算共享存款。

支付捆绑 220

类似的服务组合在一起，通过使用单一或全球支付获得补偿。服务还可以根据一名或多名医生提供的医疗进行分组。根据第3023条，患者捆绑也是一个激励项目。第3023条规定启动一个支付捆绑试点项目，基于护理疗程为医疗保险受益人整合住院治疗，“以提高本条规定的医疗保健服务的协调、质量和效率。”一个护理疗程由住院前三天、住院期间和出院后三十天三个时间段构成。支付捆绑必须包括“提供适用服务和其他适当服务的支付，如护理协调、药物整合、出院规划、过渡期护理服务和其他部长认定为适当的以患者为本的活动”。这些捆绑支付应当是“全面的、覆盖一个护理疗程内个人获得的适用服务和其他适当的医疗服务的成本（由部长确定）、支付给参与试点项目的实体”。

以患者为中心的医疗之家

初级护理医师能因有效使用医疗信息技术和其他创新来监控、协调和管理每月获得额外报酬。

协调改革对机构责任的影响

如果《2010患者保护和平价医疗法案》下的各种研究和制订计划能获得成功，那么，可信赖医疗组织便能在几年内顺利建立，许多医院将落实全面的患者捆绑，基于工资的支付体系也会得到普及。这些改革将同时带动以下发展：它们会将更多医生从个人或团体执业转向一个团体模型或一家医院中的受薪职位；它们会把权力转向有购买与协调技术［包括电子健康记录（EHRs）和病例管理策略等］能力的企业，以满足联邦政府的要求；由此它们会将更多的医生转变为机构医疗服务提供方，而不再是独立的承包人。当基于支付改革的《2010患者保护和平价医疗法案》的医疗改革措施开始在医疗保健提供方和受益人中展开时，我们可以预测机构医疗服务提供方将会出于效率和一致性因素，为所有患者（私人医疗保险和公共医疗保险投保人）创建一个体系。

如果这些不同的改革、激励措施与执行力量得以汇聚，责任结果就会变得清晰明了。第一，机构医疗服务提供方将会对患者损害和直接造成患者损伤的医生
承担责任，这是因为代理法将责任从代理人身上移到委托人身上。医生会更加融 221
入体系中，不管他们是否受薪，任何关于独立承包人的说法都将蒸发。

第二，即使这些“可信赖医疗组织”和其他实体在组织不带有医院的情况下运营，由于当前身份是医疗保健提供方，它们将承受和医院或管理性护理机构一样的责任，不管是替代责任还是直接过失原则。

第三，公司过失原则很可能适用于管理护理的一体化组织，不管是患者之家、可信赖医疗组织或是《2010 患者保护和平价医疗法案》创建的其他医疗供给形式。公司过失原则是一种行为不当学说，阐明了医院确保患者安全或医院自身面临侵权责任的义务。该学说中的陈述已成经典，能在汤普森（*Thompson*）诉内森医院（*Nason Hospital*）案中找到。[1]汤普森（*Thompson*）结合了其他司法管辖区的判例法中孤立存在的义务。因此，公司过失原则包括医院四大职责：①在维护安全和适当的设施和设备时合理谨慎的职责；②只选择和保留合格医生的职责；③监督在患者护理有关区域行医的所有人的职责；④制定、采用和实施适当的规则和政策以确保患者获得高质护理的职责。[2]

法院在判决医疗保健实体是否对法人过失负责时，不再局限于医院形式。例如，在 *Gianquitti* 诉 *Atwood Medical Associates*, *LTD* 案[3]中，法庭认为，当患者住院时，向他们提供随叫随到的医疗护理的医疗团体诊疗所可能会对医疗过失负有责任（如果该诊疗所缺乏正式备份体系）。在 *Davis* 诉*Gish*[4]案这个案例中，法院注意到有几类活动能将专业团体或医生执业团体转变为一个为公司过失承担责任的实体。正如卫生维护组织一样，该实体"每日会参与到影响投保人医疗保健的决策过程当中。这些决定可能限制留院时间、限制专家使用、禁止或限制出院后护理、限制获得治疗以及防止提供急诊护理"。[5]该实体必须要有一般责任，"以安排和协调患者全面保健"。任何一个可信赖的护理组织或综合诊疗所都会采取这些举措。

如今，大多数医师团体或诊疗所并不负有此类责任。但是《2010 患者保护和平价医疗法案》将建立的实体、其数以百万美元的示范补助金，加上医疗保险的规定将更有可能协调护理，这是因为这些实体会承担新的责任，使它们在侵权诉讼中成为适当的被告。

222 《2010 患者保护和平价医疗法案》下的侵权改革

侵权改革从未被视为医疗改革的核心部分，部分原因是预计改革不会大幅度

---

〔1〕 591 A. 2d 703 (Pennsylvania, 1991).

〔2〕 Ibid. at 707.

〔3〕 973 A. 2d 580 (Rhode Island, 2009).

〔4〕 2007 WL 5007253 (Pennsylvania Common Pleas Court, 2007).

〔5〕 Ibid. at 835.

降低成本，还因为这是一部民主党法案。国会预算办公室（CBO）在一封给参议员哈齐（Orrin Hatch）（2009 年 10 月 9 日）的信中预测，如果实行侵权改革，医疗失当保险的保费及间接成本至多减少 0.5%。此类改革通常包括：非经济赔偿上限；惩罚性赔偿上限；“平行来源”规则的修改；更严格的实效法规限制以及将连带责任替换为公平分担损失规则，后者规定被告在终局裁决中的责任所占比例同其造成损害的所占比例相同。国会预算办公室注意到，限制遭受医疗错误损害的患者诉讼的权利会降低患者的威慑力，对他们的福利产生负面影响。国会预算办公室还指出，研究结果分为两类：预测当成本减少 10% 时，整体死亡率会增加 0.2%；预测对患者健康不会造成严重的不良后果。

《2010 患者保护和平价医疗法案》提供国家资助的示范项目，以探索替代性纠纷解决模型。《2010 患者保护和平价医疗法案》中的主要责任改革条款是第 10607 条：评估现行医疗侵权诉讼替代方法的国家示范项目。《2010 患者保护和平价医疗法案》明确要求模型应能解决患者损害纠纷，并通过收集患者安全相关数据促进较少医疗错误。其次，该模型应提高解决争端的可靠性，使其更高效，“通过检测、分析和帮助减少医疗错误和不良事件”增强患者安全；改进获得保险途径；让患者了解他们的选择；并允许患者随时退出替代过程。这是美国侵权法改革最温和的方式，因为它让现行体系保持原样，同时也允许患者选择退出作为示范项目开发的任何替代体系。

最近一系列学术论文提出，健康法庭应该成为平衡患者医疗伤害赔偿需求与提高现行责任体系的问责和效率所需要的行政解决方法。[1]这样的改革将会创建一个医疗伤害行政赔偿体系，其包含五个基本要素：一是特别法官做出裁决。二是护理标准会比过失更广泛，带有“可避免性”测试。三是赔偿标准以证据为依据，基于专家对重要科学文献的解释和常见医疗不良事件可预防性的事先决定。四是该类知识会被转化为决策辅助，为某些类型的损害迅速做出决定。五是指导方针也能协助法官作出赔偿裁决。

结语 223

2010 年《2010 患者保护和平价医疗法案》的通过可能彻底改变未来 10 年的

---

〔1〕 The health courts proposal is presented in M. M. Mello, D. M. Studdert, A. B. Kachalia, and T. A. Brennan, "'Health Courts' and Accountability for Patient Safety," 84 *Milbank Quarterly* 459, 460 ~461 (2006).

美国医疗执业或患者安全。在患者安全领域，其主要目标是为疗效比较、最佳实践和体系一体化方面的研究筹集数十亿美元。此类研究的结果结合《2010 患者保护和平价医疗法案》其他领域的支付改革，意味着支离破碎的美国医疗体系有望通过电子医疗记录、可信赖医疗组织以及应对数据和资金的其他体系改革实现一体化。它很可能以医生自主权的部分丧失为代价，彻底改变患者安全领域。

15.

回应对患者的伤害：澳大利亚患者安全举措

麦瑞林·沃尔顿

导语

1995年，《澳大利亚医学杂志》（Medical Journal of Australia）发表了《澳大利亚医疗保健质量研究》[1]一文，震惊了诸多医疗保健系统内的人士，它只是证实了成百上千的患者在过去20年里所经历过的事情。多年来，患者们一直受到不良事件困扰并不断对其提出投诉。尽管他们的关切很少被医疗保健系统所承认，政府却设立投诉委员会以回应公众对于投诉的赔偿不充分的关注。首个投诉委员会于1984年在新南威尔士州设立，1988年，维多利亚州也加以仿效。目前，在澳大利亚所有的州内均设有投诉委员会，以受理、调查、协调医疗保健投诉，并为患者在较为传统的、更加昂贵的诉讼途径之外提供一种替代性的选择。

澳大利亚的医疗保健系统，从最初对患者不公开医疗错误的信息开始转向一个更为开放与透明的系统。它重视患者与其治疗者之间就不良事件的真诚交流，并意识到只有了解改进的根本原因方能做出更为彻底的改进。这一历程从开始便充满艰辛，至今依然如此。自2000年起，澳大利亚先后设立了三个主要调查委员会，[2]全都描述与分析（医疗保健）系统各方面的错误以及对公认的职业标准的背离。这些调查至关重要，因为它们有助于澄清患者所遭遇的环境暨医疗专家工作环境中的问题。这些调查是建立一个更可靠和透明的医疗保健系统的催化

---

〔1〕 R. Wilson, W. B. Gibberd, B. Harrison, L. Newby and J. Hamilton, "The Quality in Australian Health Care Study", *Medical Journal of Australia* 163: 9, 1995, pp. 458 ~ 471. 该研究表明16.6%的住院与不良事件（AEs）有关系，其中，8.3%的住院中，不良事件被判断为具有很高的可预防性。

〔2〕 Inquiry into Obstetric and Gynaecological Services at King Edward Memorial Hospital (WA), 2001; Campbelltown and Camden Hospital inquiry (NSW), 2002; Special Commission of Inquiry into the delivery of patient care within the NSW Public Health System (NSW), 2007.

剂。现在，我们大多数的州和领地均有质量与安全委员会，患者安全教育与培训被纳入到医疗教育计划和课程中，事故报告是强制性的且诸多领域的国家标准被核准通过，如“公开披露”“医疗导致的感染”“患者身份证明”“转院”“药物”和“失误”。在医疗保健系统中，投诉管理、事故监控以及系统问题根源调查等方面均得到了显著提升。

226

管理措施

1995年发表的《澳大利亚医疗保健质量研究》的一项主要成果是澳大利亚政府于2000年1月设立了旨在领导国家政策发展，提高患者治疗安全性的澳大利亚安全与质量委员会（Australian Council for Safety and Quality）。十年以后的今天，拥有新名称的澳大利亚医疗保健安全质量委员会（Australian Commission on Safety and Quality in Health Care）在认证、转院临床交接、医疗职业认定、预防失误、与感染有关的医疗保障、用药安全、公开披露、患者鉴定、识别应对临床病情恶化的患者等诸多领域在全国达成共识。与州立质量安全机构一样，[1]澳大利亚医疗保健安全质量委员会的主要作用之一是为持续改进提供基础以减少错误。

卫生部长利用国家和州立委员会作为保障患者安全的主要工具。许多措施关注于建立框架与完善国家标准。高水平的框架描述了为实现最优的医疗保健效果必不可少的医疗安全环境、内容及结构。这些框架确保当地医疗保健机构实施标准化的描述应用于特殊领域的最好方法、医疗保健设备标准指导与协议。作为基础，框架描述了有关患者安全的原则与概念。一个框架提供了必须实施或者包含患者安全事件的宏观分析以及允许特定发展项目自基于患者安全的宏观理解到地方发展的减少错误、提高质量的具体方案。

随着2005年由前任委员会创设的全国患者安全教育框架（National Patient Safety Education Framework）的成功，在2009年澳大利亚卫生部长要求医疗保健安全质量委员会发展一个国家安全质量框架以“在下一个十年里指导整个医疗保健领域提升其保健服务的安全与质量”。卫生部长希望该框架成为战略与操作安全及质量计划的基础。这一框架能为重新聚焦改进行为、审查安全质量投资、提升医疗健康设定目标。他们把框架视为消费者、医生、管理者、研究者致力于安

---

〔1〕州立安全机构的名称如下：昆士兰患者安全与质量执行委员会、维多利亚质量委员会、新南威尔士临床委员会、卫生质量与安全办公室（西澳）、南澳质量与安全委员会。

全质量改进的潜在媒介。[1]

建立于社区广泛咨询之上的框架与国家标准与健康体系强化了患者在医疗保健服务中的作用。但是，尽管许多医疗保健服务（机构）正在检讨其服务是否以患者为中心，但在现实与修辞之间存在巨大差异。“以患者为中心”这一术语运用于医疗保健（领域）数十年，但其含义却并未被深入了解。大多数的医疗保健服务并非以患者为中心，而是在组织与运作中都迎合组织与医疗保健提供者的需求。

在澳大利亚，对于医疗保健领域的不良事件有着两种截然不同的机构管理思 227
路：投诉委员会审查患者保健中与具体的医疗机构和个体健康服务提供者有关的相关投诉，而安全质量机构则关注系统性的问题。尽管患者安全主要与造成医疗保健错误的深层因素有关，但这绝不意味着个人就不需要对他们的行为承担专业性的责任。这在澳大利亚已形成了广泛的共识。公众安全要求我们探究医疗保健系统并做出改变加以提升。一名不受监督的犯下严重医疗错误导致死亡和严重疾病的初级医生可能是一个问题的指示器。这一医疗错误的主要原因不是个别初级医生本身（我们料想其没有经验），而是放任医生不受监督的系统。与此形成鲜明对比的是，在硬膜外麻醉后由于感染防控手续不佳使一名女性死于未诊断的感染的案例。此处主要的因素与临床医师的职业行为有关，他（她）要为没有遵守恰当的感染防控手续的行为承担专业性责任。此处还有一个与消毒设备的使用培训和可用性相关更为广泛的系统性问题。

另一项由澳大利亚卫生部长提出的对患者安全产生影响的全国性措施统一对十类主要医疗职业创设单一的国家注册和认证体系。2010 年 7 月 1 日设立的澳大利亚医疗从业者注册局，为医疗专业人士与消费者提供有关注册与投诉的一站式服务。国家注册与认证计划是为所有医疗职业设定注册与认证标准的主要组织。它由部长委员会、设有机构管理委员会的独立全国机构以及由全国办公室支持的国家特定职业委员会组成。部长委员会于 2009 年 8 月 31 日任命了十个全国委员会的成员。全国委员会于 2009 年 9 月 20 日召开了第一次会议，该计划于 2010 年 7 月 1 日全面施行。

培养医疗保健人员

2005 年，澳大利亚卫生部长签署了澳大利亚患者安全教育框架（APSEF），其

〔1〕 Australian Commission on Safety and Quality in Health Care, “The National Safety and Quality Framework”, in Australian Commission on Safety and Quality in Health Care (ed.), Sydney: Commonwealth Government, 2009.

中描述了所有医疗保健机构的工作者在各种医疗保健情形下保障患者安全所需的知识、技能和行为。安全质量委员会和一些大学意识到我们无法为 21 世纪的药品与
228 医疗保健培养适合的专业人员，这激起了公众对患者安全教育的广泛关注。澳大利亚医疗委员会（Australia Medical Council）对于医疗学校认证的要求是取得达到现在 APSEF 所要求的能力的学习结果。这意味着医疗学校寻求认证需要在哪里的环境下以及如何在这种环境下教授学生有关患者安全的课程方面取得证明。

尽管政府和教育机构付出了努力，但许多教育机构中的患者安全教育和培训仍有待完善。以下这个案例显示了患者安全教育如何起作用。初级医生没有经验，必须在督导下执业。但工作压力与人手短缺意味着他们经常处在不受监督的状态。研究表明，初级医生由于疏忽或过失导致不良事件——他们要么无法在正确的时间做正确的事，要么就是做错事。《澳大利亚初级医生课程框架》（Australia Curriculum Framework for Junior Doctors）[1]的出版填补了在初级医生教育成果上的知识缺口，并将医疗保障的原则和概念整合成涵盖临床医学、程序、沟通及职业主义的学习成果。医学专业的学生也被包含在框架内。《世卫组织医学院校患者安全课程指南》（WHO Patient Safety Curriculum Guide for Medical School）[2]提供全面的课程，其主题选自于澳大利亚患者安全教育框架（Australia Patient Safety Education Framework）。该全面的课程包含有关如何授课与教授什么的分步指导。专业院校也对患者安全知识以及技能培训的需求做出了回应。2009 年医师学院（the College of Physicians）将患者安全理念融入了其课程体系。

尽管许多医疗专业院校开始将患者安全的概念融入其课程之中，但患者安全教育和培训呈现了许多重大挑战。大学以及主要的培训医院中患者安全能力的缺失就是其中之一。许多资深医生唯恐披露医疗失误的存在，因此也不教学生如何避免这些失误。课堂上所教的内容很容易被一名经验丰富、受人尊敬却不重视团队合作、患者参与以及其他传统上被医学视为“软”内容重要性的医生所轻视。有充分证据证明这些“软”领域与减少不良后果高度相关。“隐性文化”有力地提示我们在医疗保健体系向以患者为中心的转变中还存在我们需要克服的文化障碍。

专业医疗人员需掌握新知识、新技能，他们应是有技巧的交流者。医疗保健的主要构成部分即与患者以及参与照顾患者的众多医疗保健工作者之间的言语指

---

〔1〕 I. Graham, A. Gleason, G. Keogh, D. Paltridge, I. Rogers and M. Walton, “Australian Curriculum Framework for Junior Doctors”, *Medical Journal of Australia* 186: 7, 2007, pp. S14 ~ S19.

〔2〕 World Health Organisation, *Patient Safety Curriculum Guide for Medical Schools*, Geneva, WHO, 2009. Online. Available HTTP http: //www. who. int/patientsafety/education/curriculum/background/en/index. html .

导与沟通。医疗人员还需要懂得如何识别、避免与处理不良事件和濒临于危险的事件，懂得如何利用证据和信息，以及如何在工作场合做一名教师和学生。[1]

许多患者安全计划面临的一个主要困难是，他们认为（不论真假或其他）向彼此承认以及向患者承认错误将会导致诉讼风险增加。澳大利亚各州和领地政 229
府[2]均通过了关于向质量保障委员会提供适格的特权和法律豁免权的立法，鼓励委员会在知悉任何信息和文件无法被患者、律师及媒体用于合法取得的情况下讨论和分析不良事件。这些法律旨在为质量保障委员创设的信息及提升医疗保健质量与安全的活动保密。虽然法律在不同的司法管辖区存在不同，但他们的目的是相似的，即鼓励医疗专家讨论他们的错误，以促进对于这些错误为什么以及如何发生的理解，并借助他们的发现加以改进。法律规定了：[3]

- 特定文件的保密性；
- 委员会或活动的程序与记录；
- 免于将特定文件与程序用于法律诉讼的保护；
- 卫生保健质量委员会中的现任及前任成员，善意履行职责的，免除法律责任。

临床医师担心没有适格特权，他们在会议中出示的文件将会因信息自由法律（Freedom of Information laws）被他人取得或者在法律诉讼中被公示。他们还担心他们必须为在委员会评议或与他们自身相关的法律行为相关的民事诉讼中提供证据。同时信息如果被媒体获悉，他们将会对事件做出何种描述同样值得担忧。

申请适格特权的委员会有义务保存报告并向卫生部长或其他相应机构解密报告。质量改进委员会运用过适格特权的事例包括“感染控制”“二重感染的数据以及对于最佳操作感染的率的比较”“手术死亡率和发病率会议”“麻醉委员会死亡（案例）”“手术死亡委员会”。

---

〔1〕 M. M. Walton and S. L. Elliot, “Improving Safety and Quality: How Can Education Help?”, *Medical Journal of Australia* 184 (10 suppl), 2006, pp. S60 ~ S64.

〔2〕 Health Act 1993 (ACT), Health Administration Act 1982 (NSW) (ss. 20D – 20K), Health Services Act 1991 (Qld) (ss. 30 – 38), Health Commission Act 1976 (SA) (s. 64D), Health Act 1997 (Tas), Health-Services Act 1988 (Vic) (s. 139), Health Services (Quality Improvement) Act 1994 (WA) and Health Insurance Act 1973 (Cth) (Part VC).

〔3〕 Australian Council on Safety and Quality in Health Care, *National Report on Qualified Privilege*, Canberra, Commonwealth of Australia, 2002. Online. Available HTTP http: //www. health. gov. au/internet/safety/publishing. nsf/Content/F0FD7442D1F2F8DDCA2571C6000894FF/ $ File/qual_ priv1. pdf.

公开披露

2003年，在澳大利亚标准协会的协调下，经过广泛的咨询，《公开披露标准：公立与私立医院开放交流国家标准，跟进处理医疗保健中的不良事件》[1]得到了全国通过。澳大利亚标准协会还主持选定的委员会制定标准。在澳大利亚实施公开披露（Open Discloure）的势头一直延续至今。除了全国性的指南，绝大多数州和地区都发布了与国家标准相符的《州公开披露指南》。澳大利亚安全与质量委员会委
230 托对2007年出台的公开披露的标准进行评估，但是还需要严格的调查来确定公开披露是否能达到公众的期望和是否如设想的那样减少诉讼，以对其进行补充。

在澳大利亚语境下，何谓公开披露？

公开披露是对由于医疗保健对患者造成损害事故的公开讨论。[2]在质量改善活动期间，人们最早表露出的担忧同样也适用于有关患者所受伤害的公开披露。健康专家在确认不良事件后，向患者坦诚的重大障碍一直是担忧真诚将招致患者对医疗过失的索赔或向登记机构、投诉委员会、医院管理者的投诉。在制定有关公开披露的标准时，这一自相矛盾引发了广泛的争论：真诚（善举）可能带来显而易见的惩罚性后果。而对于公开披露能避免诉讼、公开披露的结构和管理支持使健康工作者在披露过程中感觉有所依靠的说法，我们还没有找到证据。

澳大利亚的大多数团体——普通大众、患者利益团体、医疗防护组织、医疗专家，专业协会以及医疗部门承认，除非我们知道不良事件的起因，否则，不可能做出必要的改进来防止其复发。诚实一直是医疗工作者的道德义务，但是他们发现很难做到。公开披露过程承认道德义务，并通过创设一个详细的程序将临床医生、医院管理者、患者和（或）他们的看护人等涵盖其中。

公开披露标准由以下八条原则作为基础。[3]这些原则承认了医疗保健的复杂性和变化性以及不同当事人的利益。

> ①公开与及时沟通：如果出了问题，患者及其协助者有权被告知发生了什么，并始终以一种开放真诚的态度进行交流。公开披露的过程是顺畅的，而且会提供实时信息。
>
> ②承认：有关人员应尽快向患者及其协助者承认不良事件。不良事件发

---

〔1〕 Australian Commission on Safety and Quality in Health Care, "Open Disclosure Standard", in Commonwealth Department of Health and Aging (ed.), Sydney, Commonwealth of Australia, 2008.

〔2〕 Ibid.

〔3〕 Ibid.

生后，卫生保健组织应该对其予以承认并启动公开披露程序。

③表达歉意：患者和其看护人有权在受到任何不良事件的危害时尽早得到致歉。

④承认患者与协助者的合理期望：患者及其协助者有权在合理范围内期望得到充分的有关不良事件事实及其后果的告知，得到同情、尊重、体谅， 231
并以适合他们需要的方式获得帮助。

⑤人员支持：医疗保健组织应创造环境，促使并鼓励工作人员告发不良事件并在公开披露程序中加以支持。

⑥综合风险管理和制度完善：对不良事件的调查是通过风险管理过程（详见 AS/NZS 4360）进行的。调查结果重点关注医疗保健制度的完善并对其有效性加以审查。

⑦善治：公开披露过程要求借助管理框架以创立临床风险和质量提高程序，在该框架下调查分析不良事件并找出防止此类事件再次发生的措施。

⑧保密性：医疗保健机构应在符合相关法律（包括联邦和州、领地的隐私和健康档案立法）以及充分考虑患者、护理人员和医疗保健工作者的隐私的情况下，制定政策和程序。

在公开披露标准中载有一份详细的公开披露过程流程图，链接 http://www.health.qld.gov.au/patientsafety/od/documents/odst.pdf.

与公开披露相关的法律问题

在公开披露标准起草期间，人们就实施公开披露的法律环境进行了充分的讨论。医院和医疗保健专家并不希望自己面临昂贵的诉讼。我们知道，除非在改变过失的相关法律背景下，对于公开披露的意义有所了解，否则，公开披露将会被束之高阁。经过广泛讨论，专家委员会最后达成共识，法律问题不能成为实施公开披露标准的阻碍。就我个人经验而言，许多医疗工作者对法律存在误解，而当被充分告知法律原则和义务后，他们的焦虑也被降低了。这一现象尤其存在于有关惩戒法和医疗过失的情形之中。

作为解决上述问题的产物——《国家公开披露标准》，包含了一系列旨在阐明法律上有公开披露的尚不明确内容的注意事项。首先，要求相关机构和组织在创立培训方式或实行该标准之前，了解并遵守一切法律上的要求，包括所有的保险义务。医院员工由不同的群体组成，他们除了要履行对患者的义务以外，还要履行其他法律和行政义务。一些医疗执业者，例如医生，有源自注册的法定义 232
务；医院管理者可能有与其雇佣合同相关的责任。由于一起关涉患者的事故可能涉及许多不同的群体，所以可能会时常出现多重责任与义务——对于患者、组织和（或）执业注册机关而言。当实施的公开披露标准发生变化时，还应考虑各州和领地的法律。

该标准对从事医疗保健的临床医生及其管理者在向患者或其监护人提供信息时给出如下指示：[1]

1. 承认不良事件的发生；

2. 承认患者对结果不满；

3. 对已发生的事件表示遗憾；

4. 提供已知的医疗事实并讨论正在进行的治疗（包括任何需防范的副作用）；

5. 指出正在进行或将要进行一项调查，以查明发生了什么以及防止类似不良事件再次发生；

6. 同意只要可能即从调查研究中提供反馈信息；并且向患者提供医疗保健组织中患者能与之接触并讨论当下治疗的某位或多位人士的详细资料。

7. 医疗保健专业人员需要知悉在公开披露过程中自认责任的风险。在公开披露过程中与患者或其协助人的任何讨论中，医疗保健专业人员应注意不要：

- 声明或同意他们对患者的损害结果应负责任；
- 声明或同意另一位医疗护理专业人员对患者的损害结果应负责任或
- 声明或同意医疗保健组织对患者的损害结果应负责任。

该标准需要临床医生和管理者记录事实而非个人观点，因为第三方可获得公开披露的过程。在公开披露过程中生成的任何电子邮件或书面交流和文件可在后续的法律诉讼、诉讼委员会调查或者公立医院的档案以及所有自主信息申请中被公示。该标准还包含与法律职业特免权、适格特权立法、信息自由立法、隐私和保密立法、诽谤和保险法有关的情形，其中包括告知要求。

对澳大利亚公开披露标准评估的主要研究结果显示，[2]关于消费者和医疗业
233 人员赞同公开披露程序，员工反映现在探讨过去难以企及的事项感觉更舒服，消费者也乐于被告知事件的来龙去脉。但是评估也揭示了触发公开披露程序之事故类型、对组织声誉的影响、法律及保险的意义以及同事是否支持实施公开披露等

[1] Ibid.

[2] R. Iedema, N. Mallock, R. Sorensen, E. Manias, A. Tuckett, A. Williams A*et al*, "Evaluation of the Pilot of the National Open Disclosure Standard", in Care ACoSaQiH (ed.), Sydney: Australian Commission on Safety and Quality in Health Care, 2007.

方面持续的不确定性。尽管研究结果如是说，但员工均表示愿意将公开披露更为一致地与日常临床实践相融合。

社会各界参与

尽管咨询委员会中包含消费者，但是澳大利亚医疗系统还没有找到各界参与的有效方法。近几十年来，消费者担任注册委员会会员、地区保健服务委员会与其他的组织的会员已成为特色，但没有证据证明他们的发言权对提供保健服务起到了作用。基于二十世纪七十年代美国爆发的消费者权益运动，投诉委员会首先倡导患者权利的理念。医疗系统承认其医疗保健服务导致对患者的意外伤害促使了医疗工作者对患者看法的转变，他们不再把患者仅仅作为医疗服务的被动接受者，而将其视为一同实现最佳可能结果的伙伴。

先前提出的教育和提供服务框架现在将患者的声音和经历考虑在内，但从早期关注消费者进行接洽，此类消费者是委员会成员却相对无力改变或无法使人倾听自己的意愿。通过将患者经验运用到医疗中，患者可以更好地与医疗专家在提供需要的服务水平上互动和沟通。

患者接受医疗的经验是《国家安全质量框架》[1]中的三个维度之一。该框架中包含医疗保健权利，这些权利包括获得高质量的医疗保健、获取医疗信息、医疗保健以及治疗，有合伙工作的人们协调出的保健建议和治疗，以及在受伤后可以获得的及时适当的对待，这个对待包括一个道歉和对发生事情的全面解释。这类护理医疗是以最好的医疗知识以及最充分有力的证据为基础；临床成果将是被用来建立证据基础以完善护理；政府和医疗保健的管理人员都承认自己有责任去保证人们的安全；对钱进行有效的花费；最终，如果事情有误，就会采取行动阻止其发生在某个人身上。

《澳大利亚患者权利宪章》[2]由国家安全和卫生质量标准（ACSQHC）发布而且在2008年7月获得所有卫生部长的批准，该宪章与澳大利亚消费者健康论坛（Australian Consumers Health Forum）和其他组织合作协同发展。人们还开发培训资料以协助卫生机构将宪章融入其组织中。宪章载于图15.1

---

〔1〕 Australian Commission on Safety and Quality in Health Care, "The National Safety and Quality Framework".

〔2〕 Australian Commission on Safety and Quality in Health Care, "The AustralianCharter of Healthcare Rights", in Australian Commission on Safety and Qualityin Health Care (ed.), Sydney: Commonwealth of Australia, 2008.

234 澳大利亚医疗权利宪章（Australian Charter of Healthcare Rights）

《澳大利亚医疗权利宪章》阐述了患者及其他使用澳大利亚医疗保健体系的人们的权利。这些权利对于确保无论何时何地都能提供高质量且安全的医疗是必不可少的。

本宪章认识到接受与提供医疗服务的所有人都在实现医疗权利中扮演了重要角色。本宪章使得患者、消费者、家庭、服务者以及医疗保健服务的提供者对于接受医疗保健人的权利分析统一理解。这有助于所有人为一个安全且高质量的医疗体系共同努力。患者、消费者以及提供者之间建立起真诚的伙伴关系对于所有人均取得可能的最佳成果至关重要。

指导原则

三个原则描绘了宪章如何适用于澳大利亚医疗体系：

1. 每个人都有权获得医疗保健的机会，且该权利就本宪章的意义而言不可或缺。

2. 澳大利亚政府就认可有关人人享有可能的最高标准的精神和身体健康权的人权国际协议作出承诺。

3. 澳大利亚是由不同文化和生活方式的人们组成的社会，本宪章承认并尊重这些不同。

我能期待从澳大利亚医疗体系中获得什么？

我的权利	这意味着什么
机会（Access）	
我有医疗保健权。	我有服务途径以提出我的医疗需求。
安全（Safety）	
我有权接受安全和高质量的医疗服务。	我接受以专业治疗、技能及胜任的方式提供的安全、高质量的医疗服务。
尊严（Respect）	
我有权获得尊重、尊严与体谅。	对我所提供的医疗服务能显示出对我及我的文化、信仰、价值以及个人性格的尊重。
交流（Communication）	
我有权以清晰开放的方式获得关于服务、治疗、选择及花费的信息。	我获得以一种我能够理解的方式就我的医疗保健进行开放、及时与合适的交流。
参与（Participation）	
我有权参与决定并就我的治疗进行选择。	我可以参与作出决定以及选择我的护理以及医疗服务计划。
隐私（Privacy）	
我对自己的个人信息有隐私权和保密权	维护我的个人隐私，并确保恰当处理我的个人健康及其他信息。
评论（Comment）	
我有权评论我的治疗并表达我的担忧	我可以评论或抱怨医疗保健并使我的担忧得到恰当及时的处理。

该宪章考虑到了澳大利亚的国际义务，包括《世界人权宣言》（*Universal Declaration of Human Rights*）[1]和《经济、社会和文化权利国际公约》（*International Covenant on Economic, Social and Cultural Rights*）[2]。在澳大利亚强制提供一系列的医疗保健服务的机制是联邦政府的责任，经由联邦运作和资助的医疗保健分配系统被称为“医疗保险”。“医疗保险”使合格公民普遍获取医疗保健。 235

医学法律的环境

由于保险行业和医疗团体（基于不同的原因）激烈的游说，澳大利亚政府相信本国正经历着一场民事诉讼大爆炸，因此，自20世纪90年代后期其将注意力转向侵权法改革。尤其是在高调公众责任案件的数量和不断攀升的专业保险成本方面，尤其是产科医生。作为对于这一可觉察到的灾难的回应，联邦、州及各领地政府均要求对过失加发审查。审查，俗称义普审查（新南威尔士州上诉法院法官大卫·义普领衔的审查）[3]，这种体系会导致改革步伐加快。但在是否有诉讼爆炸的证据方面存在质疑。回顾全国诉讼率和澳大利亚法律委员会的诉讼情况，法学教授泰德·赖特认为，[4]自义普改革审查以来，诉讼有明显下降。法律评论自改革以来总是哀叹缺乏证据支持诉讼，而升级后的更成功的索赔和保险利润减少可能是在任何讨论和分析环境因素中所被忽略的。

新南威尔士州的立法变化

医学界是鼓励政府改革疏忽法的一个主要游说团体。他们认为医学法律环境鼓励他们实行防御性医疗，从而增加成本和减少对高危患者的服务。与此同时，对卫生部门和政府施加越来越大的压力要求批准并实施公开披露指南，以使医疗工作者和组织实施并向出现不良事件的患者公开披露。当时医生（某种程度上现在依旧如此）担心如果他们向患者道歉，道歉将被视为自认应承担责任，并可作为诉讼证据来使用。

---

〔1〕 United Nations, *Universal Declaration of Human Rights*. Online. Available HTTP http：//www. un. org/en/documents/udhr/（accessed 7 January 2010）.

〔2〕 Office of the High Commissioner for Human Rights, *International Covenant on Economic, Social and Cultural Rights*. Online. Available HTTP http：//www. unhchr. ch/html/menu3/b/a_ cescr. htm（accessed 7 January 2010）.

〔3〕 义普报告可以在以下链接中找到：http：//revofneg. treasury. gov. au/content/review2. asp.

〔4〕 E. Wright, “National Trends in Personal Injury Litigation：Before and After ‘Ipp’”, *Torts Law Journal* 14, 2006, p. 233.

新南威尔士州政府公布了《新南威尔士州2002年民事责任法》作为评估的
236 结果，该法限制医疗过失诉讼，同时列明了道歉可用于法律诉讼的方式。以下条款[1]限制了原告起诉医疗卫生专家医疗事故的责任：

- 公共机构的注意义务的限制；
- 介绍改良的博纳姆原则；
- 排除在未提出警示案件中原告建立因果联系证据；
- 禁止在生育案件中对儿童抚养费主张赔偿金；
- 设立经济性与非经济性赔偿金上限；
- 保护管理免费医疗援助的善意的医疗执业者；
- 引入计算个人伤害赔偿案件时效的新规则；
- 防止将道歉用作证明过错或责任的证据。

《2002年民事责任法》将道歉定义为“无论道歉是否承认或蕴含对与该事件有关的过错的承认，道歉是对与任何事件有关的同情、遗憾或一般意义上的仁爱与怜悯的表达”。法案的第69款详述了由某人或代表某人进行的对宣称由该人的错误而造成的任何事情的道歉：①无法构成某人通过表达或暗示的形式对于问题的造成承认他的错误和责任；②不与对于某些问题相关的责任和错误的测定产生关联。第69节（二）某人的过错应被指控为任何问题的造成都是与之有关，该人就其过错进行了道歉，但其道歉的证据不可作为在任何民事程序中证明某人的过错与责任与某问题相关的证据。其他国家也有道歉或者与以道歉为主题的变形受保护。[2]

在有关过失法律的改革通过八年之后，医疗职业仍一如既往地关注诉讼。在医院走廊和手术室的谈话仍然是受诉讼恐惧支配的。塞伦和福斯特[3]在2009年对新南威尔士州的研究中表明，全科型医师仍然没有意识到法律改革以及随之而来的对他们法律责任的减少，他们继续实施防御性医疗。2008年的另一项研究[4]表明，具有医学法律经验的全科型医师相信（高于他们的同事）法律要求他们做出完美的决定而且医学法律因素促使他们考虑提前从医学界退休。他们也

---

〔1〕 O. Salem and C. Forster, “Defensive Mediciane in General Practice: Recent Trends and the Impact of the Civil Liability Act 2002 (NSW)”, *Journal of Lawand Medicine* 17, 2009, pp. 235 ~ 248.

〔2〕 加拿大、美国、英格兰和威尔士也引进了允许道歉的法律，但是涉及到被保护的对象和道歉的程度适用不同的条件。

〔3〕 Salem and Forster, “Defensive Medicine in General Practice”.

〔4〕 L. Nash, M. Walton, M. Daly, M. Johnson *et al.*, “GP's Concerns about Medicolegal Issues: How It Afects Their Practice”, *Australian Family Physician* 38: 12, 2009, pp. 66 ~ 70.

不太可能相信沟通不充分是导致投诉的主要原因。如果医疗执业者对于规约医疗保健的法律仍然认识不足，那我们将继续面临由于防御性医疗所造成的不必要的开支，以及日益增多的规定和程序（由于防御性医疗所造成）导致的不必要的 237
伤害。医疗执业者要求有力地且及时地进行医疗保健方面的法律医学培训，从而使患者安全成为沟通和治疗的主要原因。

结语

澳大利亚的任何一所医院或医疗机构都意识到如今的医疗保健要对患者的重大损害负责。我们需要将医疗体系转换到 21 世纪的模式，这一模式认识到如今的患者保健十分复杂，它涉及多个职业以团队形式一起工作。而且随着技术和可用药物的增多，也存在着潜在的风险。患者不再是沉默与被动的了，他们的角色很重要，他们对于医疗保健风险的理解以及他们做出的选择是重要的安全措施。患者安全的概念及原则致力于在患者与他们的医疗保健的提供者之间创设交流界面，而法律规章也在患者安全方面扮演着重要角色。他们推动一个具有抵抗性的文化和专业壁垒的环境发生改变，他们为每个人——患者、医疗工作者、医疗管理者提供了清晰的安全保障。

案例索引

成文法索引

Directives

索 引

后记

2014年春，本人受中国政法大学教务处委托，承担了教学改革立项项目“国际化人才培养模式研究”的研究工作。两年多来，项目组成员在学校及业界人士的鼎力支持下，齐心合力地开始了国际化法学教育人才培养模式的探索，力图为我国法学实践教育改革尽绵薄之力。我们的目标是培养通晓中外法律知识，具有国际化视野，娴熟运用外语的国际化法律人才。其中，译介国外相关文献也是人才培养工作的一部分。2015年5月，中国政法大学医药法律与伦理研究中心执行主任翟宏丽博士与我商议，引进一批国际知名的医疗卫生法相关论著。我与《患者安全、法律政策和实务》编者之一约翰·廷格（John Tingle）先生接洽，得到其首肯后决定由我与翟宏丽博士主持本书的翻译工作。同时原著的两位编者廷格先生与皮帕·巴克（Pippa Bark）女士还为本书撰写了序言。

本书的出版作为中国政法大学教育教学改革工作成果之一，得到了中国政法大学副校长于志刚先生的大力支持，由中国政法大学教务处慷慨提供出版资助，谨致谢忱。

本书的完成得益于我身边无法细数的诸多师友。感谢中国政法大学的校领导及学者前辈们，尤其感谢外国语学院的领导与同仁十年来对我的真切关怀与无私帮助。本书的出版还得益于中国政法大学出版社柴云吉编辑和李闯编辑细致高效的工作。虽接触不多，但他们的勤勉与真诚令本人敬佩不已。

本书翻译分工如下：

翟宏丽（中国政法大学医药法律与伦理研究中心执行主任、法学博士）、杨威（中国政法大学外国语学院硕士研究生）负责翻译第1、2、3、4、5篇；

李秋霞（中国政法大学法律硕士、中国证券监督管理委员会项目官员）负责翻译第6、7、8、9篇；

张鲁平（中国政法大学英语语言文学研究所副所长）、邹睿琪（中国政法大学商学院管理学学士、英国巴斯大学管理学院会计金融硕士研究生）负责翻译第10、12、13篇；

管雯（中国政法大学外国语学院讲师、北京师范大学外文学院英语语言文学博士候选人）、罗丹（中国政法大学中欧法学院比较法学硕士研究生）负责翻译第11、14篇；

张鲁平、崔世群（中国政法大学法学院法学人才培养模式改革实验班学生）负责翻译第15篇；

易敏（中国政法大学商学院管理学学士、中山大学岭南学院国际商务硕士研究生）负责翻译序言、导论，整理全书脚注及文字编排；

张鲁平负责全书统稿及注释的翻译工作。

张鲁平

于昌平寓所

2016年4月25日

图书在版编目（CIP）数据

患者安全、法律政策和实务/(英)廷格，(英）巴克编著；张鲁平，翟宏丽等译. —北京:中国政法大学出版社，2016.4
ISBN 978-7-5620-6367-4

Ⅰ.①患…　Ⅱ.①廷…　②巴…　③张…　④翟…　Ⅲ. ①卫生法－文集
Ⅳ.①D912.104-53

中国版本图书馆CIP数据核字(2016)第036177号

出版者	中国政法大学出版社
地　址	北京市海淀区西土城路 25 号
邮寄地址	北京 100088 信箱 8034 分箱　邮编 100088
网　址	http://www.cuplpress.com (网络实名：中国政法大学出版社)
电　话	010-58908285(总编室)　58908334(邮购部)
承　印	固安华明印业有限公司
开　本	720mm × 960mm　1/16
印　张	17
字　数	305 千字
版　次	2016 年 4 月第 1 版
印　次	2016 年 4 月第 1 次印刷
定　价	36.00 元